Moore · Das Tornado-Phänomen

Geoffrey A. Moore

Das Tornado-Phänomen

Die Erfolgsstrategien des Silicon Valley und was Sie daraus lernen können

GABLER

Die Deutsche Bibliothek – CIP-Einheitsaufnahme

> **Moore, Geoffrey A.:**
> Das Tornado-Phänomen : die Erfolgsstrategien des
> Silicon Valley und was Sie daraus lernen können /
> Geoffrey A. Moore. – Wiesbaden : Gabler, 1996
>   Einheitssacht.: Inside the tornado <dt.>
>   ISBN-13: 978-3-322-82738-8

Aus dem Englischen von Martin Stock und Birgit Wünsch.
Die Originalausgabe erschien unter dem Titel „Inside the Tornado" bei Harper Collins,
New York. Copyright © Geoffrey A. Moore 1995

Der Gabler Verlag ist ein Unternehmen der Bertelsmann Fachinformation.

© Betriebswirtschaftlicher Verlag Dr. Th. Gabler GmbH, Wiesbaden 1996
Lektorat: Manuela Eckstein
Softcover reprint of the hardcover 1st edition 1996

Das Werk einschließlich aller seiner Teile ist urheberrechtlich geschützt. Jede Verwertung außerhalb der engen Grenzen des Urheberrechtsgesetzes ist ohne Zustimmung des Verlags unzulässig und strafbar. Das gilt insbesondere für Vervielfältigungen, Übersetzungen, Mikroverfilmungen und die Einspeicherung und Verarbeitung in elektronischen Systemen.

Höchste inhaltliche und technische Qualität unserer Produkte ist unser Ziel. Bei der Produktion und Verbreitung unserer Bücher wollen wir die Umwelt schonen: Dieses Buch ist auf säurefreiem und chlorfrei gebleichtem Papier gedruckt. Die Einschweißfolie besteht aus Polyäthylen und damit aus organischen Grundstoffen, die weder bei der Herstellung noch bei der Verbrennung Schadstoffe freisetzen.

Die Wiedergabe von Gebrauchsnamen, Handelsnamen, Warenbezeichnungen usw. in diesem Werk berechtigt auch ohne besondere Kennzeichnung nicht zu der Annahme, daß solche Namen im Sinne der Warenzeichen- und Markenschutz-Gesetzgebung als frei zu betrachten wären und daher von jedermann benutzt werden dürften.

Umschlaggestaltung: Schrimpf und Partner, Wiesbaden
Satz: FROMM MediaDesign GmbH, Selters/Ts.

ISBN-13: 978-3-322-82738-8   e-ISBN-13: 978-3-322-82737-1
DOI: 10.1007/ 978-3-322-82737-1

Danksagung

Dieses Buch ist ein Versuch, die Erfahrungen meiner Beratungstätigkeit seit dem Erscheinen des Vorläufers *Crossing the Chasm* zusammenzufassen. Das wertvollste Material unter den Veröffentlichungen, die ich zu Rate gezogen habe, waren die Unternehmerbriefe von Dick Shaffer, Jeff Tarter und Seymour Merrin, die mich, neben der *Computerworld* und *PC Week*, haben Schritt halten lassen mit den neuesten Entwicklungen.

Doch der größte Teil meines Erfahrungsschatzes stammt von meinen Kollegen und Klienten. Auf der Seite der Kollegen haben meine Partner Paul Wiefels, Tom Kippola und Mark Cavender außerordentlich viel beigetragen – sie haben mit mir Ideen geteilt, meine Konzepte kritisiert, mir Beispiele gegeben und mich ganz allgemein aufgeklärt, wenn ich mich im Äther zu verirren drohte. Wenn ich mich trotz ihres Bemühens verirrt habe, so liegt das nicht an ihnen.

Auch bei meinen Kollegen auf der anderen Seite des Erdballs, in Südafrika, die die Chasm-Group-Methode im aufsteigenden Technologiesektor angewendet haben, möchte ich mich herzlich bedanken. Das sind: Adriaan Joubert, Renier Balt, Herman Malan und Johan Visagie.

Zu diesen Partnern kommen noch weitere Kollegen. Viele von ihnen sind ebenfalls Berater, die sich die Zeit genommen haben, Kritik zu üben und die Argumente dieses Buches voranzubringen. Dazu gehören meine Tochter Margaret Moore bei Regis McKenna Inc., Paul Johnson, ein Finanzanalytiker bei Robertson Stephens, Tom Kucharvy bei Summit Partners, Charles Dilisio bei KPMG Peat Marwick, Tom Byers, derzeit Honorarprofessor an der Stanford University, Andy Salisbury, selbständiger Berater, Tony Morris ebenfalls selbständig, sowie Ann Badillo, Bruce Silver, Phillip Lay, Brett Bullington und David Dunn-Rankin. Weitere Unterstützung verdanke ich Ex-Kollegen bei Regis McKenna Inc., darunter Greg Ruff, Page Alloo, Glenn Helton, Rosemary Remacle, Karen Lippe und Doug Molitor. Drittens gilt mein Dank den Kollegen aus dem PR-Bereich, darunter Sabrina Horn, Maureen Blanc, Simone Otus und Pam Alexander.

Weitere Unterstützung kam von der Venture-Capital-Gemeinschaft, einschließlich der Firmen Accel Partners, The Charles River Group, Atlas Partners, St. Paul Venture Capital, The Mayfield Fund und Institutional Venture Partners. Ich schulde ihnen besonderen Dank dafür, daß sie die Chasm Group für ein Jahr in ihren Büroräumen aufgenommen haben. Mein herzlicher Dank gilt Reid Dennis, Pete Thomas und Norm Fogelsong für ihre besondere Aufmerksamkeit.

Die Teilnahme an den Geschäftsleitungsbesprechungen verschiedener Unternehmen hat mich eine Menge gelehrt, und ich danke besonders Carl Herrmann und Walt Pounds bei Solbourne, Tom Quinn bei Gyration und Richard Furse bei PC Upgrades.

Und dann sind da noch meine Klienten. Während Kollegen beraten und Freunde unterstützen, lehren Klienten. Ich hatte das Privileg, sehr eng mit Hunderten verschiedener Klienten-Gruppen in den vergangenen vier Jahren zusammenzuarbeiten, die in unsere Beziehung nicht nur große Probleme gebracht haben, sondern auch wunderbare Vorschläge, wie sie zu lösen sind. Von diesen hatten die Mitarbeiter von Hewlett-Packard – es sind zu viele, um sie alle einzeln aufzuzählen – einen besonderen Einfluß auf dieses Buch, genauso wie sie einen besonderen Platz in meinem Herzen eingenommen haben. Ich möchte nur gerne Bonnie Paradies und Darleen Bevin direkt nennen, die geholfen haben, diese Beziehung zu gestalten. Sie waren für mich unglaublich wichtig, und ich schätze sie sehr.

Andere herausragende Menschen in meinem Kundenstamm sind so reich an der Zahl, daß ich Schwierigkeiten habe, sie alle namentlich zu nennen. Diejenigen, die mir spontan einfallen, sind Steve Jobs von NeXT-Inc., Scott Silk bei Unisys, Jeff Miller und Rob Reid bei Documentum, Dave und Al Duffield bei PeopleSoft, Bernard Hulme bei SCO, Dominic Orr bei Bay Networks, Peter Strub bei AT & T, Gerry Greeve bei Intel, Mark Hoffmann und Bob Epstein bei Sybase, Richard Probst und Stew Plock bei Sun, Franki D'Hoore und Evert Polak bei ASM Lithography, Dan Metzger bei Lawson Software, Pat Maley bei Client Systems, Heather McKenzie bei Crystal Services, Rob Reis bei Savi und Al Miksch bei Tektronix.

All diesen und jenen, die ich vergessen habe zu nennen, aber es tun wollte, danke ich für die Herausforderungen, die wertvollen Erkenntnisse und die Freundschaft.

Und dann sind da noch die Menschen, die Autoren inmitten dieser Reise unterstützen, die sie unbedingt unternehmen wollen. Hierzu gehören Jim Levine, mein Literaturagent, und Kirsten Sandberg, meine Lektorin. Bei der Chasm Group liegt diese Last auf den Schultern der wunderbarsten Kollegin, die man sich nur wünschen kann, Angelynn Hanley. Und anderswo ...

Anderswo ist das Reich von Marie, die nie damit aufgehört hat, während unserer vielen Ehejahre mein Leben zu einem Abenteuer zu machen. Sie ist es, die alles am Ende die Mühe wert machen läßt, und die Welt aus ihren Augen zu sehen, macht mein Leben jeden Tag lebenswert. In dieser Hinsicht steckt sie mit unseren drei wunderbaren Kindern Margaret, Michael und Anna unter einer Decke.

GEOFFREY A. MOORE

Inhaltsverzeichnis

Danksagung _____ 5

Teil 1: Die Entwicklung von Hyperwachstumsmärkten _____ 11

1. Das zauberhafte Land _____ 13
2. Die Überwindung des Abgrunds – und was danach kommt _____ 23
3. Auf der Bowlingbahn _____ 37
4. Im Innern des Tornados _____ 73
5. Auf der Mainstreet _____ 111
6. Positionsbestimmung _____ 143

Teil 2: Die Bedeutung von Strategien _____ 163

7. Strategische Allianzen _____ 165
8. Wettbewerbsvorteile _____ 187
9. Positionierung _____ 213
10. Betriebsführung _____ 231

Stichwortverzeichnis _____ 251

TEIL 1
Die Entwicklung von Hyperwachstumsmärkten

1 Das zauberhafte Land

Der Film *Das zauberhafte Land* (The Wizard of Oz) beginnt damit, daß Dorothy und ihr Hund Toto von einem Tornado fortgerissen und aus dem tristen Kansas in das geheimnisvolle Land Oz entführt werden. Ein derart wundersamer Aufstieg ist von Zeit zu Zeit auch an der Börse zu beobachten.

Um nur einige Beispiele zu nennen:

- *Compaq Computers*, der Hersteller, der in den letzten Jahren IBM als Marktführer im Bereich der Intel-basierenden PCs überholt hat, konnte in weniger als fünf Jahren ein Wachstum von null auf eine Milliarde Dollar verzeichnen.
- Dasselbe gilt für *Conner Peripherals*, der Hersteller von Speichersystemen, der im Windschatten von Compaqs Hyperwachstum erfolgreich war, indem er dieser Firma – und vielen Konkurrenten – kostengünstige Winchester Festplattenlaufwerke lieferte.
- In den sechs Jahren von 1977 bis 1982 verdoppelte sich bei *Atari* das Geschäft mit Computerspielen jährlich und ließ den Umsatz der Firma von 50 Millionen auf 1,6 Milliarden Dollar schnellen.
- Mitte der 80er Jahre wuchs *Mentor Graphics* Jahr für Jahr in Riesenschritten von zwei Millionen Dollar auf 25, 85, 135 und schließlich 200 Millionen Dollar.
- Die *gesamten* 80er Jahre hindurch betrug das jährliche Wachstum von *Oracle Corporation* 100 Prozent.
- Bei Netzwerk-Routern und Hubs sind *Cisco Systems* und *Bay Networks* vor nicht allzulanger Zeit sozusagen aus dem Nichts zu Firmen mit Milliardenumsätzen geworden – letztere sogar zum Marktführer. Vor wenigen Jahren *wußten* wir noch nicht einmal, was Router und Hubs sind.
- In den sieben Jahren vor 1992 lieferte *Sony* die ersten zehn Millionen CD-ROM-Laufwerke aus. Die nächsten zehn Millionen wurden inner-

halb der folgenden *sieben* Monate ausgeliefert und wiederum zehn Millionen innerhalb der nächsten fünf Monate.

▶ *Hewlett-Packard*, 1994 im Marktsegment der PC-Drucker bereits zehn Milliarden Dollar schwer, begann erst knapp zehn Jahre zuvor mit der Auslieferung.

▶ Und *Microsoft* schließlich – eine Firma, die vor weniger als 15 Jahren noch in einer Garage Textverarbeitungs-Software auf der Grundlage von BASIC bastelte – ist zum reichsten und mächtigsten Softwarehersteller der Welt geworden.

So werden durch *diskontinuierliche Innovationen* – in letzter Zeit auch *Paradigmenwandel* genannt – Marktkräfte geschaffen.

Diese Wandlungen beginnen mit dem Auftauchen eines neuen Produkts mit einer neuartigen Technologie, durch das Gewinne von bisher nicht dagewesenem Ausmaß erzielt werden können. Es wird umgehend als der logische Ersatz für die gesamte bestehende Infrastruktur propagiert. Das Produkt findet seine ersten bekehrten Anhänger, und es kommt zu enthusiastischen Prophezeiungen einer neuen Weltordnung.

Aber der Markt ist eine konservative Institution. Er sträubt sich gegen Veränderungen und ist bestrebt, den Status quo zu bewahren. Und obwohl viel über das neue Paradigma geschrieben wird, geschieht lange Zeit nichts, was von wirtschaftlicher Bedeutung wäre. Manchmal findet eine Innovation auch keine Anhänger und fällt in eine unternehmerische „Ursuppe" zurück, so wie es in den 80ern der künstlichen Intelligenz und Anfang der 90er Jahre dem Pen-based Computing ergangen ist.

Doch in vielen anderen Fällen wird ein Punkt erreicht, an dem der gesamte Markt unter dem Druck eines eskalierenden Ungleichgewichts zwischen Preis und Leistung vom alten zum neuen System umschwenkt.

Die Abfolge dieser Ereignisse läßt auf dem Markt einen Wirbelsturm der Nachfrage losbrechen. Damit eine Infrastruktur zweckmäßig sein kann, muß sie standardisiert und global präsent sein. Sobald also der Markt von der alten auf die neue Infrastruktur umschaltet, muß dieser Übergang so rasch wie möglich vonstatten gehen. Das gesamte angestaute Interesse am Produkt entlädt sich dann explosionsartig, wodurch die Nachfrage das Angebot um ein Vielfaches übersteigt. Firmen verzeichnen Hyperwachstumsraten, und wie aus dem Nichts kommt es zu Umsätzen in Milliardenhöhe.

Jeder von uns hat dies schon oft selbst beobachten können. Nehmen wir das Beispiel Kommunikation. Ein halbes Jahrhundert lang waren wir mit Briefen, Telegrammen und dem Telefon zufrieden. Innerhalb der letzten 30 Jahre haben wir uns jedoch an schnurlose Telefone, Direktwahl bei Transatlantikgesprächen, Kurierdienste, Anrufbeantworter, Faxgeräte, Voice Mail, E-Mail und sogar an Internet-Adressen gewöhnt.

In keinem dieser Fälle war es notwendig zu reagieren, bevor eine kritische Masse erreicht war, doch ab einem bestimmten Punkt war es unmöglich, sich weiterhin gegen die Neuerung zu sperren. Unser Verhalten als Marktteilnehmer ändert sich nie: erst bewegen wir uns in einer Herde immer im selben Trott, und plötzlich rennen wir alle zusammen los. Genau dieses Verhalten erzeugt die Tornados.

Es gibt keinen Industriezweig, der während des vergangenen Vierteljahrhunderts so häufig von Tornados heimgesucht wurde, wie die Computer- und Elektronikindustrie. Im Bereich der gewerblichen Nutzung begann alles mit der Verbreitung der Mainframe-Rechner von IBM, die als erster Standard für die Computer-Infrastruktur weltweite Anerkennung fanden. Daraufhin erhoben sich Ende der 70er Jahre in einem Zeitraum von weniger als zehn Jahren drei neue Architekturen, die dieses Paradigma herausforderten und ablösen wollten: der Minicomputer, der Personal Computer und die Workstation. In diesem Zusammenhang traten auch eine Reihe neuer Firmen auf, wie beispielsweise DEC, HP, Sun, Apollo, Compaq, Intel und Microsoft. Diese drei Architekturen zogen jeweils einen Paradigmenwandel in der Netzwerkkommunikation nach sich. Es vollzog sich der Übergang von Hub-Architekturen mit zentralen Mainframe-Rechnern zu dezentralen lokalen Netzwerken (LANs), die untereinander wiederum durch größere Netzwerke (WANs) verbunden waren. Dabei spielten Firmen wie 3-Com, Novell, Cisco und Bay Networks eine Rolle. Bei beiden Übergängen mußte praktisch die gesamte Software – von den Betriebssystemen über die Datenbanken bis hin zu den Anwendungen und den Tools, mit denen sie erstellt werden – völlig neu entwickelt oder überarbeitet werden. Dies geschah meist mehrmals und rückte Firmen wie Oracle, Sybase, Lotus, Ashton-Tate und WordPerfect ins Rampenlicht.

Zur gleichen Zeit fuhren wir immer noch Opel, Ford oder Jeep, flogen mit American oder Delta Airlines und tranken Coca-Cola, Pepsi oder Sprite. Während also in einigen Sektoren völlig neue Industriezweige aus dem Nichts entstanden, die bislang unbekannte Firmen scharenweise zu Marktführern werden ließen, bewegten sich andere Firmen auf vergleichsweise ausgetretenen Pfaden – *denn sie führten keine Diskontinuität in ihre Infrastrukturparadigmen ein*. Das Auto, das Sie heute fahren, unterscheidet sich nicht wesentlich von einem vor 40 Jahren gebauten Fahrzeug, ebensowenig, wie sich Flugzeuge und Getränke großartig verändert haben.

Die Notwendigkeit in der High-Tech-Industrie, die gesamte Infrastruktur immer wieder vollständig auszutauschen, ist ausgesprochen teuer, und viele Firmen haben die Logik dieses Verhaltens bereits in Frage gestellt. Dahinter steckt jedoch eine Dynamik, die den Menschen wenig Entscheidungsfreiheit läßt.

Die gesamte Computertechnologie ist auf der Grundlage von integrierten Schaltkreisen auf Halbleiterbasis aufgebaut, die die bemerkenswerte Eigenschaft besitzen, ihr Preis-Leistungs-Verhältnis viel schneller zu erhöhen als alles andere bisher in der Geschichte der Wirtschaft Dagewesene. In den 70er Jahren verzehnfachte sich die Leistung bereits einmal alle zehn Jahre. In den 80er Jahren hatte sich die Zeitspanne bereits auf sieben Jahre verkürzt, und jetzt, in der Mitte der 90er Jahre, liegt sie inzwischen bei dreieinhalb Jahren. Am Ende unseres Jahrzehnts wird sich die Leistung der Systeme auf Mikroprozessorbasis alle zweieinhalb Jahre um das Zehnfache steigern. Ein Ende dieses Prozesses ist nicht in Sicht.

Dieses Phänomen wirkt sich auf alle High-Tech-Industriesektoren äußerst destabilisierend aus. Der Wert aller Produkte aus diesem Sektor liegt letztendlich in der Software, und die Software, die zu einem bestimmten Zeitpunkt geschrieben wird, muß innerhalb der Leistungsbeschränkungen, die ihr die aktuelle Hardware auferlegt, funktionieren. Schon nach wenigen Jahren verzehnfacht sich die Leistung der Hardware jedoch erneut, so daß die zuvor geltenden Beschränkungen aufgehoben werden. Neue Produkte, die entsprechend dieser neuen Leistungsfähigkeit entwickelt werden, beinhalten neue Software, die die bisherigen Vorgaben geradezu vom Tisch fegt. Diese neuen Fähigkeiten lassen sich in Wettbewerbsvorteile umsetzen, die praktisch jedes Unternehmen zum Kauf bewegen – verbesserte Kommunikation, schnellere Vermarktung, effektivere Auftragsabwicklung, tieferes Kundenverständnis und früheres Erkennen von Trends. All das rückt dann in greifbare Nähe.

Andererseits kann niemand, der mit seinem alten Paradigma gerade Erfolg hat, eine Veränderung gebrauchen. Denn alle stimmen darin überein, daß bereits zuviele High-Tech-Produkte im Umlauf sind, die sich ständig ändern, und daß eine kurze Pause zum Atemholen sehr vorteilhaft wäre. Währenddessen rumpelt jedoch der Halbleitermotor unter unseren Füßen weiter, bis die Vorteile der so dramatisch eskalierten Fähigkeiten der Innovation die Widerstände gegen die Veränderung überwinden. Trotz der besten Absichten aller Beteiligten entsteht erneut ein Tornado.

Jede dieser Wandlungen zieht massive Ausgaben nach sich, ganz so, als ob wir unsere Städte in einem ständigen Kreislauf zuerst aufbauen und anschließend wieder abreißen würden. Auch entsteht durch diese neuen Kapitalansammlungen wiederum einer der härtesten wirtschaftlichen Wettbewerbe, was zum Teil auch an der extrem kurzen Zeitspanne liegt, die über Gewinn und Verlust entscheidet. Dabei scheint es, als ob im Zuge jeder neuen Revolution anstelle der alten Garde eine Gruppe neuer Spieler in den Vordergrund tritt, die die Grenzen des High-Tech-Marktes neu absteckt und die ihn beherrschenden Machtstrukturen neu ausrichtet.

Wir betreten Neuland

Diese Art von Geschäft und seine Regeln sind für jedermann neu. Es beinhaltet auf der einen Seite Gewinnchancen, die jedem genügen müßten. Die Kehrseite der Medaille sind jedoch bankrotte Firmen, die entlang des Informations-Highways verstreut liegen bleiben, massiver Stellenabbau, verfallende Bürogebäude, veraltete Produkte, im Stich gelassene Kunden und mürrische Investoren. Das Neuland, das wir betreten haben, ist nicht das Schlaraffenland, sondern vielmehr ein heiß umkämpfter Ort, an dem Geld und Macht sehr schnell die Besitzer wechseln und wo es in erster Linie gilt, das nackte Leben zu retten.

Angesichts der umwälzenden und katastrophalen Wirkungen und der Tatsache, daß die globale Verteilung und Umverteilung von Wohlstand so stark von den Geschehnissen auf dem High-Tech-Markt abhängt, ist es unerläßlich, sich ein besseres Verständnis der Kräfte zu erarbeiten, die diese Tornados antreiben.

Für all diejenigen, die im High-Tech-Sektor arbeiten oder in High-Tech-Firmen investieren, ergibt sich damit eine Reihe scheinbar täuschend harmloser Fragen:

- Was können wir im Tornado tun, um unsere Chancen am besten in bare Münze umzuwandeln?
- Wie kündigt sich ein Tornado an, und wie können wir uns auf ihn vorbereiten?

- Woran erkennen wir das Ende des Tornados, und was können wir dann tun?
- Wie können wir schließlich auf längere Sicht unsere strategischen Marketingkonzepte so umformen, daß sie der Dynamik der Tornado-Märkte besser angepaßt sind?

Dieses Buch wurde mit der Absicht geschrieben, auf diese Fragen detailliert einzugehen, ganz besonders auch anhand von Beispielen aktueller Entwicklungen im High-Tech-Sektor.

Doch auch außerhalb des High-Tech-Sektors gibt es Führungskräfte, die aus der Beschäftigung mit diesem Thema Nutzen ziehen können. Die Rede ist von Sektoren, die einem *schnellen Wandel* unterworfen sind, in denen also diskontinuierliche Kräfte eine analoge Art von Erneuerung der Infrastruktur vorantreiben. Dazu gehören:

- **Finanzwesen.** Die Baring Bank mußte auf leidvolle Weise erfahren, daß die Spekulation mit Derivaten und anderen exotischen Finanzierungsinstrumenten eine außerordentlich diskontinuierliche Innovation darstellt.
- **Versicherungen.** Auf diesem Gebiet ist Reengineering an der Tagesordnung, da sich Angebote und Finanzlage der einzelnen Gesellschaften ständig ändern und sie sich wegen ihrer Verkaufspraktiken häufig vor Gericht verantworten müssen.
- **Gesundheitswesen.** Hier ist das Thema ständige Kostensenkung, mit dem einzigen Ziel, das System in Gang zu halten.
- **Militär, Luft- und Raumfahrt.** Betriebskürzungen nach dem kalten Krieg und eine umfassende Neudefinition der Verteidigungsstrategien zwingen diesen Sektor, die alten Unternehmen zu reorganisieren und einige davon für den kommerziellen Sektor produzieren zu lassen. Hier treten also ebenfalls massive diskontinuierliche Veränderungen auf.
- **Energieversorgung.** Was in den 80er Jahren die Lockerung der staatlichen Kontrollen für die US-Fluggesellschaften bedeutete, steht nun in den 90er Jahren für die Energieversorgungsunternehmen an. Hier werden deshalb Tornados mit sowohl positiven als auch zerstörerischen Wirkungen entstehen.
- **Pharmaindustrie.** Die Einnahmen werden durch die Kostensenkungen im Gesundheitswesen beeinträchtigt, und neue Produkte hängen von

einer diskontinuierlichen Innovationsquelle, nämlich der Biotechnologie ab, so daß auch dieser Industriezweig großen Veränderungen unterworfen ist.

- **Einzelhandel.** Die Einführung einer vollständig elektronischen Büroinfrastruktur wird die einzelnen Glieder der Versorgungsketten des Einzelhandels so eng wie nie zuvor miteinander verschmelzen. Auch hier wird das Reengineering vorangetrieben, und außerdem bietet dieses System dann Datenmaterial zur Analyse des Marktverhaltens in Hülle und Fülle.

- **Verlagswesen.** Früher stellten Verlage Bücher her. Mehr muß man zu diesem Thema nicht sagen.

- **Rundfunk.** Die Grenzen zwischen Rundfunk, Fernsprechwesen, Computer-Software, Verlagswesen und Unterhaltung haben sich verwischt. Übrig geblieben ist eine digitale Bilderflut, die in den kommenden zehn Jahren die Regeln dieses Industriezweigs neu definieren wird.

Da die Beispiele in diesem Buch hauptsächlich aus Erfahrungen stammen, die meine Kollegen und ich als Unternehmensberater der High-Tech-Industrie gesammelt haben, liegt ihr Hauptaugenmerk in diesem Bereich. Leser aus den oben aufgeführten Fachgebieten werden in diesen Beispielen jedoch vertraute Muster wiedererkennen, und ich hoffe, daß Sie daraus Erkenntnisse gewinnen können, aus denen sich neue Ansätze zu Problemlösungen in Ihrem Industriezweig ableiten lassen. Der High-Tech-Bereich ist daher nicht nur für sich alleine gesehen ein interessanter Sektor, sondern auch in seiner Eigenschaft als Schmelztiegel interessant, aus dem eine Klasse völlig neuer Unternehmensstrategien geboren werden.

Eine Karte des zauberhaften Landes

Ziel dieses Buches ist, eine Landkarte des Neulands zu erstellen und anschließend deren Aussagen zu untersuchen, um damit eine Unternehmensstrategie festzulegen.

Grundlage der Karte ist der Technologieakzeptanz-Lebenszyklus (Technology Adoption Life Cycle). Dabei handelt es sich um ein Marktentwicklungsmodell, das vor etwa 40 Jahren von Everett Rogers und seinen Kollegen vorgestellt wurde. Es beschreibt, wie Gemeinschaften diskontinuierliche Veränderungen aufnehmen. Innerhalb des Modells werden sechs verschiedene Phasen in diesem Zyklus isoliert und benannt. Diese sind die Übergangspunkte, an denen die Firmen von den Kräften des Marktes dazu gezwungen werden, entweder ihre Strategien dramatisch zu verändern oder auf der Strecke zu bleiben.

Die ersten beiden Phasen waren das Thema eines vorhergehenden Buches mit dem Titel *Crossing the Chasm*. Zum besseren Verständnis habe ich den Inhalt dieses Buches sowie die allgemeinen Grundlagen des Lebenszyklusmodells im folgenden Kapitel zusammengefaßt. Mit diesem Grundwissen können auch neue Leser, die sich hauptsächlich für die Marktentwicklung nach der Überwindung des Abgrunds interessieren, ohne weiteres einsteigen. Leser, die sich für die ersten Phasen des Lebenszyklus stärker interessieren, können dort nachlesen.

Die darauffolgenden drei Kapitel konzentrieren sich auf die nächsten drei Phasen des Lebenszyklus, die den Mainstream-Markt bilden und in denen der gesamte Wohlstand der High-Tech-Industrie entsteht. Während wir den Kräften nachspüren, die in den einzelnen Phasen die Marktentwicklung formen, und zeigen, wie Firmen diese Kräfte für sich nutzen können, um die Position des Marktführers zu erringen, wird sich wiederholt ein beunruhigendes Muster bestätigen:

Die Erfolgsstrategie verändert sich nicht nur von Phase zu Phase, sie verkehrt sich sogar jeweils ins genaue Gegenteil.

Die Verhaltensweisen, die einer Firma zu Beginn des Mainstream-Marktes zum Erfolg verhelfen, führen im Inneren des Tornados zum Mißerfolg und müssen daher aufgegeben werden. Ebenso verursachen die Strategien, die sich im Tornado bewähren, in der Anschlußphase nach dem Hyperwachstum Fehlschläge und müssen wieder verworfen werden. Die Herausforderung liegt also darin, die Strategien nicht nur zu beachten, sondern sie auch entsprechend der Markterfordernisse gegeneinander auszutauschen. *Jede neue Strategie muß dabei der vorhergehenden genau entgegengesetzt sein.*

Sobald wir die Logik hinter diesen Umkehrungen verstehen lernen, wird sich ein Großteil der Verwirrung, die das High-Tech-Marketing traditionell umgibt, schnell legen. Viel zu lange galt es als unumstößliche Tatsache, daß bestimmte Strategien immer, andere dagegen nie funktionieren. Der Grund dafür waren einmal gemachte Erfahrungen, die auf jede neue Situation übertragen wurden. In Wahrheit sind beinahe alle etablierten Strategiemodelle in manchen Situationen geeignet, in anderen jedoch nicht. Die wahre Kunst liegt also weniger in der Kenntnis der Strategien als in der Analyse der Situationen, in denen sie anwendbar sind.

Mit diesem neugewonnenen Wissen wenden wir uns dann im zweiten Teil vier strategisch wichtigen Gebieten zu, die von den Kräften des Technologieakzeptanz-Lebenszyklus stark beeinflußt werden:

- Strategische Allianzen
- Wettbewerbsvorteile
- Positionierung
- Unternehmensführung

In jedem dieser Gebiete spielen Machtverhältnisse eine große Rolle. Das Thema des zweiten Teils dieses Buches wird deshalb sein, daß sich das Wesen und die jeweilige Position der Macht auf dem Markt während des Zyklus auf charakteristische Weise verlagern und entwickeln.

Im Zusammenhang mit *strategischen Allianzen* werden wir nachvollziehen, wie sich die Macht während des Zyklus von den Dienstleistern auf die Hersteller und wieder zurück verlagert, wie dieser Kreislauf die Beziehungen zwischen Partnern beeinflußt und wie daher die Strategien mit Rücksicht auf diese Tatsachen gestaltet werden müssen.

Bei den *Wettbewerbsvorteilen* erforschen wir die Wechselwirkungen zwischen den Anführern, den Herausforderern und den Mitläufern und zeigen, daß jeder von ihnen im Ablauf der Phasen eine gewisse Zeit lang Vorteile genießt. In diesem Zusammenhang sehen wir auch, wann jeder von ihnen vorpreschen sollte und wann die Zeit für einen Rückzug gekommen ist, um Ressourcen zu sparen.

Diese Faktoren lassen uns erkennen, an welcher *Position auf dem Markt* wir uns befinden. Diese Information ist zwar auch für unsere Kunden wichtig, hauptsächlich brauchen wir sie jedoch zur Festlegung einer Reihe von rituellen Verhaltensweisen, mit denen wir unseren rechtmäßigen Platz innerhalb der Hierarchie der Machtverhältnisse auf dem Markt für uns sichern.

Uralte Weisheiten werden im gesamten Verlauf dieses Prozesses in der einen Phase bestätigt, nur um in der nächsten Phase vollkommen umgestoßen zu werden. Dies zwingt uns zu einer ständigen Verlagerung der Hauptstrategie, wenn etablierte Produktlinien reifen und wieder neue Produkte auftauchen.

Da Unternehmen unabhängig von ihrer Größe fast immer verschiedene Produkte in den verschiedensten Zyklusphasen gleichzeitig auf dem Markt haben, muß das Top-Management sogar lernen, in ein und derselben Sitzung in sich widersprechenden Marketingprinzipien zu denken und sie zu unterstützen! Das bringen nur diejenigen fertig, die flexibel reagieren und sich nicht in enge Bahnen zwängen lassen, was uns zu unserem letzten Thema, der *Unternehmensführung,* führt.

Die Forderungen nach häufigen und dramatischen Veränderungen, die im Zyklus begründet liegen, sind sowohl für die Unternehmen als auch für die einzelnen Mitarbeiter schmerzhaft. Offen gesagt fühlen sich ihnen nur wenige von uns gewachsen. Am Ende dieses Buches wird klargeworden sein, daß diese Schwierigkeit nicht umgangen werden kann. Die Situation wird jedoch schon erleichtert, sobald man in der Lage ist, diese Herausforderung klar zu formulieren, sobald also das geeignete Vokabular vorhanden ist, mit dem die Managementteams die Situation beschreiben, die Stärken und Schwächen der Teammitglieder bestimmen und ihr Bestes geben können, damit im richtigen Augenblick die Zügel der Macht in den richtigen Händen liegen. Der Weg aus diesem Dilemma liegt nämlich, wie wir sehen werden, in der Erkenntnis, daß wir als Gruppe erreichen können, wozu ein einzelner alleine vielleicht nicht fähig wäre.

Dieses Buch ist das Produkt meiner Erfahrungen mit Unternehmen im High-Tech-Sektor. Sein Standpunkt ist, wie bei vielen amerikanischen Publikationen, deutlich auf die USA bezogen. Gleichzeitig gehen die Erkenntnisse, die daraus zu gewinnen sind, weit über die Grenzen eines einzelnen Industriezweiges oder Landes hinaus. Meine Reisen in der ganzen Welt haben mir in den letzten Jahren gezeigt, daß der Technologieakzeptanz-Lebenszyklus ein universelles Phänomen ist und daß die Kräfte, die in den High-Tech-Märkten so deutlich am Werk sind, unser Leben in anderen Bereichen ebenso umfassend, wenn auch vielleicht auf subtilere Weise, beeinflussen. Begleiten Sie mich in diesem Sinne durch die folgenden Kapitel, ob Sie nun mit High-Tech oder mit einem anderen Bereich zu tun haben, in dem schnelle Veränderungen stattfinden.

2 Die Überwindung des Abgrunds – und was danach kommt

Nahezu alle aktuellen Theorien zum High-Tech-Marketing gründen auf dem Modell vom Technologieakzeptanz-Lebenszyklus. Entwickelt wurde dieses Modell von der Sozialforschung, die sich seit Ende der 50er Jahre mit der Frage beschäftigte, wie soziale Einheiten auf *diskontinuierliche Innovationen* reagieren.

Echte diskontinuierliche Innovationen sind neue Produkte beziehungsweise Dienstleistungen, die vom Anwender und vom Markt eine dramatische Änderung ihres bisherigen Verhaltens verlangen und ihnen dabei einen ebenso dramatisch neuen Nutzen versprechen.

Übertragen auf den Marketingbereich besagt das Modell, daß sich auf einem Markt, der mit der Möglichkeit konfrontiert wird, zu einem neuen Infrastrukturparadigma überzugehen – zum Beispiel von Schreibmaschinen zu Textverarbeitungsprogrammen – die Kunden sich von selbst nach dem Grad ihrer jeweiligen Risikoabneigung sortieren. Die gegen Risiken immunen *Innovatoren* drängen sich dabei in die vorderste Reihe und wollen die ersten sein, die die neuen Möglichkeiten ausprobieren dürfen – ja sie fordern es sogar. Die gegen Risiken allergischen *Nachzügler* hingegen ziehen sich in die letzte Reihe zurück, wo sie sich weiter an ihren Tintenfässern und Federhaltern festklammern. Dazwischen gibt es drei weitere idealtypische Gruppen, nämlich die *frühen Adaptoren*, die *frühe Mehrheit* und die *späte Mehrheit*.

Grafisch wird das Modell als Glockenkurve dargestellt wie in der Abbildung auf der nächsten Seite. Jedes Segment der Glockenkurve repräsentiert eine Standardabweichung von der Norm. So stellen die frühe und die späte Mehrheit jeweils eine Standardabweichung von der Norm dar, wobei jede Gruppe etwa ein Drittel der Gesamtheit ausmacht. Die frühen Adaptoren und die Nachzügler sind schon zwei, die Innovatoren drei Standardabweichungen von der Norm entfernt. Das Modell ist so zu verstehen, daß Innovationen von links nach rechts fortschreitend von einem Kundentyp nach dem anderen akzeptiert werden.

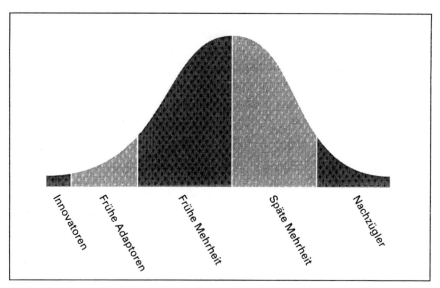

Der Technologieakzeptanz-Lebenszyklus

Vor dem Aufkommen dieses Modells suchten High-Tech-Anbieter verzweifelt nach Hilfe. Die meisten von uns waren in einer Geschäftswelt groß geworden, in der exzellentes Marketing am Beispiel Procter & Gamble definiert wurde. Bei dem Versuch, die Methoden dieser Firma auf den High-Tech-Markt anzuwenden, strengten wir uns nach allen Kräften an und erzielten doch nur jämmerliche Ergebnisse. Die Werkzeuge der Marketingkommunikation funktionierten einfach nicht richtig, und wann immer wir um Rat fragten, bekamen wir zu hören, daß unsere Botschaften zu lang und zu umständlich und, naja, einfach zu ungeschickt seien. Als dann der Technologieakzeptanz-Lebenszyklus auf der Bildfläche erschien, waren wir begeistert, denn mit ihm ließ sich erklären, warum einige Kunden so enthusiastisch und andere so kühl reagierten.

Um uns dieses Modell wirklich zu eigen zu machen, haben wir die fünf Kundentypen umbenannt:

1. Innovatoren = Technologieenthusiasten

Sie sind die fundamentalen Anhänger von neuen Technologien, weil sie wissen, daß diese über kurz oder lang die Lebensqualität verbessern. Außerdem haben sie Spaß daran, mit kniffligen Dingen zurechtzukommen, indem sie sie einfach ausprobieren. Sie lieben es, das Neueste auf dem Markt in die Finger zu bekommen. Damit sind sie die typischen ersten Kunden für alles, was wirklich brandneu ist.

Nahezu alle Bereiche haben ihre Technikfreaks. Auch in Ihrer Familie wird es einen – und nur einen – geben, der den Anrufbeantworter programmieren oder den Timer am Videorecorder einstellen kann und der herausfindet, wie die Espressomaschine funktioniert. Im Büro ist es dasselbe. An wen wenden Sie sich, wenn Sie mit dem Computer nicht zurechtkommen? Das ist Ihr Technikfreak.

Vom Standpunkt des Marketing aus, insbesondere beim Handel mit gewerblichen Kunden, haben Technikfreaks jedoch einen entscheidenden Nachteil: sie haben kein Geld. Aber dafür haben sie Einfluß. Und wir beschäftigen uns deswegen so eingehend mit ihnen, weil sie es sind, die die Tür zum weiteren Lebenszyklus öffnen. Wenn Technikfreaks ein neues Produkt verreißen, verschwendet niemand mehr einen zweiten Blick darauf. Nur mit ihrer Rückendeckung findet eine innovative Neuerung Beachtung, und deshalb streuen wir unsere „Saat" unter diesen Kunden aus, das heißt, wir geben ihnen unser Produkt, um dafür ihre Unterstützung zu bekommen.

2. Frühe Adaptoren = Visionäre

Sie sind die wahren Revolutionäre in Wirtschaft und Verwaltung, die die Diskontinuität jedweder Innovation ausnutzen wollen, um mit der Vergangenheit zu brechen und eine völlig neue Ära zu beginnen. Sie wollen die ersten sein, die die neuen Möglichkeiten nutzen, weil sie sich davon einen gewaltigen und unerreichbaren Wettbewerbsvorteil gegenüber dem alten System erhoffen.

Visionäre haben einen ungeheuren Einfluß auf den High-Tech-Markt, weil sie der erste Kundenkreis sind, der wirklich Geld ins Spiel bringen kann und auch will. Damit bereiten sie den Unternehmern mindestens ebensoviel Nährboden wie diejenigen, die Risikokapital zur Verfügung stellen. Und weil sie gerne im Rampenlicht stehen, tragen sie auch dazu bei, die Neuerung publik zu machen und ihr die Durchschlagskraft zu verschaffen, die für einen Erfolg auf dem Einführungsmarkt notwendig ist.

Doch all das hat seinen Preis. Jeder Visionär verlangt spezielle Modifizierungen des neuen Produkts, an die niemand sonst auch nur im Traum denken würde, und bald übersteigen diese Forderungen das F&E-Budget des jungen Unternehmens. Über kurz oder lang werden die Firmen gezwungen, sich den Kunden zuzuwenden, die einfach nur das wollen, was alle wollen – den Pragmatikern.

Technologieenthusiasten und Visionäre zusammen machen damit den *Einführungsmarkt* aus. Trotz ihrer unterschiedlichen persönlichen Motive haben sie eine gemeinsame Eigenschaft, nämlich das Bestreben, die ersten zu sein: Technikfreaks wollen die neuen Möglichkeiten *ausprobieren*, Visionäre wollen sie *ausnutzen*. Niemand sonst im Technologieakzeptanz-Lebenszyklus hat Interesse daran, der Erste zu sein. Dies zeigt sich im Persönlichkeitsprofil der verbleibenden drei Gruppen:

3. Frühe Mehrheit = Pragmatiker

Der Löwenanteil einer neuen Technologie-Infrastruktur wird an die frühe Mehrheit verkauft. Diese Kunden lieben die Technik nicht um ihrer selbst willen, was sie von den Technikfreaks unterscheidet. Allerdings achten sie darauf, Technikfreaks unter ihren Mitarbeitern zu haben. Ihr Leitsatz lautet: „Evolution statt Revolution." Damit sind sie auch keine Visionäre, vor denen sie sogar zurückscheuen. Sie sind vielmehr daran interessiert, daß die Systeme ihres Unternehmens effizient funktionieren. Da ihnen die Technologie an sich egal ist, achten sie darauf, Innovationen erst dann einzuführen, wenn es schon Belege für nützliche Produktivitätssteigerungen gibt sowie ernsthafte Empfehlungen von Leuten, denen sie vertrauen.

Die Pragmatiker sind diejenigen, die am ehesten für die unternehmenskritischen Systeme einer Firma verantwortlich sind. Sie wissen, daß die aktuelle Infrastruktur nur begrenzt stabil ist und achten darauf, sie vor störenden Neuerungen zu schützen. Dadurch sind sie eine harte Nuß, die schwer zu knacken ist, wenn es gilt, Unterstützung für den Wechsel zum neuen Paradigma zu bekommen.

Ist es dann schließlich soweit, bevorzugen es die Pragmatiker aus zwei Gründen, beim Marktführer zu kaufen: Erstens richten alle anderen auf dem Markt es so ein, daß ihre Produkte mit dem des Marktführers kompatibel sind. Das Produkt des Marktführers mag vielleicht nicht das beste sein, aber die Systeme, die auf seiner Grundlage errichtet werden, sind die verläßlichsten. Zweitens übt der durch den Marktführer geschaffene Anschlußmarkt eine Anziehungskraft auf viele Drittanbieter aus. Auch wenn der Marktführer selbst nicht auf Kundenbedürfnisse reagiert, so tut es doch der Markt als Gesamtheit. Pragmatiker haben begriffen, daß Kunden von marktführenden Anbietern auf dem Markt insgesamt besser dastehen.

4. Späte Mehrheit = Konservative

Diese Kunden glauben eigentlich nicht, daß es sich lohnt, in Technologie zu investieren. Sie investieren nur unter Zwang und typischerweise auch nur deswegen, weil sie sonst den Anschluß verpassen würden. Sie sind sehr preisbewußt, sehr skeptisch und sehr anspruchsvoll. Ihre Bedürfnisse werden nur selten befriedigt, was zum Teil auch daran liegt, daß sie nicht bereit sind, für Extraleistungen zu zahlen. Dies bestätigt sie dann wiederum in ihrer ablehnenden Haltung gegenüber High-Tech-Produkten.

Trotzdem stellen Konservative ein weitgehend ungenutztes Potential für den Absatz von High-Tech-Produkten dar. Sie sind eine Schar potentieller neuer Kunden, die für den Markt gewonnen werden können, sofern man achtsam mit ihnen umgeht. Sie sind eine große Herausforderung für die Anbieter, die es sich zur Aufgabe gemacht haben, sie zu bedienen. Um sie als Kunden zu gewinnen und von ihnen zu profitieren, müssen Systeme so weit vereinfacht und zu Massenprodukten gemacht werden, bis sie problemlos funktionieren. Mit anderen Worten: Konservative werden nur allzu gern dutzendweise die neuesten Mikroprozessoren kaufen, vorausgesetzt, sie sind in einen BMW eingebaut.

5. Nachzügler = Skeptiker

Sie sind die ewigen Nörgler und Besserwisser auf dem High-Tech-Markt, denen es Freude macht, die Reklametricks und vollmundigen Versprechungen der Marketingleute zu entlarven und in Frage zu stellen. Sie sind keine potentiellen Kunden, sondern allgegenwärtige Kritikaster. Das Ziel des High-Tech-Marketing ist es nicht, sie zu gewinnen, sondern sie zu meiden.

Zusammengenommen bilden diese fünf Idealtypen den Technologieakzeptanz-Lebenszyklus. Die Idee, den Markt durch schrittweises Vorgehen von einer Gruppe zur nächsten zu entwickeln, lieferte in den 80er Jahren die Grundlage für High-Tech-Marketingstrategien. Die empfohlene Vorgehensweise sah so aus:

▶ Beginnen Sie damit, neue Produkte unter den *Technologieenthusiasten* „auszusäen", damit diese Ihnen helfen, *Visionäre* heranzuziehen.

▶ Sobald Sie das Interesse der *Visionäre* geweckt haben, tun Sie alles, um sie zu zufriedenen Kunden zu machen, die Sie den *Pragmatikern* weiterempfehlen.

- Verkaufen Sie hauptsächlich an *Pragmatiker*, und zwar am besten dadurch, daß Sie der Marktführer werden und De-facto-Standards schaffen.
- Nutzen Sie Ihren Erfolg bei den *Pragmatikern*, um ausreichend Volumen und Erfahrung aufzubauen, so daß die Produkte zuverlässig und billig genug werden, um die Bedürfnisse der *Konservativen* zu befriedigen.
- *Skeptiker* überlassen Sie sich selbst.

Der Abgrund

So logisch und attraktiv diese Strategie in der Theorie auch wirkte, so hat sie doch in der Praxis leider nur selten funktioniert. Unternehmen gerieten besonders dann ins Stolpern, wenn es galt, den Übergang von den Visionären zu den Pragmatikern zu vollziehen. Das Problem bestand darin, daß diese beiden Gruppen, auch wenn sie im Technologieakzeptanz-Lebenszyklus Nachbarn sind, hinsichtlich ihrer Grundwerte so verschieden sind, daß eine Kommunikation zwischen ihnen so gut wie unmöglich ist, wie der folgende Vergleich zeigt:

Visionäre	**Pragmatiker**
intuitiv	analytisch
befürworten Revolution	befürworten Evolution
nonkonformistisch	konformistisch
Einzelgänger	Herdentiere
tun, was sie für richtig halten	konsultieren Kollegen
gehen Risiken ein	werden mit Risiken fertig
Motivation: zukünftige Möglichkeiten	Motivation: gegenwärtige Probleme
versuchen das Mögliche	verfolgen das Wahrscheinliche

Am besten läßt sich wohl der Unterschied zwischen beiden auf den Punkt bringen, indem man vergleicht, wie sie den Satz „ich sehe" verstehen. Wenn Visionäre sagen „ich sehe", dann tun sie das mit *geschlossenen* Augen. Pragmatiker hingegen sehen lieber mit offenen Augen. Sie mißtrauen Visionären aus demselben Grund, aus dem sie Leuten mißtrauen würden, die wie die Yedi-Ritter im bloßen Vertrauen auf die *Macht* ein Raumschiff steuern wollen.

Kurzum, Visionäre halten Pragmatiker für phantasielos, und Pragmatiker denken, daß Visionäre gefährlich sind. Deswegen sind Visionäre mit ihren im Höchstmaß innovativen – um nicht zu sagen tollkühnen – Projekten keine geeigneten Bezugsgrößen für Pragmatiker, und der Motor der Marktentwicklung wird abgewürgt, anstatt den eleganten Flug über diesen Übergangspunkt zu ermöglichen. Unglücklicherweise ist die Finanzsituation der High-Tech-Unternehmen an dieser Stelle bereits so angespannt, daß sie jeder Schluckauf (und dieser Sturz wäre schon eher ein Keuchhusten) ins Trudeln bringt beziehungsweise, wie wir es genannt haben, *in den Abgrund* stürzen läßt.

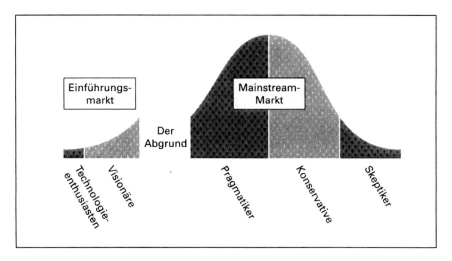

Der Abgrund

Das Konzept vom Abgrund ist schnell erklärt: Immer, wenn echte innovative High-Tech-Produkte auf den Markt kommen, werden sie zuerst durch Technologieenthusiasten und Visionäre, die den *Einführungsmarkt* bilden, freundlich aufgenommen, stürzen dann jedoch in einen *Abgrund*, wobei der Umsatz stagniert und oft ganz absackt. Wenn die Produkte den Abgrund erfolgreich überwinden können, werden sie auf dem *Mainstream-Markt*, der von Pragmatikern und Konservativen dominiert wird, akzeptiert. Da produktorientierte Unternehmen praktisch ihren gesamten Gewinn in dieser dritten Phase der Marktentwicklung machen, wird das Überwinden des Abgrunds zu einer absoluten Notwendigkeit.

Leider schaffen zuwenig innovative Produkte tatsächlich diesen Übergang. Statt dessen wurden die Investoren, denen die Akzeptanz auf dem Einführungsmarkt ein Triumphgefühl verschaffte, ungeduldig, und sie wollten einen sofortigen Übergang zum Mainstream-Markt mit entsprechend großem Wachstum und hohen Gewinnen sehen. Denn das war es ja schließlich, was das Lebenszyklusmodell versprochen hatte. Als sie sich jedoch im Abgrund sahen, nahmen sie an, daß mit dem Management etwas nicht stimmte. Bei dem Versuch, dort Fehler zu beheben, brachten sie in den meisten Fällen die Abläufe derart aus dem Gleichgewicht, daß sie sich nie wieder davon erholten. Erfreulicherweise zeichnet sich hier jedoch mit zunehmender Bekanntheit des Konzepts vom Abgrund eine Änderung ab.

Die Überwindung des Abgrunds

Die grundlegende Strategie für eine erfolgreiche Überwindung basiert auf einer einzigen Beobachtung: Der Hauptunterschied zwischen den Visionären des Einführungsmarktes und den Pragmatikern des Mainstream-Marktes besteht darin, daß erstere bereit sind, auf etwas Zukünftiges zu setzen, wohingegen letztere fertige Lösungen sehen wollen, bevor sie kaufen. Sieht also ein Visionär, daß Sie für sein Problem eine 80prozentige Lösung anbieten, so sagt er: „Toll, laßt uns gleich anfangen, die restlichen 20 Prozent gemeinsam zu erarbeiten." Ein Pragmatiker aber sagt: „Moment mal – es ist doch *Ihre* Aufgabe, *meine* Produktivität zu steigern! Ich kaufe dieses Ding erst, wenn es fertig ist, und keinen Augenblick eher." Der Pragmatiker besteht auf einer 100-Prozent-Lösung für sein Problem. Eine solche Lösung nennen wir ein *vollständiges Produkt*.

Das Konzept vom vollständigen Produkt gibt es schon etwas länger. Ursprünglich wurde es von Theodore Levitt an der Harvard-Universität entwickelt, und später wurde es in Silicon Valley ausführlich von Bill Davidow in *Marketing High Technology* (William H. Davidow: *High Tech*

Marketing: der Kampf um den Kunden – Erfahrungen und Rezepte eines Insiders. Campus Verlag, 1987) diskutiert. Im Zusammenhang mit der Theorie vom Abgrund hat das vollständige Produkt eine sehr viel enger gefaßte Bedeutung. Grundsätzlich wurde es definiert als *„ein Minimalset von Produkten beziehungsweise Dienstleistungen, die erforderlich sind, um der Zielgruppe einen zwingenden Kaufgrund zu geben"*. In diesem konnten wir allerdings sehen, daß High-Tech-Firmen ihre Verweildauer im Abgrund verlängerten, nur weil sie nicht willens oder in der Lage waren, ein Produkt bis zu diesem Grad zu perfektionieren.

Statt dessen geschah folgendes: Sobald sich das High-Tech-Unternehmen im Abgrund sah und sich darüber klar wurde, daß der Kunde mehr als nur das nackte Grundprodukt brauchte, begann es, sich dem Problem zuzuwenden. Anstatt sich aber auf einen einzelnen Markt zu konzentrieren, scheute das Management immer wieder davor zurück, alles auf eine Karte zu setzen. Man wählte vielmehr vier oder fünf potentielle Segmente, um sich dann auf dasjenige zu konzentrieren, das zuerst Interesse zeigte.

Dem folgten Besuche bei den wichtigsten Kunden aus jedem Zielsegment, bei denen peinlich genau sogenannte „Wunschlisten" erarbeitet wurden. Diese Listen wurden dann von einem Produktmarketing-Gremium aus Marketingmanagern und technischen Managern durchgesehen, die daraus die gemeinsamen Themen und die am häufigsten geforderten Systemerweiterungen ableiteten – die sogenannten „Nuggets", die Hauptbedürfnisse, die die Eigenschaften der nächsten Version bestimmten. Und so hatte die nächste Version, ganz planmäßig, für jeden etwas.

Aber dummerweise hatte sie für niemanden *alles*. Das heißt, keine der Gruppen erfuhr eine 100prozentige Befriedigung. Die Wunschliste eines Kunden konnte nie komplett abgehakt werden. *Aber genau das ist es, worauf Pragmatiker bestehen, bevor sie kaufen.* Die Pragmatiker lobten wohl die Bemühungen und klopften einem auf die Schulter, aber kaufen wollten sie nicht. Für die Entwicklung, die teuer finanziert worden war, heimste die Firma zwar Applaus ein, aber der erwartete Gewinn blieb aus.

Langsam kamen einige zu der erschreckenden Erkenntnis, *daß die sicherste Methode für die Überwindung des Abgrunds darin besteht, alles auf eine Karte zu setzen.* Das heißt, unter den Pragmatikern eines Mainstream-Marktsegments einen Brückenkopf ausfindig zu machen und die Schaffung eines 100prozentigen, vollständigen Produkts für diesen Kunden voranzutreiben. Das Ziel ist, so schnell wie möglich in einer Nische im Mainstream Fuß zu fassen. Nur so kann man den Abgrund überwinden.

Ein Beispiel

Als ich *Crossing the Chasm* schrieb, bezogen sich alle Beispiele auf Unternehmen, die mehr oder weniger unbeabsichtigt den Abgrund überwunden hatten. Da damals noch kein genaues Konzept für diese Übergangszeit vorhanden war (obwohl viele clevere Investoren und Führungskräfte sie intuitiv erfaßten), war es schwer, eine explizite Strategie für die Bewältigung des Übergangs anzubieten. In der Folgezeit hatten einige Firmen allerdings die Möglichkeit, die entwickelten Konzepte mit Erfolg in ihre Planung einzubauen. Eine dieser Firmen ist Documentum.

Documentum stellt High-End-Systeme im Bereich der Dokumentenmanagement-Software her, die ursprünglich von Xerox entwickelt wurden. Noch 1994 war diese Firma so gut wie unbekannt. Den ersten Teil der 90er Jahre hatte sie im Abgrund zugebracht und sich mit Jahresumsätzen von wenigen Millionen Dollar dahingeschleppt. Jedes Jahr widmete man sich einem neuen Visionär, ohne ihm wirklich viel bieten zu können. 1994 tauchte Documentum dann wie Phönix aus der Asche auf und wurde zum absoluten Spitzenreiter unter den Anbietern von Systemen für die Pharmaindustrie, wobei am Anfang die Marktnische für rechnergestützte Medikamentenzulassungsverfahren (CANDA: Computer Aided New Drug Approval) stand. Wie war das möglich?

Ende 1993 unterzog das Führungsteam von Documentum in Managementmeetings etwa 80 in Frage kommende Brückenkopfsegmente einer näheren Betrachtung. Anhand von fünf Kriterien wurde dann aussortiert:

1. Verfügt die Zielgruppe über ausreichende finanzielle Ressourcen, und kann unser Vertrieb die Ansprechpartner problemlos identifizieren?
2. Gibt es für die Zielgruppe einen zwingenden Kaufgrund?
3. Können wir heute mit Hilfe von Partnern ein vollständiges Produkt liefern, das diesem Kaufgrund entspricht?
4. Gibt es Wettbewerber, die uns davon abhalten könnten, bei diesem Kunden erfolgreich zu sein?
5. Können wir von diesem Segment aus unseren Einfluß auf weitere Segmente ausdehnen?

Im Fall der Pharmaindustrie war es keine Frage, ob die Unternehmen über ausreichende finanzielle Ressourcen verfügten. Die Ansprechpartner waren leicht zu identifizieren, weil es sich um eine spezielle Abteilung handelte, die sich ausschließlich mit Eingaben für Zulassungsverfahren beschäftigte. Die erste Hürde war also genommen.

Was den zwingenden Kaufgrund anbelangt: In den USA beträgt der jährliche Umsatz während der Lebensdauer einer typischen rezeptfreien Markenmedizin etwa 400 Millionen Dollar. Das Patent gilt 17 Jahre – diese Zeitspanne beginnt allerdings schon mit der Erteilung des Patents und nicht erst mit der Zulassung. Von diesem Zeitpunkt an entgehen dem Pharmaunternehmen mit jedem Tag, um den sich die Zulassung verzögert, Umsätze in Höhe von einer Million Dollar. Dem Team von Documentum erschien dies ein ausreichend zwingender Grund zu sein. Die wahre Herausforderung bestand in der Schaffung des vollständigen Produkts. Ein CANDA-Dokumentensatz besteht normalerweise aus 200 000 bis 500 000 Seiten, die aus Dutzenden von Quellen stammen, von denen nur ein Teil auf Datenträgern vorliegt. Documentum konzentrierte alle Ressourcen für Systementwicklung und das gesamte Marketing darauf, dieses bestimmte „Set" unterschiedlichster Quellen miteinander in Einklang zu bringen. Zu diesem Zweck mußte man in hohem Maße auf Ressourcen zurückgreifen, die aus Allianzen mit erheblich größeren Anbietern wie Sun, Oracle und CSC (Computer Sciences Corporation) stammten. Doch aus den Erfahrungen mit einem Projekt, das von einem Visionär bei Syntex finanziert wurde, hatte das Unternehmen gelernt, daß es möglich ist, und so das Marktsegment den Test bestand.

Was den Wettbewerb anbelangte, so hatte keiner der großen Konkurrenten mit ihrer akzeptierten Technologie und ihren etablierten Anwendergruppen versucht, sich wirklich der Herausforderung CANDA zu stellen. Durch die besonderen Bemühungen merkte man bei Documentum, daß man in der Lage sein würde, die wirtschaftliche Gleichung grundlegend zu ändern und diese Tatsache auch den kostenorientierten Käufern bewußt zu machen. Wäre erst einmal der Schritt geschafft, die Standard-CANDA-Anwendung für die Pharmaindustrie zu sein, könnte man leicht weiter vorstoßen, und zwar nicht nur in andere Bereiche der Pharmaindustrie, wie zum Beispiel F&E oder Herstellung, sondern auch in andere Industriezweige, die ebenfalls den Bestimmungen der Gesundheitsbehörden unterstehen, wie zum Beispiel medizinische Geräte oder Lebensmittelverarbeitung.

Was war das Ergebnis? Innerhalb eines Jahres, vom Startschuß im ersten Quartal 1994 bis zum Ende des Kalenderjahres, gewann Documentum 30 seiner 40 Top-Kunden. Der stärkste Konkurrent gewann im selben Zeitraum nur einen. Die Umsatzzahlen in jenem Jahr verdreifachten sich und sind dabei, sich nochmals zu verdreifachen. Documentum ist jetzt der unumstrittene Marktführer in diesem Segment, was dieser Firma weitaus mehr Einfluß verschafft, als ihre Größe rechtfertigen würde. Sie kann von diesem Markt nicht mehr verdrängt werden und darf, aus der Sicht der Pharmaindustrie, unter keinen Umständen vom Markt verschwinden. Damit ist sie gerüstet, den Markt aus einer Position der Stärke heraus anzugreifen, und hat beste Aussichten auf eine Erweiterung ihres Marktanteils. Diese Stärke entsteht durch die Überwindung des Abgrunds.

Der wichtigste Punkt, mit dem ich hier schließen möchte, ist die gewaltige Auswirkung auf die Marktentwicklung, die die erste eroberte Nische im Mainstream hat. Deshalb noch ein weiteres Beispiel: Bedenken Sie einmal den Unterschied auf dem Markt, der zwischen Meldeempfängern, den sogenannten „Piepsern", und digitalen Systemen für die Verarbeitung handschriftlicher Anmerkungen (PDA – pen-based personal digital assistants) besteht. Die meisten Leute besitzen weder das eine noch das andere. Auf die Frage: „Wenn Sie einen Piepser tragen würden, glauben Sie, er würde funktionieren?" lautet die Antwort meistens: „Ja." Stellt man diese Frage aber im Zusammenhang mit einem PDA, antworten die meisten mit „nein". Fragt man nach dem Warum, sagen die Leute, daß sie doch bestimmte Berufsgruppen kennen, die routinemäßig mit Piepsern arbeiten, Ärzte zum Beispiel oder LAN-Administratoren oder alle möglichen anderen, die Bereitschaftsdienste haben. Berufsgruppen, die PDAs routinemäßig benutzen, sind dagegen nicht bekannt. Deshalb kann man sich die erste Möglichkeit besser vorstellen. Daher ist es so wichtig, Brückenköpfe zu gewinnen. Sie verhelfen Ihnen nicht nur unmittelbar zu Kunden, es wird auch allen zukünftigen Kunden erleichtert, Ihr Produkt zu kaufen.

Jenseits des Abgrunds

Wir werden nun den Markt jenseits des Abgrunds kartographisch vermessen und uns dabei auf drei im Lebenszyklus aufeinander folgende Phasen konzentrieren, die in der folgenden Grafik verdeutlicht werden.

Die Karte unterteilt die „Lebenszyklus-Landschaft" in sechs Zonen, die sich folgendermaßen beschreiben lassen:

1. **Der Einführungsmarkt,** eine Zeit aufgeregten Treibens. Kunden sind die Technologieenthusiasten und Visionäre, die die ersten sein wollen, die mit dem neuen Paradigma zu tun haben.

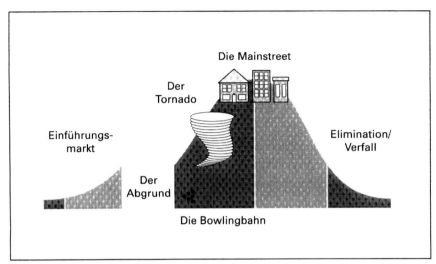

Eine Landkarte des Technologieakzeptanz-Lebenszyklus

2. **Der Abgrund**, eine Zeit großer Verzweiflung. Während auf dem Einführungsmarkt das Interesse an Ihrem Produkt erlahmt, ist der Mainstream-Markt mit den bisher angebotenen unausgereiften Möglichkeiten unzufrieden.

3. **Die Bowlingbahn**. In dieser Phase im Vorfeld des Mainstreams findet das Produkt Aufnahme in bestimmten Marktnischen. Treibende Kräfte sind dabei zwingende Bedürfnisse der Kunden und die Bereitschaft der Anbieter, nischenspezifische vollständige Produkte zu schaffen.

4. **Der Tornado**, die Zeit der Akzeptanz auf dem Massenmarkt. Der Mainstream-Markt schwenkt auf das neue Infrastruktur-Paradigma um.

5. **Die Mainstreet**, eine Phase, in der sich der Anschlußmarkt entwickelt. Die Basis-Infrastruktur liegt vor, und das Ziel besteht jetzt darin, ihr Potential auszuweiten.

6. **Elimination/Verfall**. Dazu kann es auf dem High-Tech-Markt sehr plötzlich kommen, weil die Halbleiter-Maschinerie das Preis-Leistungsverhältnis in unerhörte Bereiche treibt. Damit wird es möglich, daß vollkommen neue Paradigmen auf den Markt kommen und daß die Marktführer, die selbst gerade erst „angekommen" sind, aus der Bahn geworfen werden.

Die diesem Buch zugrundeliegende These lautet, daß sich die Unternehmensstrategien mit den jeweiligen Phasen, die der Markt durchläuft, dramatisch ändern müssen. Die wichtigsten Punkte meiner Argumentation sind deshalb:

- Die Kräfte, die auf der Bowlingbahn wirksam sind, verlangen nach einer nischenorientierten Strategie, die im Höchstmaß kundenorientiert ist (Kapitel 3).

- Die im Tornado wirksamen Kräfte drängen in die entgegengesetzte Richtung, nämlich in Richtung Massenmarkt-Strategie, um eine allgemeine Standardinfrastruktur zu etablieren (Kapitel 4).

- Auf der Mainstreet drängen die Marktkräfte wieder zurück zu einem kundenorientierten Ansatz. Die Konzentration liegt auf spezifischen Modifizierungen dieser Infrastruktur, um Wertschöpfung durch Anpassung an den Massenmarkt zu erzielen (Kapitel 5).

- Angesichts dieser dramatischen Strategiewechsel ist es unerläßlich, daß Unternehmen erkennen, in welcher Phase des Lebenszyklus sich ihre Märkte gerade befinden (Kapitel 6).

- In der Zwischenzeit zerstören (und reparieren) die ökonomischen Umwälzungen des Tornados die Machtstrukturen auf dem Markt mit solch rasender Geschwindigkeit, daß allein die Unterscheidung zwischen Freund und Feind schon eine Herausforderung darstellt (Kapitel 7).

- Innerhalb der neu entstehenden Marktstruktur müssen die Firmen ihrem Status gemäß miteinander in Wettbewerb treten (Kapitel 8).

- Positionierung in diesem Kontext bedeutet, daß eine Firma ihren rechtmäßigen Platz innerhalb einer Hierarchie einnimmt und diesen gegen Angreifer verteidigt (Kapitel 9).

- Die ultimative Herausforderung an ein Unternehmen besteht im eleganten Wechsel von einer Strategie zur anderen. Dies erfordert vom Führungsteam außergewöhnlich flexible Reaktionen (Kapitel 10).

Mit dieser Wegbeschreibung in der einen Hand und der Landkarte in der anderen können wir uns nun aufmachen, wie Dorothy und Toto auf der „gelben Pflastersteinstraße" das zauberhafte Land zu erkunden.

3 Auf der Bowlingbahn

Bevor Dorothy die Smaragdstadt im zauberhaften Land erreichte, mußte sie durch eine Reihe seltsamer Landschaften wandern. Ebenso ergeht es dem High-Tech-Unternehmen, wenn es den Abgrund überwunden und sich eine Ausgangsbasis geschaffen hat. Es ist nun eingeladen, sich weiter nach vorne zu wagen – *auf die Bowlingbahn?* Nun ja, das Kind muß einen Namen haben.

Die Bowlingbahn ist der Teil des Technologieakzeptanz-Lebenszyklus, in dem ein neues Produkt in bestimmte Nischen des Mainstream-Marktes vordringt und dort akzeptiert wird, die allgemeine Anerkennung auf breiter Basis jedoch erst noch erreicht werden muß. Das Ziel des Marketing auf der Bowlingbahn besteht darin, sich in Richtung des Tornados zu bewegen, von Nische zu Nische voranzuschreiten und dadurch immer stärker in Fahrt zu kommen. Jede Nische ist wie ein Kegel, er muß umgestoßen werden, kann aber auch selbst dazu verwendet werden, weitere Kegel umzuwerfen. Wie beim Bowling, so beim Marketing – je mehr Kegel, desto mehr Punkte. Dieses Kapitel soll also einen wirkungsvollen Ansatz des Nischenmarketings demonstrieren.

Doch wozu sich überhaupt auf Nischen konzentrieren? Warum können wir nicht gleich in den Tornado springen? Dafür gibt es zwei Gründe. Erstens ist das alte Paradigma, das Sie ersetzen wollen, für viele Kunden noch lange nicht tot. Die Kunden erkennen vielleicht die Vorteile des neuen Paradigmas, das Sie anbieten, es besteht jedoch noch kein zwingender Grund zur Umstellung. Da jede Art der Veränderung der Infrastruktur immer latente Folgen nach sich zieht, verhält sich dieser Teil des Marktes instinktiv sehr zögerlich.

Zweitens haben Sie zwar den Abgrund überwunden und bewiesen, daß Sie zumindest für eine bestimmte Nische ein vollständiges Produkt besitzen, das fähig ist, das alte Paradigma abzulösen, Sie müssen jedoch noch zeigen, daß Ihr neues Angebot *generalisiert* werden kann. Einer der Hauptgründe für die Konzentration auf eine Nische zur Überwindung des Abgrunds war die Vereinfachung der Entwicklung eines vollständigen Produkts. Nun muß der Übergang zu einem vollständigen Allzweckprodukt erfolgen, denn das ist für einen Tornado-Markt unbedingt notwendig. Dieser erfordert jedoch noch eine ganze Menge zusätzliche Arbeit, sowohl innerhalb Ihrer Firma als auch bei der Rekrutierung einer größeren Anzahl von Partnern, die Sie für die Entwicklung eines komplexeren und umfassenderen Lösungspakets brauchen.

Als beispielsweise die Textverarbeitung auf der Grundlage der Minicomputersysteme von Wang und anderen zum ersten Mal auf dem amerikanischen Markt erschien, wurde sie zuerst in den Nischen der Anwaltskanzleien, Regierungsbehörden, Beraterfirmen und anderen Organisationen mit extrem hohem Anteil an Schreibarbeit akzeptiert. Die meisten anderen Firmen blieben mit Blick auf die hohen Anschaffungskosten, die Notwendigkeit der Einstellung weiterer Mitarbeiter und die erforderlichen Schulungsmaßnahmen lieber bei ihren Schreibmaschinen. Dasselbe ereignete sich bei den Tabellenkalkulationsprogrammen, die zunächst nur von Finanzprofis verwendet wurden (der größte Konkurrent von Lotus 1-2-3 auf dem IBM-PC war anfangs ein sehr komplexes Finanzierungsmodellpaket mit dem Namen Context MBA), und auch bei den tragbaren Computern, wie dem ursprünglichen Compaq, die am Anfang nur von technischen Support- und Vertriebsprofis für Präsentationen bei Kunden genutzt wurden. Weitere Beispiele sind die VAX-Workstations von DEC, die ursprünglich nur von Ingenieuren verwendet wurden, oder die Meldeempfänger (Piepser), die zuerst hauptsächlich unter Ärzten, die ständig erreichbar sein müssen, Verbreitung fanden.

In diesem Stadium des Akzeptanz-Lebenszyklus übernimmt die breite Masse das neue Paradigma zwar noch nicht, sie ist ihm jedoch bereits ausgesetzt. Dadurch wird der Mainstream-Markt langsam darauf vorbereitet, später am Hyperwachstum des Tornados mitzuwirken. Die gegenwärtige Situation hat aber auch immer noch große Vorteile, denn die Nischenmärkte der Bowlingbahn bieten gewinnträchtige und wiederholbare Geschäfte. Effizient organisierte Unternehmen können sich daher zum ersten Mal aus ihrem eigenen Betriebskapital finanzieren, wenn sie sich auf die Erwirtschaftung von Gewinn konzentrieren und ihre Angebote im Hinblick auf zukünftige Expansion immer weiter ausbauen und kostengünstiger produzieren.

In dieser Marktphase sind die Nischen weder groß genug noch bereit dazu, mehrere Anbieter zu unterstützen. Sie scharen sich am liebsten um einen bestimmten Anbieter mit einer äußerst anwendungsspezifischen Lösung, die genau auf ihre besonderen Bedürfnisse zugeschnitten ist. Um ein Segment ganz für sich zu gewinnen, müssen Sie daher alle Konkurrenten ausschalten und sich als dominanten Marktführer etablieren.

Dies ist nicht so schwer, wie es scheint. An dem Punkt des Lebenszyklus, an dem Sie sich im Augenblick befinden, besitzen Sie per Definitionem ein außerordentlich innovatives Produkt. Sie müssen sich jetzt nur noch auf ein bestimmtes Kundensegment mit einem zwingenden Kaufgrund konzentrieren, also auf Kunden mit einem starken Bedürfnis, für das es bisher keine Lösung gibt. Sie „aktivieren" diese Kunden, indem Sie deren „Wunschliste" erfüllen und ein vollständiges Produkt für sie anbieten, für das die Kunden Ihnen wiederum den Auftrag zusprechen. Sobald eine genügend große Zahl von Kunden zu Ihnen kommt, spricht es sich herum, daß es da diese eine Firma gibt, die einen hervorragenden neuen Ansatz entwickelt hat, und daraufhin erhalten Sie *alle* Aufträge aus diesem Segment. Diese Mundpropaganda schirmt gleichzeitig später kommende Konkurrenten ab, da Sie bereits als der „richtige" Anbieter bekannt sind. Diesen Status behalten Sie Ihr Leben lang (zumindest bis zum nächsten Paradigmenwandel).

So haben die Kunden aus der Grafikbranche auf das Desktop-Publishing-Angebot von Apple reagiert, so reagierte die Wall Street auf die Workstations für Wertpapierhändler von Sun und Sybase, so reagierten die amerikanischen Banken auf die Geldautomatensysteme von Tandem Computer, und so reagiert die Filmindustrie auf Silicon Graphics. Es handelt sich dabei nicht um kurzlebige Verpflichtungen. Sie halten in der Regel jahrzehntelang, was bei den Zeitbegriffen in Silicon Valley einer lebenslangen Loyalität gleichkommt, da sie aus überlegten und zweckgerichteten Handlungen einer Gruppe von pragmatisch orientierten Käufern entstehen, die damit sicherstellen wollen, daß ihr Industriezweig die richtige Infrastruktur mit der richtigen Unterstützung erhält.

Wenn Sie sich auf der Bowlingbahn befinden, bedeutet das also, daß Sie den Mainstream-Markt erreicht haben und ein ernstzunehmendes Unternehmen geworden sind. Ihr Produkt wird von „ernstzunehmenden" Kunden gekauft (nicht nur von Visionären), und es ist offensichtlich, daß Sie mit derartigen Kunden sicher nicht so bald wieder vom Markt verschwinden. Die Zeit für Gratulationen ist gekommen.

Gleichzeitig haben Sie aber auch noch nicht den Status einer vollends etablierten Firma, wie beispielsweise Compaq, Intel oder Novell. Diese Unternehmen stehen jeweils als Marktführer in den Bereichen PC, Mikroprozessoren und Netzwerke fest, das heißt, ihre Märkte werden durch ihre

Produkte definiert. Der Markt Ihrer Firma wird statt dessen durch die *Anwendung Ihres Kunden* definiert. Apple hat also beispielsweise in dieser Phase den Desktop-Publishing-Markt gewonnen, nicht aber den PC-Markt. Tandem besitzt den Markt für Geldautomaten, jedoch nicht den für fehlertolerante Computersysteme, Silicon Graphics hat den Unterhaltungsmarkt, aber noch nicht den Markt der 3D-Workstations für sich entschieden.

Im Gegensatz zum Tornado, in dem die Produktkategorie selbst zum Bezugspunkt wird, haben Sie es in den Nischenmärkten der Bowlingbahn nicht mit Ihrem eigenen Markt, sondern mit dem Markt Ihres Kunden zu tun. Dies wirkt sich sehr stark auf Ihre Strategie aus. Sie müssen einsehen, daß Sie auf dem Markt nur ein Anhängsel sind. Sie sind selbst eigentlich kein Spieler, sondern ein Protegé, und Ihre Kunden auf dem Nischenmarkt sind gleichzeitig Protektoren und auch Sponsoren für Sie. Sie dürfen diese Schutzzone nicht zu früh verlassen.

Als Ihre Sponsoren bestätigen diese Kunden Ihren Wert auf ihrem Fachgebiet und verschaffen Ihnen eine glaubwürdige Einführung in andere Nischenmärkte, mit denen sie Geschäftsbeziehungen unterhalten. Und als Ihre Protektoren halten sie zu Ihnen und überlassen Ihnen den Löwenanteil der Aufträge in ihrem Bereich, selbst wenn Sie nicht das beste Produkt anbieten sollten. Auf diese Weise erhalten Sie in dem harten Konkurrenzkampf etwas Freiraum und schaffen sich einen Ort, an den Sie sich in schlechten Zeiten zurückziehen können. Auch wenn Sie Ihre höchsten Ziele noch nicht erreicht haben, besitzen Sie zum ersten Mal in diesem Lebenszyklus zumindest dauerhafte Freunde und Verbündete.

Die Auswirkungen der Marktführerschaft

Jetzt bleibt die Frage, warum all diese Firmen so freundlich zu Ihnen sind. Der Grund ist, daß sie Sie als ihren *Marktführer* betrachten, und ihr Verhalten ist ein Maß für den Status, den pragmatische Kunden mit diesem Titel verbinden.

Pragmatiker schätzen eine Grundlage aus Stabilität und Ordnung, auf der sie kontinuierlich immer bessere Systeme errichten und entwickeln können. Märkte ohne klar erkennbaren Führer besitzen keine derartige Grundlage und sind daher instabil. In diesem Moment, da ich diese Zeilen schreibe, gibt es beispielsweise noch keine klaren Marktführer in den Bereichen der objektorientierten Datenbanken oder der Desktop-Systeme für Videokonferenzen. Daher überrascht es auch nicht, daß noch kein Pragmatiker in diese Bereiche investiert.

Der Grund dafür ist nicht etwa mangelndes Interesse. Die meisten Pragmatiker unter den Führungskräften im Bereich der Informationstechnologie (IT) geben zu verstehen, daß sie beide Technologien für sehr wertvoll halten und daß sie nicht daran zweifeln, daß sie in Zukunft in großem Stil in ihre Firmen Eingang finden werden. Da sich auf diesen Märkten jedoch noch kein Marktführer etablieren konnte, gibt es auch keinen Maßstab für Standards, Architekturen oder Visionen. Ohne diese Wegweiser kann man aber keine langfristigen Entscheidungen treffen, und genau darum geht es den pragmatischen High-Tech-Kunden in erster Linie. Daher warten diese Kunden noch ab – sie beobachten, gehen auf Tagungen, sprechen miteinander, aber sie legen sich noch nicht fest.

Sobald aber ein klarer Marktführer feststeht, stellt sich in einem System des freien Marktes auf natürliche Weise Ordnung ein. Als erstes richten sich die weiteren Anbieter darauf aus, Produkte zu liefern, die mit den Produkten und Oberflächen des Marktführers kompatibel sind und diese ergänzen. Warum? Weil der Marktführer für sie *einen Markt geschaffen* hat. Jeder Kunde, der die Plattform des Marktführers gekauft hat, wird nun zu einem potentiellen Anschlußkunden für ihre Produkte und Dienstleistungen. Dadurch, daß diese Drittanbieter nun ihrerseits ihre Produkte verkaufen, wächst um die vom Marktführer festgelegte Architektur herum ein immer komplexeres und wertvolleres vollständiges Produkt. Die Kunden können nun wiederum diese reichhaltiger werdende Infrastruktur ausnutzen, um mehr und mehr ihrer Kaufziele zu erreichen. Dadurch bringen ihre ursprünglichen Investitionen vielfache Gewinne zurück, so daß der Absatz weiter angeregt wird und immer mehr Elemente für die sich ständig erweiternde Produktfamilie entwickelt werden.

In diesem entstehenden Markt sträuben sich naturgemäß dieselben Partner und Verbündeten dagegen, andere, weniger erfolgreiche Plattformen zu unterstützen, weil diese ihnen einfach nicht dieselben Möglichkeiten bieten können. Wenn sich der Markt später zu einem Tornado entwickelt, kommen diese Firmen wieder auf die sekundären Anbieter zurück, um auch mit ihnen zusammenzuarbeiten, denn dann ist auch deren Volumen groß genug, daß sich Investitionen lohnen. Doch sogar in diesem Fall erhalten diese Plattformen nur eine Behandlung zweiter Klasse, was bedeutet, daß auch der Kunde nur ein zweitklassiges vollständiges Produkt erhält. Dies ist einer der

Hauptgründe dafür, daß die meisten Pragmatiker nur von den Marktführern kaufen und auch gerne bereit sind, diese bevorzugt zu behandeln.

Man kann also sagen, daß Märkte, die von Pragmatikern dominiert werden, dem Marktführer eine ganze Reihe außerordentlicher Wettbewerbsvorteile einräumen, die sie allen Konkurrenten vorenthalten. Das beginnt damit, daß er für dasselbe Produkt einen höheren Preis verlangen darf, selbst wenn es nicht fehlerlos ist, wie es kürzlich beim Pentium Chip von Intel der Fall war, der trotzdem um 33 Prozent teurer verkauft wurde als der gleiche fehlerfreie Chip von NexGen. Da Marktführer wie Intel definitionsgemäß die größten Mengen ausliefern, entstehen ihnen auch die geringsten Stückkosten. Höchster Preis bei niedrigsten Kosten ist eine Formel, die sich äußerst vorteilhaft auf die Gewinnspanne auswirkt.

Es kommt aber noch besser. Die Marktführer haben auch die geringsten Absatzkosten für ihre Produkte, da die pragmatischen Kunden das marktführende Produkt kaufen *wollen*. Die Mitbewerber müssen sehr viel mehr Aufwand betreiben, um Kunden für sich zu gewinnen. Und weil der Marktführer einen ergiebigen Anschlußmarkt für Drittanbieter schafft, muß er diese selten für ihre Unterstützung bezahlen – er kann sogar häufig eine Gebühr verlangen, wie es beispielsweise Oracle tut, wenn es seine Datenbank auf die verschiedenen Computerplattformen portieren läßt. Die Mitbewerber haben diese Vorteile nicht. Sie können sich glücklich schätzen, wenn sie nicht dafür zahlen müssen, daß sie portieren dürfen. Die Liste der Vorteile wächst und wächst. Sei es beim Absatz, bei der Werbung, der Einstellung neuer Mitarbeiter oder beim Zugang zu Kunden – der Marktführer besitzt auf all diesen Gebieten belegbare, finanziell verwertbare Vorteile gegenüber jedem einzelnen seiner Konkurrenten.

Für jeden, der dieses System durchschaut hat, wird es zur fixen Idee, zum Marktführer zu werden, und der Traum aller Unternehmer ist es, ein Marktführer im Tornado zu werden. Aber für dieses Ziel ist die Zeit noch nicht reif, der Markt ist noch nicht bereit, als Ganzes umzuschwenken. Er hat zuviel in das alte Paradigma investiert und wird noch eine Weile in seinen Bahnen verharren. Wenn Sie jetzt einen breiten Frontalangriff starten, verschießen Sie nur vorzeitig Ihr Pulver. Jetzt sollten Sie sich statt dessen darauf konzentrieren, diejenigen Nischen des Marktes für sich zu gewinnen, deren Kunden unter dem alten Paradigma an den Rand gedrängt wurden, denen es nicht viel nützt und die daher darauf angewiesen sind, ihre Arbeitsabläufe zu reorganisieren, um wieder wettbewerbsfähiger zu werden. Diese Segmente sind sehr anfällig für Veränderungen, hier können Sie schnell große Fortschritte erzielen und gleichzeitig strategische Pluspunkte für die vor Ihnen liegende Schlacht um den Markt im Tornado sammeln.

Das Beispiel PeopleSoft

Nehmen wir ein Unternehmen wie PeopleSoft, die Firma für Client/Server-Software, die über die Nische des Personalwesens in den Markt eindringen konnte. Dem Management von PeopleSoft war bewußt, daß die großen Gewinne bei den Client/Server-Anwendungen letztendlich nicht im Bereich des Personalwesens, sondern mit spezifischen Anwendungen für die wichtigeren Abteilungen, wie beispielsweise Finanzen, Auftragsbearbeitung oder Fertigung erzielt werden können. Man sah jedoch auch, daß der Markt dem neuen Paradigma diese unternehmenskritischen Systeme noch nicht anvertrauen wollte. Eine Anwendung zur Personalverwaltung stellte dagegen für die Kunden einen weit weniger riskanten Einstieg dar. Aus Erfahrung wußte PeopleSoft auch, daß dieses Gebiet vom Markt unterversorgt war, während auf der anderen Seite großer Druck herrschte, das Personalwesen für das kommende Jahrhundert umzugestalten. Hier hatte man also eine unterversorgte, empfängliche Anwendergemeinde, die bereit war, die Sache von PeopleSoft gegenüber der Abteilung Informationstechnologie zu vertreten. Die IT-Abteilung erhielt dadurch gleichzeitig ein Testfeld für die ersten Ausflüge in das Gebiet der Client/Server-Systeme.

Auf diese Weise steckte PeopleSoft sein Terrain ab. Innerhalb kürzester Zeit katapultierte sich das Unternehmen auf die Position des Marktführers für Client/Server-Systeme in der Personalverwaltung, wo es einen Marktanteil von über 50 Prozent gewann. Da man sich auf diese Nische mit ihren zwingenden Kaufgründen konzentriert hatte, konnte man von Anfang an hohe Preise verlangen, so daß die Personalverwaltung zu einem sehr gewinnbringenden Projekt wurde, mit dessen Hilfe andere Produkt- und Marktinitiativen finanziert werden konnten. Weil die Personalverwaltung für viele große Firmen ein sicheres Gebiet darstellte, auf dem sie Erfahrungen mit Client/Server-Systemen sammeln konnten, erwies sie sich zudem als Geschäftszweig mit außerordentlichen Wachstumsraten. Und da nun schließlich die Anwendungen im Bereich des Personalwesens den ersten Durchbruch hinsichtlich der Akzeptanz der Client/Server-Systeme erzielten, schuf sich PeopleSoft dadurch den Ruf eines Marktführers auf dem gesamten Client/Server-Markt und erzielte damit eine Werbewirkung, die viel zu groß für diese kleine Firma, aber sicherlich nicht unwillkommen war.

Aus dieser Position der Stärke heraus wagt sich PeopleSoft nun mit Finanz- und Fertigungsanwendungen auf den breiteren Markt der Client/Server-Bürosysteme. Auf diesem großen Markt ist PeopleSoft im Vergleich zu Oracle oder SAP nur ein kleiner Fisch. Oracle hatte hier anfangs sehr schnell eine Führungsposition inne, da dieses Unternehmen einerseits sofort eine marktgerechte Finanzanwendung parat hatte und Oracle-Datenbanken andererseits die erste Wahl zur Unterstützung von Client/Server-Anwendungen sind. Die deutsche Firma SAP hat in den letzten Jahren den amerikanischen Markt im Sturm erobert. 1994 erreichte sie die Position des Marktführers auf diesem Gebiet mit einem Marktanteil von 34 Prozent. SAP ist ebenso wie Oracle ein milliardenschweres Unternehmen, und seine Leistung auf dem Markt der Client/Server-Anwendungen wuchs von Einnahmen in Höhe von 140 Millionen Dollar im Jahr 1993 auf 367 Millionen Dollar im Jahr 1994. Das ist ein jährliches Wachstum von 262 Prozent und liegt somit in der Tornado-Klasse.

In einem Kopf-an-Kopf-Rennen ohne ausgleichende Faktoren sollte man erwarten, daß PeopleSoft, ein Unternehmen, das gerade erst die Grenze von 100 Millionen Dollar überschreitet, von Konkurrenten mit derart überwältigenden Vorteilen im Hinblick auf das Investitionskapital und die Ausdehnung der Distributionskanäle sofort vom Markt gefegt wird. Trotz dieser Unterschiede *kann PeopleSoft jedoch nicht aus dem Wettbewerb gedrängt werden!* Der feste Stand dieses Unternehmens als unangefochtener Marktführer im Bereich der Client/Server-Systeme für Personalverwaltung verschafft ihm einen dauerhaften Zugang zum größeren Client/Server-Markt, und niemand kann diesen blockieren.

Das bedeutet, daß jede größere Firma, die gleichzeitig an Personalverwaltung und Finanzen interessiert ist, auf jeden Fall ein Angebot bei PeopleSoft einholt, unabhängig davon, für welches System sie sich letztlich entscheidet. Das ist der Absatzvorteil, den jeder etablierte Marktführer genießt. People-Soft muß sich nun auf diejenigen Kunden konzentrieren, für die eine kombinierte Lösung für Personal und Finanzen mit hervorragenden Fähigkeiten auf dem Gebiet des Personalwesens eine ideale Wahl wäre.

Derartige Territorialmanöver bilden das Wesen aller Marketingstrategien. Worauf es bei diesem Beispiel ankommt, ist, daß die Position des Marktführers in einer Nische sich bei einer Expansion in breitere Märkte als großer strategischer Pluspunkt erweisen kann, da sie eine stabile Grundlage für weitere Operationen darstellt. Man sollte sich also nicht nur in einer Nische niederlassen, sondern sie auch ausnutzen und mit der Bowlingkugel weitere

Nischen erreichen, wobei der letzte umfallende Kegel entscheidend für einen Sieg im Tornado werden kann.

Ohne diese Strategie zur Vorbereitung des Tornados aus dem Blick zu verlieren, wollen wir uns nun einem Unternehmen zuwenden, das sich schon in einer fortgeschritteneren Phase befindet, nämlich Lotus Development Corporation mit seinem Produkt Notes[1].

Das Beispiel Lotus Notes

Notes stellt einen der außergewöhnlichsten Marketingerfolge der letzten Jahre dar. Es handelt sich um ein Produkt, das so schwer zu beschreiben ist, daß die Mitarbeiter von Lotus noch heute über seine Einordnung in eine Kategorie stolpern. Sie haben lange versucht, Notes mit dem Begriff „Groupware" zu definieren, herausgekommen ist aber ironischerweise das genaue Gegenteil – Groupware wurde anhand von Lotus Notes definiert.

Notes und sein Erfinder, Ray Ozzie, eröffneten der Welt durch die absichtliche Verletzung des ältesten Gesetzes der Datenbankverwaltung eine völlig neue Perspektive des Informationsaustausches. Dieses Gesetz besagt, daß die wichtigste Aufgabe einer Datenbank darin besteht, die Entstehung mehrerer Dateien desselben Inhalts zu verhindern, indem jede Datei an einem bestimmten Ort abgelegt wird, an dem sie mit Hilfe einer bestimmten Datenbankverwaltungs-Software jederzeit aktualisiert und kontrolliert werden kann.

Notes tut genau das Gegenteil davon. In regelmäßigen Intervallen kommunizieren alle miteinander verbundenen Notes-Server miteinander und fragen sich gegenseitig: „Welche neuen Informationen hast du, die mir noch fehlen?" Alle fehlenden Daten werden daraufhin ausgetauscht. Die Dateien vermehren sich nicht nur rasend schnell, sie bilden sogar Metastasen! Es ist eine verrückte Art, Daten zu verwalten, aber eine hervorragende Methode der Informationsweitergabe. Der Grund dafür ist einfach: Am Ende jedes Tages haben alle Notes-Server im Netz genau dieselben Informationen parat, ohne daß ständig E-Mails verschickt werden müssen.

---

1 Es zeugt vom schnellen Wandel im High-Tech-Sektor, daß Lotus noch zwischen der Korrektur und der endgültigen Drucklegung der englischen Originalausgabe dieses Buches von IBM übernommen wurde.

Diese Technologie wird als *Replikation* bezeichnet und ist zu einer der heißesten Innovationen auf dem Gebiet der Datenbank-Software geworden. Oracle und Sybase haben sie in ihre Datenbanken aufgenommen, und Microsoft hat bereits mit einem konkurrierenden System namens Exchange reagiert. Trotz der Größe und Gewichtigkeit der Konkurrenten kann Notes seinen Vorsprung jedoch noch gut halten, und wir werden in unserer Untersuchung der Marktdynamik in einem Tornado noch sehen, weshalb es sehr unwahrscheinlich ist, daß Lotus jemals von seiner Position als Marktführer dieser Kategorie verdrängt wird. Unser gegenwärtiger Fokus richtet sich jedoch darauf festzustellen, wie Lotus diese begehrte Position erringen konnte.

Bei seiner Einführung wurde Notes als das neue Paradigma für unternehmensweite Kommunikation vorgestellt und gewann auf diese Weise Visionäre wie Sheldon Laube von Price Waterhouse für sich, die bereits 10 000 Lizenzen des Produkts kauften, bevor es überhaupt die Beta-Testphase ganz hinter sich hatte. Anschließend verblieb es jedoch im Abgrund. Sicherlich war es ein aufregendes neues Paradigma, das man im Auge behalten wollte, es war aber noch viel zu schwer zu beschreiben und noch schwerer zu implementieren, als daß ein ernstzunehmender Pragmatiker es bereitwillig hätte akzeptieren können. Zudem brachte es die entmutigende Aussicht mit sich, erneut eine völlig neue Infrastruktur zu verbreiten und zu unterstützen. Das wollte niemand auf sich nehmen, wenn es sich vermeiden ließ.

Um den Abgrund zu überwinden, konzentrierte sich das Notes-Team nicht mehr so sehr auf seine Vision einer unternehmensweiten Kommunikation, sondern mehr auf die Ebene der spezifischen Lösungen für einzelne Abteilungen in Unternehmen. Die erste dieser Lösungen war ein globales System für Kundenmanagement speziell für weltweit tätige Wirtschaftsprüfungs- und Beratungsfirmen, bei dem man die Erfahrungen mit Price Waterhouse einbringen konnte. Der zwingende Kaufgrund war, daß diese Lösung es den Firmen ermöglichte, ihre exponierten Projekte für ihren Kundenkreis, der aus den 500 größten Industrieunternehmen der USA bestand, wesentlich besser zu koordinieren. In dieser Welt können die neuesten Informationen darüber, wer was zu wem gesagt hat, über Erfolg oder Mißerfolg entscheiden, und daher dauerte es nicht lange, bis die Anwender das Produkt stark befürworteten. Das vollständige Produkt für diese Anwendung umfaßte glücklicherweise nicht viel mehr als Notes selbst.

Ab hier war es nur noch ein kleiner Schritt bis zum globalen Kundenmanagement für alle möglichen Vertriebsteams, besonders im High-Tech-Sektor, in dem E-Mail bereits den Weg für die Online-Kommunikation bereitet hatte. Als das kommunikative Element der Lösung in den Vordergrund trat, konnte Lotus in einen weiteren Geschäftsbereich vordringen, nämlich in den Kundendienst, und zwar wiederum besonders in High-Tech-Unternehmen, da hier ebenfalls die aktuellsten Informationen über die Ereignisse darüber entscheiden, ob ein Kunde dem Unternehmen treu bleibt oder abwandert. Darüber hinaus kann ein offener und freier Informationsaustausch hier auch zu kreativen Lösungen von Problemen führen, die von eigentlich unbeteiligten Seiten kommen. Aus diesen Nischen entwickelte sich eine weitere Dimension, nämlich die Einbindung der Kunden in die Notes-Schleife. Nun eröffneten sich plötzlich ganz neue Möglichkeiten, den Kunden näherzukommen.

Zur selben Zeit wurde der Markt noch von einer anderen Seite her infiltriert. Die weltweit tätigen Betreuungsteams, mit denen alles begann, arbeiteten natürlich mit ihren Kunden zusammen. Die Kunden erfuhren von diesem System und wurden schließlich darin eingebunden, so daß sie sich nicht mehr davon trennen konnten, nachdem die Projektteams ihre Arbeit abgeschlossen hatten und Notes wieder mitnehmen wollten. Aus ihrer Sicht war es der Schlüssel zur besseren Koordinierung der Aktivitäten global verstreuter Projektteams, hauptsächlich im Bereich F&E sowie bei der Einführung neuer Produkte auf dem Markt. Angesichts der vielfältigen externen und internen Funktionen der Unternehmen erscheint die Vision der unternehmensweiten Kommunikation immer plausibler. Haben wir denn in den letzten Jahren nicht ständig eine Verbesserung der Kommunikation gefordert?

Mit anderen Worten befindet sich Notes, obwohl es bis jetzt, da ich diese Zeilen schreibe, keine wirklich etablierten Konkurrenten besitzt, bereits in der Tornado-Phase seiner Marktentwicklung. Die Zahl der Teilnehmer an der Anwenderkonferenz für Drittanbieter, LotuSphere, wächst Jahr für Jahr um 100 Prozent, da immer mehr Firmen auf diesen äußerst gewinnverheißenden Zug aufspringen wollen. *Computerworld*, die Bastion der pragmatischen Mehrheit, hat Notes schon mehrmals auf die Titelseite gebracht. Das vollständige Produkt für Notes weist zwar noch erhebliche Mängel auf, denn es läßt sich noch nicht gut auf Anwendungen auf Unternehmensebene ausweiten, die Anwendungsumgebung ist noch nicht ausgereift, und es gibt bisher noch zuwenig Anwendungen von Drittanbietern, die für pragmatische Käufer ausreichend getestet wären. Nichtsdestotrotz verlangen die Anwender aber nach dieser neuen Art des Informationsaustausches, so daß die IT-Abteilungen trotz besseren Wissens von der Veränderung mitgerissen werden.

All dies kann auf eine Kaskade von Nischenmärkten zurückgeführt werden, von denen sich einer aus dem anderen entwickelt hat. Und genau diese Wirkung soll das *Bowlingmodell* verdeutlichen.

Das Bowlingmodell

Mit Hilfe des Bowlingmodells soll die Expansion in die Nischenmärkte so wirkungsvoll wie möglich geplant werden, um sich in Richtung des Tornados voranzukegeln. Sie erinnern sich daran, daß zuerst das vollständige Produkt für jede Nische zur Verfügung stehen muß, bevor sich die Nische auf das neue Paradigma einlassen kann. Gleichzeitig wird ihr die Kaufentscheidung noch mehr erleichtert, wenn der Anbieter bereits Empfehlungen aus einer „Nachbarnische" mitbringt, aus einer Nische, in der die Mundpropaganda bereits für ihn arbeitet.

Bei der Eroberung unzusammenhängender Nischen, nur im Hinblick auf Absatzmöglichkeiten, kann man keinerlei solche Wirkungen für sich nutzen. Jedes neue vollständige Produkt muß wieder ganz von vorne entwickelt werden, und eine Empfehlung von anderen Kunden ist höchstens durch Zufall verwertbar.

Sehen Sie im Gegensatz dazu anhand der Grafik auf der nächsten Seite, was passiert, wenn wir dieses Prinzip in den Kern unserer Marktentwicklungsstrategie einbauen:

Der erste Kegel an der Spitze entspricht unserem Brückenkopfsegment, auf das allein wir uns zur Überwindung des Abgrundes konzentriert haben. Jeder andere Kegel wird von diesem ersten Kegel „umgestoßen". Ich will dies an einem Beispiel verdeutlichen.

Apple auf der Bowlingbahn

Im Fall Apple Macintosh waren die *festangestellten Grafiker* in den Unternehmen das Segment 1, und *Desktop Publishing* war die Anwendung 1. Daraufhin wollte man zwei wichtige Vorteile, die sich aus dem Erfolg in diesem Segment ergaben, dazu benutzen, um in verwandte Segmente vorzudringen.

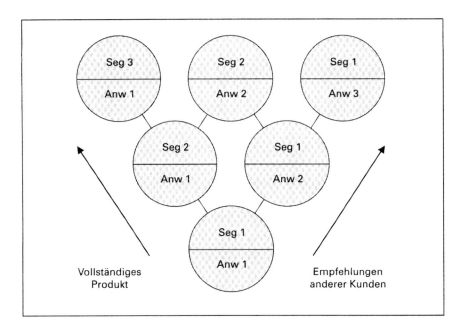

Marktentwicklung auf der Bowlingbahn

Der erste Vorteil waren die *Empfehlungen der Kunden.* Apple blieb dem Grafikbereich treu und entwickelte nach dem Desktop Publishing, das um Aldus Pagemaker herum wuchs, weitere Anwendungen, unter anderem Desktop-Präsentationsprogramme, zuerst um MacDraw und anschließend um Persuasion von Aldus und PowerPoint von Microsoft. Es folgten der gemeinsame Dateizugriff und E-Mail zur Verbesserung des Informationsaustausches mit Klienten. Diese Anwendungen konnten viel einfacher online gebracht werden, da das Kundensegment mit dem Macintosh bereits vertraut war, so daß die Leute andere beim Ausprobieren beobachten konnten, es dann selbst versuchten und anschließend akzeptierten. Dabei hatten sie die Gewißheit, bei Problemen immer jemanden zu finden, der mit dem System vertraut war.

Gleichzeitig war eine andere Hebelwirkung der Marktentwicklung am Werk, diesmal durch die Erweiterung des *vollständigen Produkts.* Für die in den Firmen angestellten Grafiker war Desktop Publishing gut geeignet; damit aber auch Grafiker in Werbe- und Verlagsagenturen damit etwas anfangen konnten, waren noch Erweiterungen erforderlich. Als diese qualitativ hochwertigen Fähigkeiten implementiert waren, durchlief das vollständige Produkt noch eine Reihe weiterer Mutationen und wurde auf die Farbseparation und die Aufgaben der Druckvorstufe konzentriert, damit auch professionelle Druckereibetriebe und Verlage es verwenden konnten. Jede dieser Erweiterungen des vollständigen Produkts baute jedoch auf bereits geleisteter Arbeit und auf vorhandenen Beziehungen mit Drittanbietern auf. Daher konnte es erheblich schneller wachsen, als es sonst möglich gewesen wäre.

Apple hat für seine Marketingstrategie noch nicht das Modell der Bowlingbahn eingesetzt. Mit Hilfe guter Marketingverbündeter und des gesunden Menschenverstands der Führungskräfte ist es mehr oder weniger hineingerutscht. Heute lautet das Ziel, dieselbe Wirkung durch Planung zu erzielen. Dazu betrachten wir erneut den Fall Documentum.

Sie erinnern sich, daß diese Firma den Abgrund überwand, indem sie alle Energien auf das Segment der pharmazeutischen Industrie und die Anwendung CANDA konzentrierte. In der folgenden Abbildung sehen Sie, welchen Weg das Unternehmen von dort aus nehmen könnte:

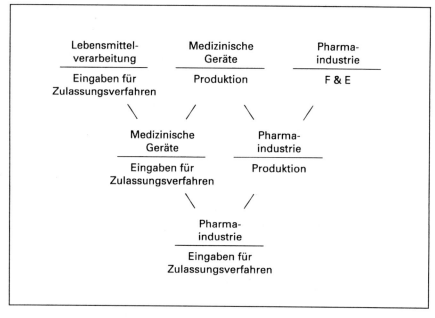

Exemplarische Bowlingbahn-Strategie

Die Entwicklung von Hyperwachstumsmärkten

Hinter dieser Aufstellung steht der Gedankengang, die Vorteile auszunutzen, die man durch die Eroberung des ersten Brückenkopfes gewonnen hat. Wenn wir also jetzt der Liebling der pharmazeutischen Industrie auf dem Gebiet der Eingaben für Zulassungsverfahren sind und diese bereits unsere hochentwickelte Anwendung zur Verwaltung von Dokumenten akzeptiert hat, können wir ihr nun Möglichkeiten anbieten, diese Fähigkeit auch in anderen Bereichen anzuwenden. In der Produktion gibt es ebenfalls Auflagen für die Dokumentation der Chargen, und in der Forschung und Entwicklung muß viel mehr Recherchearbeit geleistet werden als in jedem anderen Industriezweig. Solche Erweiterungen erfordern natürlich erneute Investitionen in ein vollständiges Produkt, sie können aber immerhin auf einer bereits bestehenden Infrastruktur aufbauen.

Ebenso können wir eine gewisse Hebelwirkung erzielen, wenn wir die Anwendung für die Zulassungsverfahren nach außen in die Gebiete der medizinischen Geräte und der Lebensmittelverarbeitung tragen. Diese Industriezweige unterstehen in den USA genauso wie die Pharmaindustrie den Gesundheitsbehörden. Diesmal besteht der Vorteil darin, daß wir das vollständige Produkt nachahmen können. Es wären wieder Veränderungen nötig, wahrscheinlich in Richtung Vereinfachung und Kostenreduzierung, wenn man in Märkte wandert, die ein weniger zwingendes Kaufinteresse besitzen. Diese sind jedoch möglich, da die Entwicklungskosten im Vergleich zu vorher stark gesunken sind.

Die Ausnutzung derartiger Hebelwirkungen ist sehr wichtig für die High-Tech-Strategie, einfach weil die Zusammenstellung eines vollständigen Produkts ein teurer und zeitaufwendiger Vorgang ist. Wenn man niemals über das erste Brückenkopfsegment hinauskommt, ist es sogar zweifelhaft, ob dessen Kunden alleine jemals die gesamten Investitionen ausgleichen würden, die aufgewendet werden mußten, um sie zu gewinnen. Wenn man jedoch auf der Grundlage derselben Investition mit nur minimaler zusätzlicher Arbeit ganz neue Nischen für sich gewinnen kann, erhält man dadurch ein außerordentlich profitables Geschäft. Das ist das Ziel der Bowlingbahn-Strategie.

Solange Firmen mit der Bowlingbahn-Strategie expandieren und immer wieder neue Anwendungen finden, mit denen sie ihr bestehendes vollständiges Produkt weiter einsetzen können, sind sie praktisch unbesiegbar. Es ist einfach zu schwer für jeden Konkurrenten, an den Wert ihres vollständigen Produkts heranzukommen, wenn man bedenkt, daß sich die Drittanbieter bereits um den amtierenden Marktführer geschart haben. Wenn dagegen Firmen die bisherigen Grundlagen der Hebelwirkung ihres vollständigen Produkts aufgeben, um in neue Märkte vorzustoßen, werden sie sehr verletzbar. Sie haben sich so sehr an ihren ungerechten Wettbewerbsvorteil gewöhnt, daß sie nicht erkennen, daß ihnen dieser nun fehlt. In letzter Zeit läßt sich dieses Prinzip sehr gut an der Entwicklung von Sun Microsystems erkennen.

Das Beispiel Sun

Sun schaffte den Start im Einführungsmarkt durch den Paradigmenwechsel von den proprietären zu den offenen Systemen. Dabei handelte es sich um ein außerordentlich visionäres Projekt, angeführt von Suns Technologieenthusiasten Bill Joy und Suns Unternehmensvisionär Scott McNealy. Die gesamte Unix-Gemeinde scharte sich um diese Fahne. So weit, so gut, aber kein einziger Pragmatiker tat auch nur einen Schritt in diese Richtung.

Um den Einstieg in den Mainstream-Markt zu vollbringen, konzentrierte sich Sun auf eine Reihe von Nischenmärkten, beispielsweise auf Computer Aided Software Engineering (CASE), Computer Aided Design (CAD) und technische Publikationen. Dabei konnte Sun in jedem Fall frei nutzbare Software zu Hilfe nehmen, um die Entwicklung des vollständigen Produkts zu beschleunigen. Später startete Sun auch noch weitere Initiativen, besonders in den Bereichen ECAD (CAD für die Elektronikindustrie, also hauptsächlich Halbleiter- und Systemdesign) und Naturwissenschaft (beispielsweise Molekülmodelle in der Chemie) sowie im Bereich der Geographischen Informationssysteme (GIS) für eine Reihe von Kartographieanwendungen. In all diesen Arenen hatte Sun bewundernswerten Erfolg.

Irgendwann in dieser Entwicklung, als die Kegel einer nach dem anderen umfielen, verwandelte sich der Markt aus einer Reihe vertikaler Kategorien in eine einzige horizontale Kategorie, nämlich in den *Markt für technische Workstations*. Das heißt, Suns eigene *Produktkategorie* wurde zur dominanten *Marktkategorie*. Workstations bildeten jetzt kein Anhängsel eines anderen etablierten Marktes mehr, sondern wurden zu einem eigenen Markt.

Wie wir im nächsten Kapitel sehen werden, ist dies eines der Hauptanzeichen für einen Tornado. Das Unternehmen, das zu diesem Zeitpunkt den größten Marktanteil besitzt, wird als der Führer des neuen Marktes etabliert. Im Fall Sun war zwar Apollo bereits vor Sun in diese Produktkategorie eingestiegen und konnte auch große Erfolge vorweisen. Als sich jedoch schließlich die Marktkategorie abzeichnete, lag nicht Apollo, sondern Sun in Führung, und nicht Apollo, sondern ebenfalls Sun erntete alle Vorteile der Marktführerschaft.

Bisher haben der Markt und die Stärken der Firma Sun gut zusammengespielt; zwei nachfolgende Entwicklungen haben jedoch Schwächen in Suns Position aufgedeckt. Zum einen hat Suns Orientierung auf technische Desktop-Rechner in der Fertigung und im Vertrieb verhindert, daß das Unternehmen auf dem starken Markt für kommerzielle Unix-Server, der sich in den 90er Jahren herausbildete, jemals wettbewerbsfähig war. Dieser Markt ging statt dessen an HP, herausgefordert durch IBM, DEC und AT&T, die die zuvor erfolgreichen Unternehmen Sequent und Pyramid verdrängte. Sun spielt dabei nicht im entferntesten die Rolle, die man ihm aufgrund seiner Größe und seines Gewichts zutrauen könnte. Gleichzeitig wurde Sun bei dem Versuch, sein Workstation-Paradigma auszuweiten, um dem Wachstum der PCs zuvorzukommen, durch die überraschende Preis-Leistungs-Schraube von Intel und Microsoft aus dem Rennen geworfen. Nun steht auf fast allen kommerziellen Schreibtischen bereits das Schild „Besetzt", so daß die traditionell unantastbare technische Domäne von Sun tatsächlich von einer Invasion bedroht ist.

Was ist geschehen? Eine Erklärung ist, daß Sun beim Sprung von der Bowlingbahn in den ersten Tornado – den technischen Unix-Markt – seinen Ansatz für Nischenmärkte vollkommen aufgegeben hat, um der massiven Nachfrage gerecht zu werden. So weit, so gut. Als es jedoch Zeit wurde, diesen Bereich zu verlassen, versuchte Sun, die Tornado-Taktik auszuweiten und das neue Territorium der kommerziellen Server und kommerziellen Desktop-Rechner sofort mit einzubeziehen. Weshalb dies nicht funktionierte, wird im folgenden dargelegt.

Das vollständige Produkt von Sun war in keinem der beiden Fälle ausgereift, und in keinem der beiden Fälle hatte Sun die Position des Marktführers inne. Bei den Servern fehlte auf der Produktseite die Integration mit Vorgängersystemen, und auf der Serviceseite waren die Kapazitäten sowohl des Vertriebs als auch des Supports den umfangreichen kommerziellen Installationen nicht gewachsen. Im Fall der kommerziellen Desktops fehlte die notwendige Anpassung an die vorhandenen DOS- und Windows-Anwendungen. Sun arbeitete durchaus fleißig an diesem Problem. Eine eigene Software zur Emulation von Windows wurde eingeführt, und Lösungen von Drittanbietern, wie Insignia mit der Soft-PC-Produktlinie, wurden unterstützt. Die IT-Gemeinde der 500 größten Industrieunternehmen der

USA hatte sich jedoch in der Vergangenheit schon so oft die Finger an emulierten Umgebungen verbrannt, daß sie sich weigerte, sich auf diese Anpassungen einzulassen.

Sun muß deshalb seine gesamte Position auf dem Markt und seine weiteren Strategien neu überdenken. Dabei sollte das Unternehmen die beiden folgenden Prinzipien für die Strategie auf der Bowlingbahn nicht vergessen, wenn es versucht, Märkte zu erobern, in denen es keine traditionelle Vormachtstellung besitzt.

Zwei Prinzipien, die sogar ein Geschäftsführer kennen sollte

Das erste Strategieprinzip auf der Bowlingbahn lautet: Greife nie ein Segment an, dessen laufende Aufwendungen in deiner Produktkategorie deine gegenwärtigen Jahreseinnahmen übersteigen. Oder, um es einfacher auszudrücken: *Suche dir nur jemanden aus, der genauso groß ist wie du.* Dafür gibt es folgende Gründe: Wenn Sie sich auf der Bowlingbahn befinden und sich auf den Tornado vorbereiten wollen, ist es Ihr Ziel, Ihre Architektur in möglichst vielen Nischen als marktführenden Standard akzeptiert zu sehen. Es läuft so ähnlich wie bei der Nominierung des Präsidentschaftskandidaten einer Partei in den USA. Jede Nische bestätigt Ihre Lösung sowohl im wörtlichen Sinn, da sie die Qualität Ihres vollständigen Produkts beweist, als auch im übertragenen Sinn, da sie zeigt, daß ein weiterer Wahlkreis Ihren Standard unterstützt. Das Ziel ist es, bis zur Nominierung möglichst viel Unterstützung zu sammeln, denn dann entscheidet es sich, wen der Tornado-Markt zum Marktführer bestimmt.

Es ist dabei sicherlich wichtiger, ein Segment von der Größe Kaliforniens oder New Yorks zu gewinnen als etwa Alaska oder Hawaii, letztlich ist es aber immer noch besser, bei der Nominierung in einem Staat als Sieger hervorzugehen, als in mehreren Staaten den zweiten oder dritten Platz zu belegen. Ebenso ist es mit der Marktführung. Um die Wahl in einem der Bowlingbahn-Segmente zu gewinnen, müssen Sie dort klar den Markt dominieren. Solange der Markt aufgesplittert bleibt oder es einen Konkurrenten mit einem gleichberechtigten Führungsanspruch gibt, haben Sie noch nicht gewonnen. Das heißt, Sie haben zwar schon viel erreicht, aber noch nichts, was Ihre Tornado-Sehnsüchte erfüllen könnte.

Um ein Segment zu dominieren, muß man in der Regel innerhalb der letzten zwölf bis 18 Monate 40 Prozent oder mehr der neuen Aufträge für sich gewonnen haben. Ab dieser Stufe auf der Erfolgsleiter beginnt sich auf dem Markt das Gerücht zu verbreiten, daß Sie der neue Marktführer sind, vorausgesetzt, Ihr stärkster Konkurrent liegt weit hinter Ihnen. Von diesem Zeitpunkt an können Sie damit rechnen, daß Ihr Anteil an den Geschäftsabschlüssen der kommenden zwölf Monate um mehr als 50 Prozent steigen wird. Die pragmatischen Kunden wollen ja nur das kaufen, was andere Pragmatiker vor ihnen ebenfalls gekauft haben.

Das Ziel liegt also bei 40 Prozent oder mehr der gesamten Aufträge eines Segments in den nächsten zwölf Monaten. Dies setzt der Strategie bereits erste Grenzen. Wenn das Segment bereits von einem anderen Anbieter gut versorgt wird, also bereits einen Marktführer besitzt, haben Sie keine Möglichkeit, diesen Anbieter in der vorgegebenen Zeit zu verdrängen. Sie müssen also ein unterversorgtes Marktsegment suchen, das derzeit auch nicht stark investiert, da es noch keine effektive Lösung seines Problems entdecken konnte, das aber zu Investitionen bereit wäre, sobald eine derartige Lösung angeboten würde.

Die beiden hauptsächlichen Kriterien zur Auswahl eines „Zielkegels" lauten deshalb:

1. Das Segment hat einen zwingenden Kaufgrund.

2. Das Segment wird derzeit von keinem Konkurrenten bedient.

Zusammengenommen garantieren Ihnen diese beiden Kriterien ein freies Feld. Die Frage ist nun: Wie groß darf ein Feld sein, damit Sie es noch bedienen können?

Zur Beantwortung dieser Frage müssen Sie Ihren Unternehmensplan zu Rate ziehen. Welche Gesamtliefermengen haben Sie für das nächste Jahr insgesamt vorgesehen? Nehmen wir an, es handelt sich um zehn Millionen Dollar, denn mit dieser Zahl läßt sich gut rechnen. Die nächste Frage lautet: Wieviel Prozent dieser zehn Millionen Dollar sollen aus dem Zielsegment stammen? Ich kann Ihnen versichern, daß die Antwort nicht 100 Prozent lautet, es sei denn, Ihr Produkt funktioniert nur in einer einzigen Anwendung. In diesem Fall sollten Sie aber in naher Zukunft ohnehin keine Pläne für einen Tornado machen.

Nehmen wir also an, Sie können Ihre Vertriebsmannschaft wirklich motivieren und Ihr Marketing so gezielt einsetzen, daß 60 Prozent Ihrer

Einnahmen aus dem Zielsegment kommen. Das ergibt sechs Millionen Dollar, also 40 Prozent von 15 Millionen Dollar. Das Zielsegment darf also insgesamt nicht mehr als 15 Millionen Dollar ausgeben, damit Sie auf dem Markt als dominierender Anbieter hervorgehen können.

Und das gilt nur für das erste Zielsegment. Wenn Sie dann Ihr zweites Segment einplanen – und die Bowlingbahn-Strategie bedeutet ja mehr oder weniger, daß Sie den ersten Kegel bereits umgestoßen haben – können Sie davon ausgehen, daß dafür sogar ein noch kleinerer Teil Ihrer gesamten Ressourcen zur Verfügung steht, da ein großer Teil noch zur Erfüllung und Erweiterung der Verpflichtungen in der ersten Nische benötigt wird. Daher die Daumenregel: Greife kein Segment an, das größer ist als du. Suche dir nur jemanden aus, der genauso groß ist wie du.

An dieser Stelle machen Firmen im Überschwang ihrer ersten Erfolge auf der Bowlingbahn leicht einen schwerwiegenden strategischen Fehler. Mit dem Wind ihres ersten Segments noch im Rücken unterschätzen sie die Anstrengung, die nötig ist, um das folgende Segment zu gewinnen, und investieren nicht genug in den Angriff. Das führt zur Erzeugung einer Nachfrage nach der neuen Lösungskategorie, die nicht erfüllt werden kann, *so daß ein Markt für einen Konkurrenten geschaffen wird.*

Nun geschieht es häufig, daß diese Konkurrenten genauso planlos wirtschaften wie man selbst, so daß man glimpflich davonkommt. Man kann sogar damit rechnen, daß die Konkurrenten nicht in der Lage sein werden, das Problem zu bewältigen, und auf diese Weise die eigenen Ressourcen über mehrere Segmente ausdehnen. Dabei wird man zwar anfälliger für Angriffe, erweitert jedoch auch sein Territorium, wenn einem niemand in die Quere kommt. Es ist jedoch sehr wichtig, sich des eingegangenen Risikos bewußt zu sein. Man sollte dies niemals leichtfertig oder gar unwissentlich tun.

Der sichere Weg, falls es den in der Geschäftswelt überhaupt gibt, ist eine „Überinvestition" beim Eindringen in ein neues Marktsegment. Sie sollten Ihren Aufstieg zum Marktführer möglichst beschleunigen und anschließend die Ressourcen wieder abziehen, sobald diese Position erreicht ist. Entscheidend ist, daß Sie ein hervorragendes vollständiges Produkt besitzen, damit Sie die neu erzeugte Nachfrage befriedigen können, ohne ständig neue Verpflichtungen zur Anpassung an bestimmte Bedürfnisse eingehen zu müssen. Nur so halten Sie sich genügend Ressourcen frei, mit denen Sie sich einem neuen Segment zuwenden können.

Wenn Sie also auf der Bowlingbahn Zielsegmente auswählen, ist eines der Hauptkriterien, ob diese klein genug – nicht groß genug – für Ihre strategischen Zwecke sind. Wenn sie nicht klein genug sind, können Sie natürlich trotzdem an diese Kunden verkaufen. Sie dürfen nur nicht erwarten, bei ihnen die Position des Marktführers zu erlangen. Derartige Kunden sollten Sie als Gelegenheit zur Aufbesserung der Einnahmen betrachten, nicht aber als Trittbretter für den Aufstieg zur Position des allgemeinen Marktführers.

Das zweite Prinzip

Das zweite Hauptprinzip der Strategie auf der Bowlingbahn ist, die Anstrengungen bei der Entwicklung des Marktes nicht auf die IT-Gemeinde, sondern auf die Anwender zu konzentrieren. Insbesondere benötigen Sie den *kostenorientierten Käufer*, also den Angestellten oder Manager, der für den Unternehmensbereich, den Ihr Produkt bedient, die finanzielle Verantwortung trägt. Auf der anderen Seite sollten Sie nicht versuchen, die primäre Unterstützung des Leiters der IT-Abteilung zu gewinnen, der für die Einrichtung und Pflege der gesamten Unternehmensinfrastruktur zuständig ist. Dafür gibt es folgende Gründe:

Auf der Bowlingbahn verlangen Sie von einer Firma, als Vorreiter des Marktes ein neues Paradigma anzunehmen. Dies liegt nicht im Interesse der IT-Abteilung. Für deren Mitarbeiter bedeutet es mehr Arbeit, und es setzt die unternehmenskritischen Systeme einem zusätzlichen Risiko aus. Für sie lautet die richtige Strategie, weiter bei dem alten Paradigma zu bleiben und nur offline mit dem neuen zu experimentieren, es aber noch nicht einzusetzen. Auf diese Weise können sie sich langsam auf den Übergang vorbereiten und den damit verbundenen Schock und die Störungen so gering wie möglich halten. Unter diesem Gesichtspunkt ist es schlicht und einfach falsch, die Unterstützung dieser fachbezogenen Käufer zu suchen.

Statt dessen müssen Sie sich an die Anwender wenden, und ganz speziell an die kostenorientierten Käufer unter ihnen. Es handelt sich dabei meist um die Chefs der Anwender, die letztendlich mit Ihrem System arbeiten sollen, und Sie suchen ganz besonders jene, die von den aktuellen IT-Systemen im Unternehmen stiefmütterlich behandelt werden. Am besten nähern Sie sich ihnen folgendermaßen:

- Sie bieten ihnen an, mit Hilfe Ihres innovativen Produkts ein bisher unlösbares Problem zu beseitigen, das große Kosten verursacht.
- Sie wecken ihre Aufmerksamkeit, indem Sie ihnen klarmachen, daß das Problem in dem aktuellen Infrastruktur-Paradigma der IT-Abteilung begründet liegt.
- Anschließend zeigen Sie, daß Sie das Problem auf einfache Weise lösen können, da Ihr neues Paradigma die Arbeitsabläufe der Anwender wirkungsvoll verändert, so daß damit die Wurzel des Übels beseitigt wird.
- Gleichzeitig machen Sie deutlich, daß Sie die speziellen Anforderungen der Abteilung an eine Anwendung genau studiert haben, so daß Sie nicht nur das Kernprodukt zur Bewirkung dieses Wunders anbieten können, sondern sogar ein vollständiges Produkt.
- Stellen Sie alle Elemente des vollständigen Produkts der Reihe nach vor. So zeigen Sie, wie sehr Sie mit ihrer Arbeit vertraut sind, überwinden die Widerstände der Pragmatiker und gewinnen deren Unterstützung.

Beachten Sie bitte, daß Sie dieselben Angebote auch den fachbezogenen Käufern hätten präsentieren können. Diese hätten sie auch sicher verstanden und gewürdigt. Es hätte nur nicht in ihrem Interesse gelegen, danach zu handeln, jedenfalls noch nicht.

Interessanterweise liegt es auch nicht unbedingt im Interesse der Anwender, die dem kostenorientierten Käufer unterstehen. Aus ihrer Sicht ist das alte Paradigma vertrauter und sicherer. Kurzfristig gesehen können sie sogar weniger effizient arbeiten, da sie zuerst Zeit für eine Lernphase benötigen. Sie stoßen also eventuell auch hier auf Widerstand. Allein der kostenorientierte Käufer, der sich die permanenten Kosten der jetzigen Situation nicht mehr leisten kann, kann zu diesem Zeitpunkt als zuverlässige Stütze für eine Veränderung herangezogen werden.

Dies erklärt unter anderem den Erfolg des vertikalen Marketings, wie auch den Mißerfolg des horizontalen Marketings, in der Phase der Bowlingbahn. Wenn Sie ein High-Tech-Produkt horizontal als global einsetzbare Infrastruktur vermarkten wollen, verwenden Sie dabei eine Terminologie, die den fachbezogenen Käufern am vertrautesten ist. Folglich überläßt die Firma diesen Käufern die Kaufentscheidung, denn schließlich handelt es sich um deren Fachgebiet. Wir haben jedoch soeben festgestellt, daß es auf der

Bowlingbahn eine schlechte Strategie ist, in diesen Bereich eindringen zu wollen. Wenn Sie jedoch Ihr Produkt vertikal vermarkten, indem Sie sich auf die wirtschaftliche Wirkung von Anwendungen konzentrieren, die speziell für einen bestimmten Geschäftsbereich in einem bestimmten Industriezweig konzipiert sind, kleiden Sie dies in ein Vokabular, das die Autorität des kostenorientierten Käufers stärkt. Damit haben Sie die Kaufentscheidung in sein Fachgebiet verlagert – dort soll sie auch liegen.

Dieses Prinzip erklärt unter anderem auch, weshalb eine Firma wie Lotus mit einem innovativen Produkt wie Notes so erfolgreich sein konnte, während Firmen wie Hewlett-Packard und NeXT mit ebenso innovativen Produkten, nämlich NewWave und NextStep, deutlich weniger Erfolg hatten. Die beiden letzteren Produkte kamen im Abstand von fünf Jahren auf den Markt und stellten bei ihrer Einführung jeweils einen außerordentlichen Technologiesprung dar. NewWave gibt es bereits nicht mehr, und NextStep hat noch keinen breiten Markterfolg erreicht, zumindest bei weitem nicht den Erfolg von Notes. Ich würde in beiden Fällen argumentieren, daß der Grund in einem vorwiegend horizontalen Marketing zu suchen ist. Dies liegt vor allen Dingen daran, daß beide Unternehmen von außerordentlich visionären Geschäftsführern geleitet werden, HP von Bob Frankenberg, der inzwischen CEO bei Novell geworden ist, und NeXT von Steve Jobs.

Visionäre Führungskräfte besitzen vor allem die Fähigkeit, dem Rest der Welt die unternehmensweite Bedeutung eines Paradigmenwandels darzulegen. Sie erzielen im Einführungsmarkt außerordentlichen Erfolg und erhalten viel Bestätigung, da ihre technisch fundierte Ausdrucksweise bei den Technologieenthusiasten und den anderen Visionären großen Anklang findet.

Dieselbe Ausdrucksweise ist jedoch, wie wir gesehen haben, für die Überwindung des Abgrunds und den Eintritt in die Bowlingbahn nicht geeignet, da sie sich an die pragmatischen IT-Mitarbeiter richtet und es nicht schafft, die nötige Unterstützung der verantwortlichen Mitarbeiter zu gewinnen. Visionäre Führungskräfte können zwar auch den Ton der Pragmatiker treffen, aber sie können sich nicht voll und ganz nur auf eine einzelne Nische konzentrieren. Für sie ist das, als hätten sie das gesamte Zahlensystem vor Augen, müßten sich aber auf eine bestimmte Rechenoperation, beispielsweise die Addition, beschränken, und dürften noch dazu nur durch vier teilbare, gerade Zahlen verwenden. Sie sehen einfach keinen Sinn darin.

Für einen Autohändler, der die Inventur der Reifen in seinem Lager vornimmt, für einen Schmied, der ein ganzes Gestüt beschlagen soll, oder für einen Saalwirt, der die Stühle für ein Skat-Turnier aufstellt, ist es aber durchaus sinnvoll. Genau diese Art der Lokalisierung verschiebt bei einer Kaufentscheidung die Macht weg von der allgemeinen Sache, die in den Bereich des Infrastrukturkäufers fällt, und macht sie statt dessen zu einem besonderen Fall, den der kostenorientierte Käufer entscheidet. Natürlich müssen diese beiden letztendlich übereinstimmen, damit Fortschritte erzielt werden können. Wir haben es also nicht mit einer Entweder-Oder-Situation zu tun, sondern nur mit einer ganz subtilen Machtverlagerung. Diese Verlagerung ist aber trotzdem sehr wichtig, und ohne sie kann die Bowlingbahn-Strategie nicht erfolgreich sein.

Zusammenfassend läßt sich feststellen, daß auf der Bowlingbahn die Unterstützung des kostenorientierten Käufers notwendig ist, um den Widerstand des fachbezogenen Käufers und eventuell sogar den Widerstand der Anwender zu überwinden, die ein neues Paradigma ungern früher als andere Marktteilnehmer einsetzen. Um diese Unterstützung zu gewinnen, müssen Sie die Verkaufsargumente in einer Sprache formulieren, die den kostenorientierten Käufer anspricht, sonst ordnet er sich dem technischen Fachwissen des fachbezogenen Käufers unter. Mit einem vertikalen Marketingansatz erreichen Sie dieses Ziel, ein horizontaler Ansatz ist hingegen ungeeignet.

Zwei Belohnungen der Bowlingbahn-Strategie

Das Bowlingmodell hat einen zweifachen Zweck. Erstens verdient man dabei sofort Geld, und zweitens sammelt man Punkte dafür, daß man in einem zukünftigen Tornado zum Marktführer erklärt wird.

Um das erste, unmittelbare Ziel zu erreichen, müssen Sie vor allem Ihre Geschäfte ausbauen, den Profit erhöhen und das vollständige Produkt weiterentwickeln. Ihr Marktfokus liegt auf einer Nische, Ihr Verkaufsstil ist beratend (in der Regel über direkten Vertrieb oder einen sehr gut ausgebildeten indirekten Vertrieb), und Sie zeichnen sich durch Ihre genaue Kenntnis der Anforderungen des speziellen Segments aus. Sie sind für Ihren Kunden ein echter Partner, und der Kunde kennt Sie als solchen.

Gleichzeitig sollten Sie immer das langfristige Ziel im Auge behalten, das da lautet, als Marktführer hervorzugehen, wenn der Markt in die Tornado-

Phase eintritt. Dies geschieht dann, wenn für den Markt der Augenblick gekommen ist, an dem es effektiver und effizienter wird, sich von den einzelnen Nischenmärkten zu lösen und sich um die aufkommende Produktkategorie zu scharen. Diese Neuordnung findet in der Anfangsphase des Tornados statt. Zu diesem Zeitpunkt hat sich der Name der Marktkategorie bereits herumgesprochen. Die Leute haben seit Jahren von diesem Markt *geredet*, doch erst jetzt *wird* er zum selbständigen Markt, da es erst jetzt ausreichend Aussicht auf künftigen Wohlstand gibt, für den es sich lohnt, eine neue Marktinstitution zu schaffen.

Im Bereich des Internetworking gab es vor der Zeit, als sich die beiden gegenwärtig dominanten Marktkategorien der *Hubs* und *Router* etablierten, beispielsweise einen Zeitraum, in dem Firmen zuerst *Brücken*, dann *Router* und dann eine Kombination aus beiden, den *Brouter*, verkauften. Während dieser gesamten Zeit wurde verkauft, Firmen erschienen auf der Bildfläche und verschwanden wieder, Zusammenschlüsse fanden statt, aber es gab keinen stabilen Markt. Alles wurde als Anhängsel des LAN-Marktes behandelt. Doch mit dem Aufstieg der Firmen Cisco Systems im besonderen sowie Bay Networks und Cabletron im allgemeinen konzentrierte sich plötzlich zuviel Wohlstand auf zu kleinem Raum, so daß man diesen Raum nicht mehr nur als Anhängsel behandeln konnte. Wie Senator Everett Dirksen zu sagen pflegte: „Eine Milliarde hier, eine Milliarde da, das summiert sich sehr schnell, und plötzlich ist es viel Geld."

Wenn sich der Absatz einer bestimmten Produktkategorie zu viel Geld summiert, verlagert der Markt seine zugrundeliegende Organisation, um Platz für eine neue Marktkategorie zu schaffen. Zu diesem Zeitpunkt wird die Firma, die den größten Marktanteil beherrscht, zum erklärten Marktführer. Die tatsächliche Verlagerung vollzieht sich während des Tornados, doch die Vorbereitungen für den Sieg in diesem Wettbewerb spielen sich auf der Bowlingbahn ab. Hier werden die Entscheidungen getroffen, die Ihre Chancen erhöhen oder auch vernichten.

Man erkennt das vielleicht besser an Beispielen, in denen es *nicht* gelungen ist. Nehmen wir etwa den Markt für die PDAs. Trotz der Aufmerksamkeit, die dieser Markt vor einigen Jahren auf sich zog, den Diskussionen, Investitionen und der Werbung, existiert dieser Markt heute offensichtlich nicht. Nach den Maßstäben dieses Buches muß er erst noch den Abgrund überwinden. Statt dessen versuchten die wichtigsten Anbieter auf diesem Markt, Go Corporation, Momenta und Microsoft, die Bowlingbahn zu umgehen und sofort mitten im Tornado zu landen. Sie *proklamierten* einen

Markt, der als wirtschaftliche Institution de facto keineswegs vorhanden war. Statt die schützende Deckung der vertikalen Märkte auszunutzen, statt also ihre vollständigen Produkte im Stillen noch etwas zu hegen und zu pflegen und sie erst dann herauszubringen, als sie vollkommen ausgereift waren, statt noch etwas mehr Impulsenergie zu sammeln, versuchten sie alle von Anfang an, einen *horizontalen* Markt zu schaffen. Warum? Weil dort das große Geld gemacht wird, darum!

Leider wirkt sich ein derartig verfrühter Vorstoß auf den Mainstream-Markt dauerhaft schädigend auf das Produkt aus. Wie die Unternehmen im Bereich der künstlichen Intelligenz im vorigen Jahrzehnt gezeigt haben, erholt sich ein solcher angeblicher Markt, der es dann nicht schafft, sich wirtschaftlich zu etablieren, nicht mehr, wenn er einmal soviel Geld verschlungen hat – im Fall der PDAs waren es etwa 100 Millionen Dollar in ungefähr fünf Jahren. Das funktioniert auch dann nicht, wenn die Technik später hervorragende Leistungen erbringt. Die Kräfte auf dem Markt können sich nicht neu formieren, wenn sie weiser geworden und besser vorbereitet sind, denn sie wurden bereits vollkommen aufgelöst. Der Name der Marktkategorie ist derart in Verruf geraten, daß niemand mehr mit ihr in Verbindung gebracht werden will. Wenn die Verarbeitung handschriftlicher Texte also irgendwann einmal funktioniert, muß sie sich mit verschämtem Blick auf den Markt schleichen und sich einer Vergangenheit schämen, die sie eigentlich nicht verdient hat.

All dies ist geschehen, weil niemand die Zeit auf der Bowlingbahn nutzen wollte. Gab es auf der Bowlingbahn genügend Gelegenheiten? Unbedingt! Aufzeichnungssysteme für Kurierdienste, Entscheidungen über Versicherungsansprüche vor Ort, Kranken- und Altenpflege zu Hause, Autovermietungen – in all diesen Bereichen wird heute diese Technologie bereits genutzt. Jeder von ihnen hätte als Brückenkopf dienen können. Es lag also nicht an mangelnden Gelegenheiten, das ist fast nie der Fall. Das Problem ist vielmehr mangelnde *Geduld*. Geduld ist eine notwendige Eigenschaft, die die Bowlingbahn-Strategie praktisch in direkten Gegensatz zur Dynamik der Risikofinanzierung stellt.

Einnahmen aus Risikokapital kommen, wie wir im nächsten Kapitel sehen werden, nur aus einer Quelle, nämlich dem ersten Platz im Tornado-Wettbewerb. Zwei der drei wichtigsten Unternehmen mit PDAs waren risikofinanziert und drängten viel zu schnell vorwärts, da sie fürchteten, daß sie den kommenden Tornado-Wettkampf verlieren würden, wenn andere das Rennen vor ihnen machten. Dann stürmte Microsoft auf die Bühne, wohl auch um seine Desktop-Position zu verteidigen. Microsoft war das einzige der drei Unternehmen, das sich einen Mißerfolg leisten konnte. Bedenkt man seinen Status als Marktführer der gegenwärtigen Infrastruktur, könnte man sogar argumentieren, daß sein größter Gewinn im Zusammenbruch der gesamten Kategorie lag, der dann ja auch stattfand.

Bei all dieser Raserei wurde, insbesondere von den risikofinanzierten Unternehmen, die Weisheit des alten italienischen Spruches „Festina lente" – „Eile mit Weile" nicht beachtet. Man kann den Reifungsprozeß einfach nicht umgehen. Die Bowlingbahn bedeutet nicht notwendigerweise eine Verlangsamung, sie kann sich sogar als der schnellste Weg in den Tornado erweisen. Es ist ähnlich wie beim Bergsteigen. Wenn man denkt, daß man den Weg zum Gipfel und wieder herunter an einem Tag bewältigen kann, ist Langsamkeit kein Vorteil. Wenn man jedoch der Meinung ist, der Weg könnte längere Zeit in Anspruch nehmen, ja daß vielleicht sogar alles davon abhängt, den richtigen Zeitpunkt zum Aufbruch abzupassen, wie es bei der Entwicklung eines Tornado-Marktes meistens der Fall ist, beginnt der schnellste Weg zum Gipfel mit der Errichtung eines vernünftigen Basislagers. Dieses kann die Bowlingbahn bieten.

Die ganze Risikogemeinde sollte sich auch vor Augen führen, daß der Erfolg auf der Bowlingbahn für junge Firmen die beste Möglichkeit bietet, sich auf eigene Füße zu stellen. Viele Risikokapitalgeber übernehmen mehrere Finanzierungsrunden, darunter solche, die auf einer Reihe von Abwertungen basieren, da die von ihnen finanzierten Firmen die finanzielle Unabhängigkeit nicht als wichtiges Zwischenziel einplanen. Statt dessen ist das Rennen bis zum Tornado ihr einziges Ziel. Dadurch entgehen ihnen nicht nur die Plazierungsvorteile, die ein gutes Basislager bietet, sie erhalten auch keine Gelegenheit, die Disziplin der Rentabilität zu verinnerlichen. Sie lernen nicht, sich in der Welt durch ihre eigene harte Arbeit ohne fremde Hilfe zu behaupten. Wenn dann etwas schiefgeht, bleibt solchen Firmen wenig Rückhalt.

Insgesamt gibt es also auf der Bowlingbahn wenig zu verlieren und viel zu gewinnen. In vertikalen Marktnischen läßt sich viel Geld verdienen. Wenn Sie sich so stark auf eine Zielnische konzentrieren, daß die Konkurrenten in Ihrer Produktkategorie Ihnen nicht folgen können oder wollen, können Sie selbst die stärksten Konkurrenten hinter sich lassen. Wenn Sie sich zudem die Zeit nehmen, die wirkliche Dynamik der Wertketten einer bestimmten Nische genau zu erforschen, können Sie das Potential Ihrer High-Tech-Lösung noch erfolgreicher in tatsächlich realisierbare Gewinne umsetzen – erst für Ihre Kunden und anschließend für sich. Dadurch eignen sich Nischenmärkte für eine wertorientierte Preisgestaltung, also die gewinnbringendste Preisgestaltung, die es gibt. Dazu kommt, daß jeder vertikale Markt über seine eigene gut funktionierende Kommunikationsinfrastruktur, einschließlich eines Kanals für Mundpropaganda, verfügt, so daß Ihre Kosten für Marketing und Werbemaßnahmen sinken. Dazu kommt weiterhin, daß die Loyalität einer Nische gegenüber einer einmal akzeptierten marktführenden Lösung auf Lebenszeit bestehen bleibt. Nun sehen Sie, weshalb Marketingspezialisten diesen Ansatz schon seit langem befürworten.

Trotz alledem blieb das vertikale oder Nischenmarketing, um mit Shakespeare zu sprechen, „ein Gebrauch, wovon der Bruch mehr ehrt als die Befolgung". Warum konnte es sich nicht besser durchsetzen?

Argumente gegen die Bowlingbahn-Strategie

Es gibt mindestens vier *gute* Gründe, die Bowlingbahn-Strategie abzulehnen, und mindestens einen wirklich *schlechten*. Räumen wir zunächst den schlechten Grund aus dem Weg. Wir haben bereits festgestellt, daß die sichtbarste Form des Erfolgs im High-Tech-Marketing der Sieg im Tornado-Wettbewerb ist. Wer diesen Sieg davontragen will, muß das Nischenmarketing hinter sich lassen. Wenn also Tornado gleichbedeutend mit Erfolg ist und dieser Erfolg Nischenmarketing ausschließt, kann Nischenmarketing nur eine Sache für die Erfolglosen dieser Welt sein – was einmal zu beweisen sein wird.

Hier zählt nicht, daß das Leben nicht nur aus Tornados besteht, es zählt nicht, daß vor dem Tornado angewendetes vertikales Marketing die Chancen erhöht, später im Tornado die Position des Marktführers zu erringen, und es zählt auch nicht, daß später, in der Mainstreet-Phase der Technologieakzeptanz, das Nischenmarketing erneut ein Schlüssel zum weiteren Wachstum der Märkte und für die Erhaltung der Gewinnspannen sein wird, wie wir in Kapitel 5 sehen werden. Nichts da! Wenn Bill Gates es für sein DOS und Windows nicht verwendet hat, wollen wir damit auch nichts zu tun haben.

Das war also der schlechte Grund. Lassen Sie den beiseite, denn es gibt auch vier *gute* Gründe, warum in manchen Fällen vertikale Marketingstrategien nicht zum breiten Erfolg auf dem Mainstream-Markt geführt haben.

1. *Häufig herrscht viel zuviel Eile, um Bowlingstrategien richtig einzusetzen. Daher haben sie den Ruf, nicht zu funktionieren.*

   Dies ist der häufigste Fehler beim Nischenmarketing. Die Firmen legen nur ein Lippenbekenntnis ab und engagieren sich nicht mit der nötigen Begeisterung. Sie formulieren statt dessen die ersten Abschnitte ihrer Datenblätter neu, versehen sie mit einer auf eine bestimmte Nische abzielenden Überschrift, fügen ihren abgedroschenen Verkaufsslogans noch drei oder vier neue hinzu, kaufen eine Liste der Adressen im Zielsegment, starten eine Mailing-Aktion, erzielen dadurch ein oder zwei Abschlüsse und wenden sich nach einem halben Jahr einer anderen Sache zu.

   Das Problem liegt darin, daß diese Firmen das vertikale Marketing betreiben, als handele es sich um eine vertriebsfördernde Taktik und nicht um die Anstrengung, *neues Territorium zu erobern*. Vertikales Marketing macht sich nur bezahlt, wenn man es schafft, die Nummer Eins unter den Anbietern im Zielsegment zu werden. Diesen Erfolg kann man aber nur erringen, wenn man sein vollständiges Produkt so weit entwickelt, daß es ein wichtiges Problem dieser Nische löst und sich gleichzeitig von den Produkten der anderen Anbieter abhebt. Dabei genügt es nicht, nur schön zu reden, man muß es von Anfang bis Ende durchziehen. Firmen, die das nicht einsehen und sich mit ersterem begnügen, erzielen damit nur minimale Ergebnisse, was sie dann wiederum dazu berechtigt, in Zukunft jeden Hinweis auf eine mögliche vertikale Strategie zurückzuweisen: „Wir haben es bereits versucht, es eignet sich nicht für unsere Art von Produkt."

2. *Unternehmen verlieben sich in ihre ersten Nischen und lassen sich darin nieder. Sie verlieren den Tornado aus den Augen.*

   Was dieses Ergebnis anbelangt, bin ich geteilter Meinung. Solange der Markt nie das Tornado-Potential erreicht, kann man es wahrscheinlich als sehr klugen Kompromiß betrachten. Von Jahr zu Jahr kennen Sie die Geschäftsprobleme Ihrer Kunden besser, und von Jahr zu Jahr wächst deren Loyalität. Sie haben die Möglichkeit, Ihr Produkt zu vervollkommnen, wozu allen anderen High-Tech-Firmen immer die Zeit fehlt. Nach einigen Jahren „kennen Sie jeden", und schließlich werden Sie in die Handelsbeziehungen und Geschäftsverbindungen des Segments einbezogen. Und das Wichtigste ist, daß Sie, solange es nicht zu einem Tornado kommt, das wertvollste Produkt auf dem Markt anbieten und aus diesem Grund mit den höchsten Gewinnspannen arbeiten. Für etablierte Unternehmen können diese Spannen sogar sehr großzügig sein.

Die große Frage lautet also, ob es je zu einem Tornado kommen wird. Unter diesem Gesichtspunkt ist es derzeit sehr interessant, den Markt für Geographische Informationssysteme (GIS) näher zu betrachten. Der gegenwärtige Marktführer in den USA heißt Earth Sciences Research Institute (ESRI) mit der Produktreihe ArcInfo. Dieses Institut dominiert seit Jahrzehnten eine ganze Reihe von Nischenmärkten. Es versorgt Geologen, Kartographen, Agrarforscher, Grundstückserschließer, das Militär, Bauingenieure, Umweltforscher, Städteplaner, die Polizei und Marktforscher. Die ursprünglichen Dateiformate von ArcInfo sind seit langem der De-facto-Standard für den Informationsaustausch im GIS-Bereich, obwohl sie inzwischen schwer durchschaubar und unpraktisch geworden sind. Wenn also eine Firma ein neues Produkt auf den Markt bringt, wird es automatisch Teil des vollständigen Produkts von ESRI. Gleichzeitig ist der Gründer und Vorsitzende des ESRI, Jack Dangermond, so tief in der Infrastruktur dieses Marktes verwurzelt, daß er über jede Absatzmöglichkeit und über alle entstehenden strategischen Allianzen Bescheid weiß. Er hat also eine außerordentlich starke Position inne, und keine Firma kann damit rechnen, ihn daraus zu verdrängen.

So stark diese Position jedoch sein mag, falls es auf dem GIS-Markt je zu einem Tornado kommen sollte, wird ESRI wahrscheinlich die Position des Marktführers verlieren. Dafür gibt es folgende Gründe:

Im nächsten Kapitel werden wir sehen, daß einer der Schlüssel zum Erfolg im Tornado darin liegt, das vollständige Produkt radikal zu vereinfachen, damit es sich für den allgemeinen Gebrauch eignet und Anschaffung und Pflege einfacher und billiger werden. Dies widerspricht den Werten der Bowlingbahn, wo es auf wertschöpfende Distributionskanäle ankommt, die nischenspezifische Lösungen liefern. Vertikal ausgerichtete Marktführer mit einer langen Tradition schaffen es nur selten, sich auf diese völlig gegensätzlichen Anforderungen umzustellen.

Der Marktführer besitzt nicht nur ein viel zu großes Interesse am „business as usual", auch seine gesamte bisherige Erfahrung sagt ihm, daß ein solcher Umschwung falsch ist und daß seine Kunden ihn auf keinen Fall mitmachen werden. In gewissem Sinn ist das auch völlig richtig, die ursprüngliche Kundenbasis wird tatsächlich noch eine

Zeitlang nicht folgen. Dafür wird jedoch eine riesige neue Kundenbasis, die bisher nicht einmal einen Anteil am Markt hatte, den neuen Ansatz akzeptieren. Mit der Zeit wird der Absatz an diese neuen Kunden den gesamten bisherigen Absatz auf dem Markt in den Schatten stellen, und die Firma, die den Löwenanteil an diesen neuen Abschlüssen für sich gewinnen kann, wird der neue Marktführer werden.

Im Fall von GIS könnte die neue Kundenbasis aus dem Bereich der Marketing- und Vertriebsorganisationen kommen, wenn diese beginnen, die Kartographie in ihre grundlegende Informationsinfrastruktur einzubinden. Die Planung von Absatzregionen, eine nach Gebieten aufgeschlüsselte Analyse des Absatzes, die Planung der Marketingaktivitäten, auf all diesen Gebieten sind durch die geographische Darstellung der Daten neue Erkenntnisse zu gewinnen. Bisher wurde auf GIS verzichtet, da es so kompliziert war. Zum gegenwärtigen Zeitpunkt kann man solche Kartographiefunktionen jedoch bereits als Bestandteil der neuen Generation von Tabellenkalkulationen zum erstenmal auf den normalen Desktop-Rechnern sehen.

Die Frage lautet, ob die Analyse und Darstellung von Verkaufs- und Marketingdaten den Durchbruch für die GIS-Anwendungen bedeutet. Wenn ja, werden die Firmen mehr und mehr nach verwendungsfähiger Software verlangen. Die Systeme von ArcInfo sind viel zu komplex und erfordern zuviel Hilfe von den VARs (Value Added Resellers: Wiederverkäufer), um sie in Tornado-Verhältnissen einrichten zu können. Der Vorteil liegt eindeutig bei Firmen wie Strategic Mapping und MapInfo, und nicht ESRI, sondern eine von ihnen oder auch ein bislang noch nicht bekannter Konkurrent wird der Marktführer werden.

Wie kann dieser Fehler vermieden werden? Verlieren Sie den Tornado nie aus den Augen, und lassen Sie die Bowlingbahn nicht zum Lebenszweck werden. Behandeln Sie die Bowlingbahn als eine Phase, bedienen Sie während dieser Zeit den Markt, wie wir es oben beschrieben haben, aber legen Sie Ihre Firma nicht auf dieses Marktmodell fest. Halten Sie die Augen offen, und registrieren Sie alle Klimaveränderungen. Und stellen Sie sich schließlich darauf ein, daß Ihr Tornado-Produkt nicht mehr, sondern weniger sein muß als Ihr Lösungsangebot auf der Bowlingbahn. Versuchen Sie, dieses neue Angebot eher durch Abstriche zu erstellen als durch Zusätze.

3. *Unternehmen lassen sich durch regelmäßige Einnahmen aus dem Kundendienst locken und entwickeln kein abgespecktes Produkt, das keinen wertschöpfenden Kundendienst mehr benötigt.*

Dieses Problem steht zwar mit dem vorhergehenden in engem Zusammenhang, es birgt jedoch so subtile Gefahren, daß ich es hier separat behandeln möchte. Lösungen für Nischenmärkte erfordern besonders anfangs zusätzlich zum *Produkt* eine gehörige Portion an *Dienstleistungen*. Mit der Zeit sollten diese Dienstleistungen jedoch in das Produkt integriert werden, um seine Gesamtkosten zu verringern und die Einheitlichkeit und Qualität zu erhöhen. So weit, so gut.

Wenn jedoch die Firma, die das Produkt so entwickeln soll, daß es ohne Dienstleistungen auskommt, selbst ein Interesse an der Erhaltung der Dienstleistungen hat, da diese eine attraktive Gewinnspanne bieten, entsteht ein Problem. Wenn also das Entwicklungsteam so weit ist, daß es das Produkt so gestalten kann, daß künftig keine Schulungen mehr angeboten werden müssen, protestiert sofort das Schulungsteam: „Wir verdienen 1000 Dollar pro Tag mit diesem Training, also laßt uns in Ruhe!" Das Entwicklungsteam versteht das sehr gut und unternimmt also nichts. Das Projekt war ohnehin nicht besonders interessant. Statt dessen entwickeln sie nun neue komplizierte Funktionen, weil das Produkt dadurch a) leistungsfähiger wird und die Entwickler zufriedener macht und b) noch mehr Arbeit für das Schulungsteam bietet. Durch diese Eskalation der Leistungsfähigkeit und der Anforderungen bleibt ein Produkt für immer auf der Bowlingbahn gefangen.

Die Moral der Geschichte ist einfach: Wenn Ihr Dienstleistungsgeschäft dauerhaft hohe Gewinnspannen bietet, neigen Sie eher dazu, diese zu erhalten. Das ist Ihre Sache, solange Sie sich bewußt sind, daß sie einen Preis hat. Sie bezahlen für diesen Luxus wahrscheinlich damit, daß Ihnen die Gelegenheiten des Tornado-Marktes entgehen. Das ist nicht immer eine schlechte Entscheidung, Sie sollten sie aber auf jeden Fall bewußt treffen.

4. *Die Struktur der Verbrauchermärkte läßt keine Bowlingbahn-Strategie zu.*

Die große Anziehungskraft der Bowlingbahn besteht darin, daß sie es einem jungen Unternehmen mit einer neuen Produktkategorie ermöglicht, seine knappen Ressourcen in einer relativ geschützten Umgebung zu konzentrieren, um sein vollständiges Produkt abzustimmen und weiterzuentwickeln und gleichzeitig ein Gefolge treuer Kunden um sich zu sammeln. Gleichzeitig verdient das Unternehmen aber auch nicht schlecht, da der Wert der von ihm angebotenen Lösung innerhalb der Grenzen der Zielnische eine Preisgestaltung ermöglicht, die weit über dem liegt, was der normale Markt unterstützen würde. Leider ist diese Strategie zur Unterstützung von Innovationen für den *Verbrauchermarkt* in der Regel nicht geeignet. Dafür gibt es folgende Gründe:

- Erstens sind Verbrauchermärkte an kostensparende Distributionskanäle für Massengüter gebunden. Diese Kanäle können im Gegensatz zu beispielsweise dem Fachhandel nicht das Wissen bieten, das notwendig ist, um mit einem völlig neuen Produkt in einen Nischenmarkt erfolgreich vorzudringen. Genau dieses Expertenwissen für den Kundendienst ist für die Produkte auf der Bowlingbahn jedoch unentbehrlich.

- Zweitens können Verbrauchermärkte im Gegensatz zu Märkten für Industriekunden die graduelle Senkung der Preise über mehrere Produktgenerationen, von sehr hohen Anfangspreisen auf niedrige Endpreise, nicht unterstützen. Das heißt, daß Produkte in Märkten für Industriekunden zu praktisch jedem Preis erfolgreich angeboten werden können, vorausgesetzt, ihre Leistung ist die Investition wert. Wenn man also seine Kegel sorgfältig auswählt, kann man bei einem ersten Kegel beginnen, bei dem „Geld keine Rolle spielt" und der einen wirklich sehr hohen Wert erhält, und anschließend zu anderen Kegeln übergehen, die bereits einen etwas geringeren Wert erhalten, der aber weiterhin den Wert auf dem allgemeinen Markt übersteigt. Dies wird bis zum Eintritt in den Tornado fortgesetzt, in dem der Wert des Produkts für den normalen Anwender relativ niedrig ist, aber immer noch höher als der inzwischen ausreichend reduzierte Preis des Produkts. Da die Kunden auf industriellen Märkten sich derart abstufen lassen, sind sie für Bowlingbahn-Strategien äußerst geeignet.

Die Verbrauchermärkte funktionieren jedoch ganz anders. Zwar läßt sich auch hier mit Hilfe der Technologieenthusiasten und der Prestigekäufer manchmal ein guter Start erreichen, da beide Gruppen schon bei relativ hohen Preisen zum Kauf bereit sind, nur damit sie als erste das neue Spielzeug besitzen. Nach dieser Phase gibt es aber keine Anschlußkäufer mehr. Alle anderen halten sich so lange zurück, bis die Preise auf ein für die Produktkategorie typisches Niveau sinken. Daher müssen die Anbieter oft lange Zeit investieren, um ihre Preise senken zu können. Dies verursacht große Ausgaben, die zunächst durch keinerlei Einnahmen kompensiert werden. Man betrachte nur als Beispiel die Leidensgeschichte des CD-ROM-Marktes, auf dem es lange dauerte, bis die Preise endlich ein für den Verbraucher akzeptables Niveau erreichten. Wenn dann diese Preisbarriere einmal durchbrochen ist und ein Tornado einsetzt, ist natürlich alles vergeben und vergessen. Dazwischen gibt es jedoch keinen sicheren Ort zum Auftanken, so daß man bei falscher Zeitplanung sehr leicht schon vor dem Tornado pleite gehen kann – und es stehen nur sehr wenig Daten zur Verfügung, an denen man sich dabei orientieren könnte.

Während ich diese Zeilen schreibe, sieht sich die Firma 3DO gerade dieser Herausforderung gegenüber. Ihre hochwertigen Spiel- und Grafikfähigkeiten wären sehr gut für den Verbrauchermarkt geeignet, der Einstieg ist jedoch *sehr teuer*. Die Firma mußte ohne sicheren Markt an die Öffentlichkeit treten, da ihr aus weiteren privaten Investitionen nicht mehr genug Arbeitskapital zur Verfügung stand. Jetzt halten alle Investoren den Atem an und sind gespannt, ob der Firmenchef Trip Hawkins es schafft, den 3DO-Tornado auszulösen, bevor das Geld ausgeht.

Bei einigen Produkten gibt es die Möglichkeit, den Abgrund auf dem industriellen Markt zu überwinden und erst dann auf den Verbrauchermarkt zu wechseln, wenn die Preise auf das entsprechende Niveau gesunken sind. So machte es beispielsweise Hewlett-Packard mit den Tintenstrahldruckern. Tintenstrahldrucker wurden für kleinere Firmen als preiswerte Alternative zu Laserdruckern ins Leben gerufen. Allein dieses Geschäft rentierte sich bereits. Doch als ihr Preis unter 800 Dollar sank, wurden sie auch für die Arbeit zu Hause attraktiv, und dies verstärkte sich noch, als sie weniger als 500 Dollar kosteten. Jetzt, wo sie nur noch 300 Dollar kosten, können sie in der Kategorie Unterhaltungselektronik verkauft werden. Man kann sie beispielsweise in ein Heim-Edutainment-System einbauen oder den Kindern schenken, wenn sie anfangen zu studieren.

Zusammenfassung

Das Nischenmarketing, die charakteristische Disziplin für die Bowlingbahn, wird von High-Tech-Firmen, die nur auf den Tornado fixiert sind, oft völlig mißverstanden. Tatsächlich handelt es sich dabei jedoch um eine hervorragende Strategie zur Bewältigung des Übergangs vom Abgrund in den Tornado.

1. Nischenmärkte erleichtern die Entscheidung für ein spezifisches vollständiges Produkt zu einem Zeitpunkt, an dem ein junges Unternehmen und seine Partner es noch nicht schaffen, ein generell einsatzfähiges vollständiges Produkt auf die Beine zu stellen. Auf diese Weise kann man sofort pragmatische Kunden für sich gewinnen, ohne eine weitere Entwicklungsrunde abzuwarten.

2. Nischenmärkte sind von Natur aus gewinnträchtig, da die Preise nach dem Wert des Produkts festgesetzt werden. Als Basis dafür dient der Preis des ineffizienten aktuellen Produkts, das durch Ihre Lösung ersetzt werden soll. Daher kann ein junges Unternehmen sich hier zum ersten Mal selbst finanzieren und damit auch selbst bestimmen, wann es in den Tornado-Markt einsteigt.

3. Nischenmärkte stellen Territorien mit treuen Kundengemeinden dar, die Sie erobern können. Diese Kunden unterstützen Ihre Systemarchitektur im Kampf um die De-facto-Standards zu Beginn des Tornados.

4. Nischenmärkte haben eine gewisse Hebelkraft, so daß der Sieg in einem Segment weitere Siege in benachbarten Segmenten erleichtert. Wenn diese Kaskade ein gewisses Moment erreicht, kann sie letztendlich sogar den Tornado auslösen.

Der Hauptgrund, warum High-Tech-Unternehmen es so selten schaffen, Bowlingbahn-Strategien anzuwenden, liegt darin, daß sie ihre auf Forschung und Entwicklung ausgerichtete, produktzentrische Perspektive nicht zugunsten einer auf die Kunden bezogenen, anwendungszentrierten Perspektive aufgeben können. Dies ist aber für vertikales Marketing erforderlich. Dabei müssen Sie es ertragen können, nur ein Anhängsel des Marktes eines anderen Industriezweigs zu sein, anstatt selbst im Mittelpunkt zu stehen. Bei einer Untersuchung der Egostrukturen der Führungskräfte von High-Tech-Unternehmen würde sich jedoch herausstellen, daß Zurückhaltung sicher nicht deren starke Seite ist.

Hier geht es jedoch nicht um Selbstbestätigung, es geht um Geld. Der kurzfristige Verzicht auf einen Platz im Rampenlicht ist ja auch nur eine Taktik, um ihn später zurückzuerhalten. Ehrgeiz ist keine Schande. Schande erntet nur, wer nicht gewinnt, und ganz besonders dann, wenn der Gewinn schon in Reichweite lag.

Mit diesen Gedanken wenden wir uns jetzt der Frage zu, wie man in der Tornado-Phase des Marktes zum Gewinner wird.

4 Im Innern des Tornados

Manchmal werde ich gefragt: „Warum ausgerechnet ein *Tornado*? Das ist doch ein ziemlich zerstörerisches Bild für etwas, das doch das gelobte Land ist, nach dem alle in der High-Tech-Industrie streben. Können Sie das nicht etwas attraktiver ausdrücken, vielleicht durch einen Vergleich mit einer Achterbahnfahrt? Verstehen Sie denn überhaupt nichts von *Marketing*?"

Das Problem sieht so aus: Tornados sind zerstörerisch. Sie machen das bislang gültige Paradigma im Nu zunichte. Sie katapultieren Firmen durch Kräfte, von denen diese kaum etwas wissen, in neue Marktpositionen. Sie stoßen die eine Firma in die Position des Marktführers und lassen Gewinne auf sie regnen, während alle übrigen Firmen in nachgeordnete Nebenrollen gedrängt werden.

Sie zwingen uns, zehn, zwölf, ja 14 Stunden an fünf, sechs oder gar sieben Tagen in der Woche zu arbeiten, nur damit wir am nächsten Montag sehen, daß wir nicht weniger, sondern mehr zu erledigen haben. Jeder steht unter dem Druck, mit dem Nachfrage-Tornado Schritt halten und von jedem Arbeitsprozeß, jedem Zulieferer, jedem Mitarbeiter das Äußerste verlangen zu müssen, und jedes andere Unternehmen muß als Konkurrent gefürchtet werden. Die einzigen Früchte aus der Arbeit im Tornado sind Macht und Geld, und es dauert nicht allzu lange, bis man ahnt, daß es im Leben auch noch etwas anderes geben müßte.

Doch auch wenn man dies erkannt hat, muß man doch immer wieder aufs Geld zurückkommen. Tornados sind zwar zerstörerisch, aber sie sind auch kreativ, denn sie schaffen neuen Wohlstand, wo vorher keiner war. Neuer Wohlstand bedeutet neue Industriezweige, neue Arbeitsplätze, Beförderungen, höhere Gehälter und einen höheren Lebensstandard. Die Kunden können durch die neue Infrastruktur ihre Unternehmen neu definieren und umgestalten, ganz zu schweigen von ihrer persönlichen Produktivität und Freizeitgestaltung. Dadurch entwickelt sich mit jedem Paradigmenwandel auch das Leben weiter, und nur wenige von uns werden bereit sein, auf eine selbstverständlich gewordene neue Technologie wieder zu verzichten.

Einigen wir uns also darauf, daß Tornados eine Kraft sind, die man nicht unterschätzen sollte. Was sie so zerstörerisch wirken läßt, ist zum Teil sicher die Geschwindigkeit, mit der sie auftreten. Die Frage müßte also eher lauten: „Wie kommt es auf dem Markt zu dieser irrwitzigen Beschleunigung? Warum verwandelt sich der Wind in einen furiosen Wirbelsturm, anstatt zu einer steten Brise zu werden?"

Wodurch entstehen Tornados?

Um die Marktdynamik im Tornado verstehen zu können, wenden wir unser Augenmerk von den *kostenorientierten Käufern*, die den Schlüssel zum Erfolg auf der Bowlingbahn in Händen halten, auf die *infrastruktur- beziehungsweise produktorientierten Käufer*. Das sind diejenigen, die für den Einsatz und die Pflege der grundlegenden Supportsysteme verantwortlich sind. Von ihnen wird erwartet, daß sie eine zuverlässige und effiziente Infrastruktur kaufen, die sämtliche Abläufe im Unternehmen unterstützen soll: Auftragsabwicklung, Mahnungswesen, Statistik, Fertigung, Kommunikation usw. Da die Bedürfnisse der Anwender nie vollständig befriedigt werden, sind fortwährend Modifizierungen dieser Systeme erforderlich, und diese Spezialisten bekommen ihr Feedback mal neugierig, mal verdrossen, mal ausgesprochen streitsüchtig präsentiert. So sieht der Alltag in der IT-Abteilung aus.

Und dann taucht ein neues Paradigma auf, eine diskontinuierliche Innovation, die verspricht, die IT-Rückstände abzubauen, die Anwender zu beglücken und ein Zeitalter des Wohlstands und des Wettbewerbsvorteils einzuläuten. Die IT-Spezialisten hören dies nicht zum ersten Mal. Es ist ja ihre Aufgabe, sich so etwas genau anzusehen, und das tun sie auch nicht ohne Interesse. Aber allen sagt ihr Instinkt, daß es für einen Wechsel noch zu früh, daß die Zeit für den nächsten Paradigmenwandel noch nicht reif ist. Sie reagieren wie Familien von Karriere-Offizieren, die ständig versetzt werden. Sie haben sich gerade erst an die neue Umgebung gewöhnt und neue Freunde kennengelernt, und deswegen ist es ihnen ein Graus, schon wieder umziehen zu müssen. Aber mit jedem Jahr rückt das neue Paradigma näher. Was sollen sie also tun?

Sie reagieren nur allzu menschlich: sie bilden Selbsthilfegruppen. Wenn es um die Ausbreitung neuer Technologien geht, sind IT-Profis Experten im

Informationsaustausch, selbst auf firmen- oder gar branchenübergreifender Ebene. Diese Gruppen verbindet die Notwendigkeit, eine Antwort auf eine einzige Frage finden zu müssen, und diese Frage lautet: „*Geht es schon los?*" Wie wir bereits festgestellt haben, folgen sie als Pragmatiker ihrem Herdentrieb. Sie werden unruhig, weil sie einen fremden Geruch wittern. Sollen sie ihn ignorieren oder alle auf einmal lospreschen? Besorgt schauen sie sich um und fragen: „Fängst du an? Oder jemand anderes? Soll ich?"

Wenn sich die IT-Gemeinde zu früh in Bewegung setzt, handelt sie sich all die lästigen Begleitumstände ein, denen die frühen (sprich: vorzeitigen) Adaptoren ausgesetzt sind: Sie vergeuden wertvolle Ressourcen für die Beseitigung von Fehlern in Systemen, von denen es in wenigen Jahren fehlerfreie Versionen geben wird, sie schreiben betriebsinterne Protokollprogramme, die sich letztendlich als mit den De-facto-Standards inkompatibel erweisen, und sie verausgaben sich bis aufs Letzte, indem sie unterschiedliche Systeme nebeneinander benutzen, bis schließlich das neue Paradigma zuverlässig und robust genug ist, alle Aufgaben allein zu meistern. Wenn sich die IT-Gemeinde aber zu spät aufmacht, beschert sie ihrem Unternehmen Wettbewerbsnachteile, da andere in der Branche aufgrund einer effizienteren Infrastruktur mit geringeren Kosten und schneller produzieren. Am schlimmsten kommt es, wenn sie sich viel zu spät in Bewegung setzen. Das passiert häufig den Konservativen. Sie laufen dann Gefahr, sich in Systemen zu verstricken, die schon in der Eliminationsphase und damit kaum noch aufrechtzuerhalten sind, da die Firmen, die diese Systeme früher einmal unterstützt haben, sich für andere Möglichkeiten entscheiden.

So sind die IT-Fachleute ständig dabei, zwischen Alpha- und Beta-Risiken abzuwägen, also zwischen Risiken, die sich zueinander umgekehrt proportional verhalten. In unserem Beispiel sei Alpha die Gefahr des verfrühten Umschwenkens und Beta die Gefahr, zu spät zu reagieren. Lange Zeit ist Alpha um ein Vielfaches größer als Beta, und die Herde verhält sich ruhig. Mit dem Nahen des Paradigmenwandels jedoch nähern sich auch Alpha und Beta einander an. Dadurch wird die Instabilität geschaffen, die einem abrupten Wandel auf dem Markt vorausgeht. Mit anderen Worten, aus dem relativ unbesorgten Zustand, in dem nur an die *Möglichkeit eines Tornados* gedacht wird, ist ein Zustand der großen Unruhe geworden, in dem *Tornado-Warnungen* ausgesprochen werden. Es wird unweigerlich zu einem Tornado kommen – die Frage ist nur, wo er sich zuerst bemerkbar macht. Diese Warnhinweise beeinflussen die Herde der Pragmatiker. Um die Spannung aushalten zu können, einigen sie sich auf drei Grundprinzipien:

1. *Wenn es soweit ist, laßt uns alle gemeinsam loslaufen.*

   Pragmatiker wollen sich alle zur selben Zeit in Bewegung setzen, um damit das Risiko zu vermeiden, zu früh oder zu spät zu kommen. Wenn sich die Herde in Bewegung gesetzt hat, muß die Industrie nachziehen, so daß keiner leer ausgeht. In dieser Zeit werden die künftigen De-facto-Standards festgelegt.

2. *Wenn wir unter den Anbietern einen Leithammel auswählen, der uns zum neuen Paradigma führt, laßt uns alle denselben wählen.*

   Die Wahl eines gemeinsamen Anbieters gewährleistet, daß es eindeutige Bezugsgrößen für die De-facto-Standards gibt. Abgesehen davon macht sie den Leithammel zum Marktführer. Außerdem bleiben Pragmatiker gern auf dem ausgetretenen Pfad. Sie wissen, daß es immer sicher ist, beim Marktführer zu kaufen, daß dieser die größte Unterstützung von Drittfirmen erhält und daß sie immer jemanden finden werden, der mit der Technologie des Marktführers schon Erfahrungen gesammelt hat.

3. *Wenn wir uns in Bewegung gesetzt haben, laßt es uns so schnell wie möglich hinter uns bringen.*

   Das Ziel bei jedem Wechsel zu neuen Infrastrukturen ist es, die Übergangszeit so kurz wie möglich zu halten, um damit sowohl die Störung der Anwender als auch den Streß zu minimieren, den es bedeutet, mehrere Infrastrukturen parallel laufen zu lassen und womöglich für die Zwischenzeit Brücken zwischen diesen errichten zu müssen. Je eher alle ins neue Haus einziehen können, desto besser.

Tornados entstehen durch das Zusammenwirken dieser drei Prinzipien. Das Prinzip der gemeinsamen Bewegung läßt eine große Zahl neuer Kunden gleichzeitig auf den Markt drängen, die das bisherige Vertriebssystem überfordern. Dadurch entsteht unter den Anbietern ein gewisses Gedränge, da jedes Unternehmen um die Gunst der Kunden buhlt. Da die Kunden jedoch alle dasselbe Produkt wollen, steigt die Nachfrage bei einem einzelnen Anbieter, wodurch mehr und mehr gedrängelt wird. Und weil alle es so schnell wie möglich hinter sich bringen wollen, erhitzen sich die Gemüter nur noch mehr. Und weil sich jeder danach richtet, wie sich die anderen verhalten, kommt es zu Rückkopplungen, die sich immer mehr aufschaukeln und den Markt aufpeitschen. Was als geordnete Bewegung begann, wird so im Handumdrehen zum unkontrollierten Massenansturm.

Die Bedeutung des Tornados

Die Konsequenz dieses Massenansturms für den Markt ist, daß sozusagen über Nacht die Nachfrage das Angebot dramatisch übersteigt und die Kunden kilometerlang Schlange stehen. Die finanzielle Bedeutung eines solchen Kundenstaus kann kaum übertrieben dargestellt werden. Er beinhaltet an sich schon sagenhafte Absatzmöglichkeiten, dazu aber sogar noch größere Möglichkeiten für den Anschlußmarkt. Weil Systemwechsel in der High-Tech-Branche so teuer sind, bleiben die Kunden meistens dem Anbieter treu, für den sie sich einmal entschieden haben. Alles, was im Tornado verkauft werden kann, ist somit ein Beitrag zur Altersversorgung des Unternehmens. Der Gesamtabsatz zu Tornado-Zeiten schafft die Kundenbasis des Unternehmens und legt damit die Rahmenbedingungen für künftige Erträge auf diesem Markt fest.

Kurzum, der Tornado ist eine äußerst bedeutsame Zeit. Er ist allerdings auch etwas verwirrend für die Marketingleute. Die sehen ihre Aufgabe im Unternehmen nämlich darin, Bedarf zu wecken, und daran mangelt es im Tornado eigentlich weniger. Wie muß also die Marketingstrategie lauten?

In drei Worten: *liefern, liefern, liefern!* Keine Segmentierung! Keine Anpassung an Kundenwünsche! Widmen Sie sich keinen Spezialprojekten! Liefern, liefern, liefern! Stellen Sie sich einen Heringsschwarm vor. Sie spießen dabei nicht einzelne Köder auf Angelhaken, sondern Sie senken einfach Ihr Netz ins Wasser und ziehen massenhaft Fische aus dem Wasser. Tun Sie alles, um die Schaffung, den Vertrieb, die Installation und die Annahme Ihres vollständigen Produkts zu straffen! Je mehr Reibungspunkte Sie vermeiden können, desto größer wird der Durchsatz. Konzentrieren Sie sich auf Versorgungsketten und Qualität, um zu gewährleisten, daß Sie nicht durch Warenrücksendungen aufgehalten werden! Konzentrieren Sie sich nicht auf die Kunden! Anders ausgedrückt: Konzentrieren Sie sich auf sich selbst! Sie selbst, nicht der Kunde, sind der Engpaß in dieser Phase des Marktes.

Bei diesem Run auf Kunden, der den Ansturm auf die neuen Siedlungsgebiete im Wilden Westen geradezu lahm erscheinen läßt, wird der Markt von den Unternehmen neu organisiert. Die Macht geht dabei zunächst von den Marktführern unter den Dienstleistern auf die führenden Produktanbieter und schließlich auf die Vertriebskanäle über. Die gesamte Marktordnung, die während der Bowlingbahn-Phase geschaffen wurde, wird vom Tisch gefegt und durch eine neue Ordnung ersetzt.

Welche Bedeutung hat diese neue Ordnung? Um diese Frage beantworten zu können, müssen wir auf das Ende der Tornado-Phase vorgreifen. Dann wird das Verhältnis der Marktanteile typischerweise so aussehen:

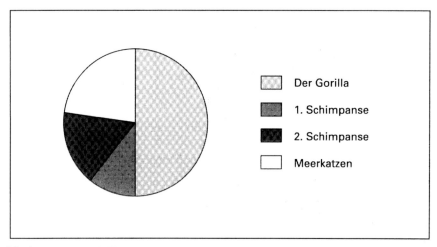

Marktanteile nach Einnahmen nach dem Tornado

Das Tortendiagramm zeigt, daß eine Firma in bezug auf Marktanteile zum Führer geworden ist. Jeff Tarter, Softwareanalyst und Herausgeber von *SoftLetter*, bezeichnet ein solches Unternehmen als den „Gorilla". Daneben haben sich ein oder zwei Unternehmen als starke, aber deutlich untergeordnete Konkurrenten herausgebildet. Diese Firmen sind die „Schimpansen". (Trout und Ries sagen in Anlehnung an dieses Modell, daß schließlich nur noch ein Schimpanse übrig bleibt und daß es in allen Märkten letztendlich nur noch zwei konkurrierende Primaten geben wird.) Dann gibt es noch ein große Anzahl anderer Firmen, die mit in den Nachfrage-Tornado gesogen werden und die dies ausnutzen, um auch etwas vom Kuchen abzubekommen. Dies sind die „Meerkatzen".

Dieses Muster entsteht durch die Pragmatiker, die unter dem Zwang handeln, einen Marktführer schaffen und unterstützen zu müssen. Wie wir im vorangegangenen Kapitel gesehen haben, stabilisiert sich ein Markt ohne einen solchen Führer nie richtig. Die Standards bleiben gefährlich formlos, und Langzeitentscheidungen können wegen des zu großen Risikos praktisch nicht getroffen werden. Also verlangen die Pragmatiker nach Führern, und sie schaffen sich diese mit einem simplen Trick: Sie achten darauf, daß sie beim selben Anbieter kaufen wie die anderen Pragmatiker. Zu diesem Zweck halten sie engen Kontakt zueinander, was übrigens auch erklärt, warum Marketing durch Mundpropaganda für Marktführer in der High-Tech-Branche so außerordentlich wichtig ist.

Haben die Pragmatiker erst begonnen, bei nur einem bestimmten Anbieter en masse zu kaufen, trägt sich das System von selbst. Theoretiker, die sich mit Entscheidungsfindung beschäftigen, sagen dazu *Informationskette*. Wenn Sie ein Pragmatiker sind, eine schwierige Entscheidung zu treffen haben und wissen, daß andere Pragmatiker auch diese Entscheidung treffen mußten und daß die meisten von ihnen sich für A entschieden haben, dann ist es sehr wahrscheinlich, daß auch Sie sich für A entscheiden werden. Je mehr Leute sich für A entscheiden, desto mehr werden auch Sie dazu neigen, bis es schließlich einfach keine Frage mehr ist. A ist obligatorisch geworden.

Sowie der Gewinner unter den Gorillakandidaten feststeht, läßt er seine Konkurrenten im Handumdrehen hinter sich. Aber warum ist die Wahl auf ihn und nicht auf einen anderen Anbieter gefallen, der jetzt mit dem Schimpansenstatus vorlieb nehmen muß? Einfach deshalb, weil er zur richtigen Zeit den erforderlichen Schwung hatte und auf der richtigen Position war. Letztes Jahr war vielleicht noch ein anderer in Führungsposition, und wenn der Tornado dann begonnen hätte, wäre er der Gorilla geworden. Kurzum, auch wenn ein Unternehmen viel tun kann, um seine Chancen als Gorillakandidat zu verbessern, und noch mehr, um zu gewährleisten, daß es den Ansprüchen genügen kann, die an den designierten Gorilla gestellt werden, so wird die Rechnung doch nicht ganz ohne Timing und eine gewisse Portion Glück gemacht.

Sobald der Gorilla gewählt ist, sorgen die selbsttragenden Mechanismen, die im Tornado zu Kaufentscheidungen führen, dafür, daß diese Firma so viele Aufträge erhält, wie sie bearbeiten kann. Die Obergrenze für diesen Wert liegt bei 75 bis 80 Prozent. So groß ist der Anteil von Microsoft bei PC-Betriebssystemen und der von Intel bei PC-Mikroprozessoren. An diesem Punkt beginnt der Markt, nervös zu werden, weil es keine Alternativen mehr gibt, und setzt wieder vermehrt auf Minderheiten. Auf dem Markt für PC-Betriebssysteme sind dies Firmen wie Apple mit ihrem Macintosh oder IBM mit ihrem OS/2, bei Intel-kompatiblen Mikroprozessoren sind es zum Beispiel AMD, Cyrix und Nexgen. Die Untergrenze für die Größe des Gorillas ist abhängig von seiner Fähigkeit zu liefern. Sinkt diese Grenze unter einen kritischen Wert, sagen wir unter einen Marktanteil von 35 bis 40 Prozent, so kann der Markt instabil werden, weil der Top-Anbieter keinen ausreichend großen Vorsprung halten kann, um De-facto-Standards durchzusetzen. So ist es Apollo im ersten Tornado um technische Workstations gegangen, wodurch Sun die Chance bekam, den Sieg davonzutragen. Im gesamten Bereich zwischen diesen Grenzen gibt es für den Gorilla jedoch nur eine Chance: Auftragsbearbeitung.

Und Aufträge gibt es in solchen Massen, als ob es im Urwald Bananen regnen würde. Tatsächlich gibt es so viele Bananen, daß der Gorilla sie gar nicht alle allein fressen kann. Er ist bis zum Platzen satt und muß einige Bananen liegen lassen, die sich dann die Schimpansen holen. Schimpansen sind Gorillakandidaten, die nicht gewählt worden sind. Noch nach Jahren kann man Schimpansen sehen, die vor sich hinmurmeln: „Ich hätte ein Gorilla werden können, ich hätte ein Gorilla werden können." Aber sie waren nun einmal nicht zur richtigen Zeit am richtigen Ort. Sie müssen mit dieser Selbstzerfleischung aufhören und sich auf ihre ganz reelle Marktchance besinnen, die darin besteht, die Rolle des freundlicheren, netteren Gorillas zu spielen, der nach einem Telefonat zurückruft und über Preise und Lieferbedingungen verhandelt, der vielleicht das Produkt mit den besseren Eigenschaften (aber nie das beste vollständige Produkt) hat und der tatsächlich über genügend Kundendienstmitarbeiter verfügt, um den Kunden zufriedenstellend zu bedienen. Wir können nicht alle der Gorilla sein, aber ganz im Sinne der Redensart „Mit der Flut steigen alle Boote" gibt es keinen Grund, warum nicht auch das Unternehmen des Schimpansen gedeihen sollte.

Und selbst nachdem diese Firmen ihren Teil vom Bananenfallobst bekommen haben, bleibt immer noch etwas für die Schar der Meerkatzen übrig. Meerkatzen sind eine ganz andere Art von Primaten. Sie tauchen auf dem Markt erst auf, wenn der Tornado schon im Gange ist. Einmalige Produktionskosten spielen für sie keine Rolle, sie haben sich keiner bestimmten Architektur verschrieben, keine Forschung und Entwicklung betrieben und nicht ins Marketing investiert – sie sind durch und durch opportunistisch. Ihre Strategie ist simpel: Gorillaprodukte kopieren und billig verkaufen. Auf jedem Markt werden preiswerte nachgeahmte Produkte als Alternative geschätzt, und solange die Nachfrage das Angebot übersteigt, gibt es auch für die Meerkatzen genügend Kunden. Ob in Japan, Korea, Singapur oder Taiwan – überall hat der Wirtschaftsboom auf diese Weise begonnen. Richtig angewandt, ist diese Strategie außerordentlich profitabel.

Wirklich interessant wird das Ertragsverteilungsschema aber erst durch einen Vergleich mit einem zweiten Diagramm, das die Gewinnanteile zeigt:

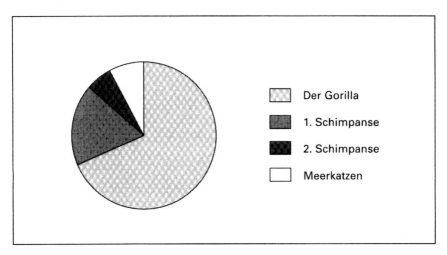

Gewinnanteile nach dem Tornado

Was sagt uns dieses Diagramm? Zu dem Zeitpunkt, an dem sich der Markt stabilisiert hat und das Tornado-Wachstum abnimmt, sich also der Markt auf die Mainstreet verlagert, macht der Marktführer überproportional große Gewinne. Da künftige Einnahmen und Gewinne größtenteils davon abhängen, wieviel an den etablierten Kundenbestand verkauft wird, und weil der Gorilla den weitaus größten etablierten Kundenbestand hat, genießt er diesen Vorteil *während der gesamten Lebensdauer des Marktes!* Dies spiegelt die Bedeutung wider, die die Pragmatiker dem Marktführer beimessen. Wenn auch nicht direkt beabsichtigt, ist dies doch ein starker Anreiz für Firmen, diesen Status anzustreben. Der Vorteil für die Kunden liegt dabei in der Ordnung und Stabilität des Marktes.

Der Gorilla macht deshalb so große Gewinne, weil er im Tornado das Privileg genießt, den *Referenzpreis* festzulegen. Diesen Preis müssen alle Schimpansen und Meerkatzen unterbieten, um erfolgreich gegen den Gorilla antreten zu können. Um wieviel sie ihn unterbieten müssen, hängt davon ab, wieviel Wert der Markt auf das vollständige Produkt des Gorillas im Gegensatz zu ihrem Produkt legt. Gleichzeitig hat der Gorilla den größten Mengenumsatz und damit aufgrund von Größenvorteilen geringere Betriebskosten. Wir wissen ja: höchster Preis + niedrigste Kosten = große

Gewinnspanne! Alle anderen Unternehmen müssen bei höheren Betriebskosten billiger anbieten. Vielleicht ist deren Gewinnspanne immer noch gut, aber eben in einer anderen Klasse. Die fabelhafte Gewinnspanne, die der Gorilla erzielt, hängt damit nicht von brillantem Marketing, sondern schlicht und ergreifend von den Mechanismen des Tornados ab.

Der Preis der Marktführerschaft wird aber nur im Tornado verliehen, denn nur zu dieser Zeit, in der so viele Kunden alle auf einmal neu auf den Markt drängen, können sich Marktanteile so schnell und so dramatisch ändern. Sowie der Tornado vorbei ist, bleibt der Kundenstamm größtenteils dem einmal gewählten Anbieter treu. Es gibt einfach zu wenig neue oder zum Wechsel bereite Kunden, als daß sich Marktanteile merklich in die eine oder andere Richtung verlagern könnten. Damit ist nur im Tornado der Kampf um Marktanteile unter Mobilisierung aller Kräfte sinnvoll. Der Sieg in diesem Kampf ist es, der den wahren Reichtum im High-Tech-Geschäft ermöglicht.

Die zwei großen Tornados der 80er Jahre

In den 80er Jahren gab es zwei große Tornados, die das Machtgleichgewicht in der Computerindustrie fundamental verändert haben. Das Bemerkenswerte an beiden Tornados war, daß sich aus ihnen jeweils ein weiterer entwickelte und daß letztendlich beide doppelt so lange währten wie ein „normaler" Tornado.

Der erste war ein Midrangecomputer-Tornado. In der ersten Phase bildete er sich um eine Minicomputerarchitektur von DEC und Oracle, wobei DEC die grundlegende Infrastruktur lieferte und Oracle die Antriebsenergie. In der zweiten Phase spielt Oracle zwar weiterhin eine wichtige Rolle, aber die eigentliche Aktion bestand im Austausch der proprietären Betriebssysteme der Minicomputer gegen eine Client/Server-Architektur auf der Basis von Unix, und damit rückte Hewlett-Packard in den Mittelpunkt des Interesses.

Der zweite, sogar noch größere Tornado betrifft bekanntlich den PC-Markt. Die Umsätze beliefen sich Anfang der 80er Jahre noch auf einige Hundert Millionen Dollar, woraus heute mehr als einhundert Milliarden geworden sind. In der ersten Phase lieferte IBM die grundlegende Infrastruktur, und die anfängliche Schubkraft stammte größtenteils von Lotus 1-2-3. In der zweiten Phase sind Microsoft und Intel die dominierenden Unternehmen geworden, ohne daß ein anderer Hardware-Alleinanbieter eine vergleichbare Rolle spielte. Allerdings haben Compaq und – in geringerem Ausmaß – auch Dell Bedeutung erlangt.

In beiden Tornados kommt es mit jedem Jahr zu Milliarden von Wechselwirkungen zwischen Hunderten von Firmen in vielfältigen Sektoren des Marktes, und zwar in einer Komplexität, die sich nicht in Zahlen fassen läßt. Mit einem gewissen Abstand können wir jedoch die charakteristische Tornado-Form erkennen: den massiven Zustrom neuer Kunden, der über Nacht neue Industriezweige schafft und die Aktienkurse ganz weniger Unternehmen in astronomische Bereiche katapultiert.

DEC und Oracle

Zu Beginn des Akzeptanzlebenszyklus der VAX von DEC tat sich der Abgrund sowohl wegen technischer als auch wegen organisatorischer Diskontinuitäten auf. Die technische Diskontinuität bestand darin, daß den IT-Abteilungen das Betriebssystem und die Vernetzung nicht vertraut waren, obwohl sie immerhin ihre COBOL-Kenntnisse einsetzen konnten. Die organisatorische Diskontinuität bestand darin, daß IT-Teams zentralistisch organisiert waren, die VAX aber dezentralisiert eingesetzt wurde. Deswegen verweigerten die IT- beziehungsweise MIS-Abteilungen (Management-Informationssysteme, wie es damals noch hieß) in den meisten Fällen dem DEC-Paradigma ihre Unterstützung.

Aber die Nachfrage nach dezentralisierten Rechnern bestand weiterhin. IBM hatte überzeugend dargelegt, daß Computerdaten wertvolle *Managementinformationen* darstellen. Die Bereichsleiter waren gegenüber ihren Mitarbeitern im Nachteil, weil diese besseren Zugang zur EDV hatten. Deswegen bestanden die Manager darauf, vor jedem Meeting Berichte zu bekommen, und überschwemmten die MIS-Abteilung mit entsprechenden Anfragen. Damit waren die MIS-Rückstände geboren.

Innerhalb des zentralisierten Paradigmas der Mainframerechner gab es einfach keine Lösung für das Rückstandsproblem. IBM selbst hatte das Konzept des Management-Informationssystems erfunden, um damit die Nachfrage nach IBM-Mainframerechnern zu vergrößern. Damit wurde ein Monster geschaffen, eine Flutwelle der Nachfrage, die sich selbst überrollte.

Eine dezentralisierte Lösung mußte gefunden werden. IBM versuchte daraufhin, dies mit der 43XX-Serie zu erreichen. Für einen erfolgreichen Einsatz vor Ort war aber zuviel Fachwissen erforderlich, was bedeutet, daß das vollständige Produkt zu komplex war. Die Rückstände wuchsen weiter.

Gleichzeitig gab es tatsächlich dezentralisierte Rechner, die in zunehmendem Maß die Lösung für das Problem zu sein schienen. Dies waren die DEC VAX und, in unterschiedlicher Ausprägung, eine Reihe von Konkurrenzprodukten, zum Beispiel der HP 3000, Eclipse von Data General, die VS-Serie von Wang und andere – schließlich auch der AS/400 von IBM selbst. Die VAX hatte ursprünglich in technischen Abteilungen Aufnahme gefunden, in denen sie ohne zentralen MIS-Support eingesetzt wurde. Dann fand eine Verlagerung des Einsatzbereichs in die Fertigung statt, das heißt in den Bereich von Anwendungen für Materialbedarfsplanung und Werkstattsteuerung, denn aus beiden Bereichen erwuchs eine Fülle von Managementinformationen. Dadurch entstand so etwas wie eine Schatten-MIS-Organisation, die erste Generation einer *dezentralisierten EDV*. Anfang der 80er Jahre war der Kenntnisstand außerhalb der MIS-Abteilung so groß geworden, daß die Abteilungen in Erwägung zogen, ihre bisher lokal eingesetzten VAX-Rechner für Gesamtabläufe im Unternehmen einzusetzen. Das Aufkommen von Anbietern relationaler Datenbanken lieferte schließlich eines der letzten „Missing Links", nämlich eine Plattform für Programmentwicklung sowie ausreichend einfach zu handhabende Tools, so daß die Abteilungen in Zusammenarbeit mit ISVs (Independent Software Vendors: unabhängige Softwareanbieter) oder VARs auch die benötigten Programme ohne nennenswerte Hilfe seitens MIS liefern konnten.

An diesem Punkt begann der Tornado. Ausgelöst wurde er wahrscheinlich, als sich Oracle entschloß, auf der Grundlage des IBM-Standards SQL als gemeinsame Anwendungsschnittstelle zu plattformübergreifender Portabilität überzugehen. Zum ersten Mal sahen die zentralen MIS-Abteilungen eine Möglichkeit, auch mit dezentralisierten Systemen einen unternehmensweiten Standard unterstützen und aufrechterhalten zu können. Die letzte Bastion des Widerstands war damit genommen.

Was wir von Oracle gelernt haben

Oracle hat durch diesen Tornado einen dominierenden Platz im Markt eingenommen und dabei unter anderem drei der wichtigsten Prinzipien des Tornado-Marketings vorgeführt:

1. Greifen Sie Konkurrenten rücksichtslos an.
2. Erweitern Sie Ihre Vertriebskanäle so schnell wie möglich.
3. Ignorieren Sie die Kunden.

Wenn der dritte Grundsatz auch etwas seltsam wirkt, so werden wir doch bald sehen, daß er sich direkt aus der Dynamik des Tornado-Marketings ergibt. Aber beginnen wir mit dem ersten Punkt. Warum ist es so wichtig, im Tornado *die Konkurrenz anzugreifen*, anstatt *die Kunden zu bedienen*? Warum wurde Larry Ellison mit dem Ausspruch von Dschingis Khan zitiert: „Es genügt nicht, daß wir siegen – all unsere Feinde müssen verlieren"?

Die Antwort lautet, daß der Markt vom Gorilla nicht nur Bestleistungen erwartet, sondern auch Dominanz – ja, er ist sogar darauf angewiesen. Wenn der Gorilla Schwäche zeigt, wenn das Vertrauen des Marktes ins Wanken gerät, wenn Drittanbieter nicht Farbe bekennen, zu wem sie halten, dann wird der Grund unterminiert, aus dem man einen Gorilla hat, der ja lautet, daß im Zuge der Marktentwicklung De-facto-Standards bestimmt und erweitert werden sollen. In chaotischen Situationen sind Sicherheit und Ordnung in erster Linie von einer zentralisierten dominierenden Macht abhängig. Genau das ist es, was der Markt braucht und vom Gorilla verlangt. So wie es die erste Aufgabe einer frisch geschlüpften Bienenkönigin ist, alle anderen Königinnenlarven zu töten, so ist es die Aufgabe des Gorillas, die Schimpansen zu verprügeln. Wenn er das nicht tut, stellt der Markt seinen Gorillastatus in Frage, womit sein Titel schon einmal gefährdet ist.

Für alle anderen, die nicht der Gorilla sind, lautet die Tagesparole ebenfalls, sich auf die Konkurrenz zu konzentrieren. Das liegt daran, daß der Tornado-Markt ein *Nullsummenspiel* ist: Alle Kunden, die ich gewinne, verlierst du – *und zwar auf Lebenszeit!* In Zukunft werden sie zu meinem Kundenstamm gehören und nicht zu deinem. Damit entgeht dir nicht nur ein momentaner Gewinn, sondern auch jeder zukünftige. Wir stecken nicht nur für uns selbst, sondern auch für die nachfolgenden Generationen die Grenzen ab. Unter solchen Bedingungen bildet sich in jedem sozialen Gefüge eine Hackordnung heraus, und je weiter Sie aufsteigen, desto bessere Ergebnisse werden Sie erzielen. Die einzige Möglichkeit, innerhalb der Hackordnung aufzusteigen, besteht im Sieg über einen Konkurrenten. Deswegen liegt hierauf auch unser Augenmerk.

Ich muß Sie aber darauf hinweisen, daß der Tornado die einzige Phase ist, in der ein Sieg über die Konkurrenten von Bedeutung ist. Das heißt, daß sich das Geschehen auf dem Markt zu keinem anderen Zeitpunkt wie ein Nullsummenspiel verhält:

- Im Einführungsmarkt gibt es so gut wie keinen Wettbewerb, es sei denn in dem Sinne, daß man die alten Methoden bekämpft. Wenn Sie gewinnen, gibt es keine Verlierer.
- Bei der Überwindung des Abgrunds und auf der Bowlingbahn konzentrieren Sie sich auf Nischenkunden, die vom bisherigen Paradigma chronisch unterversorgt waren. Bevor Sie auf den Plan traten, hatte man sich kaum um diese Kunden gekümmert, sie stellen also auch keinen großen Verlust dar, wenn Sie sie für sich gewinnen.
- Wenn schließlich der Tornado vorbei ist und sich der Markt auf die Mainstreet verlagert, entsteht weiteres Wachstum hauptsächlich aus der Bedienung Ihres etablierten Kundenstammes und nicht durch Angriffe auf den Kundenstamm der Konkurrenz, denn für die meisten Kunden stellt es eine zu große Unterbrechung dar, den Anbieter zu wechseln.

Mit anderen Worten: Tornado-Marketing ist eine *Ausnahmesituation*. Ich betone dies deshalb, weil alle Unternehmen ihre Gewinner befördern, und die größten Gewinner sind unweigerlich diejenigen Manager, die in der Tornado-Phase erfolgreich sind. Es sind typischerweise stark auf Konkurrenzdenken ausgerichtete Charaktere, und ihre Lust am Wettstreit bringt ihnen und ihrem Unternehmen den Sieg ein. Für solche Menschen ist es extrem schwierig, eine Änderung des Stils und eine Verlagerung des Hauptinteresses zu erwägen, geschweige denn tatsächlich zu realisieren. Wenn sie zu diesem Wechsel nicht fähig sind und sich nicht vom Wettbewerbsgedanken lösen und zurück auf den Kunden besinnen können – denn dorthin bewegt sich das Hauptgeschehen beim Abflauen des Tornados –, dann beginnen die Betriebsergebnisse unweigerlich, schlechter zu werden. Daher passiert es oft, daß im Spitzenmanagement nach einem kometenhaften Aufstieg die Köpfe rollen.

Die zweite Regel für Tornado-Marketing

Die zweite Lektion für den Tornado, die das High-Tech-Marketing von Oracle gelernt hat, ist, daß man unbedingt die Vertriebskanäle so schnell wie möglich ausbauen muß. Im Tornado ist die Nachfrage am intensivsten, und wenn Sie nicht in der Lage sind, einen Auftrag anzunehmen, dann bekommt ihn ein anderer. In dieser Phase ist die Versuchung groß zu sagen: „Na und? Meine Auftragsbücher sind voll!" Aber bedenken Sie, daß Ihnen hier nicht nur ein Auftrag, sondern ein Kunde auf Lebenszeit durch die Lappen geht. Im Tornado legen Sie die Größe Ihres Kundenstamms für die nächsten zehn Jahre fest. Das bedeutet, daß Ihr Produkt auf jedem erdenklichen Regal zu finden und jedem potentiellen Kunden zugänglich sein muß.

Oracle unterschied sich im Tornado der relationalen Datenbanken für Minicomputer von seinem Hauptkonkurrenten Ingres dadurch, daß Larry Ellison 100 Prozent Wachstum forderte, während Ingres 50 Prozent „akzeptierte". Um dieses 100-Prozent-Wachstum zu erreichen, verdoppelte Ellison jedes Jahr die Anzahl der Vertriebsmitarbeiter. Er verlangte keine Prognosen, er diktierte sie. Um diesen Plan einhalten zu können, stellte er jedes Jahr die cleversten und frechsten Revolverhelden ein, die er finden konnte, unter anderem viele „frische" Absolventen von Harvard oder Stanford. Gewinner wurden reich beschenkt, Verlierer gefeuert. Kundenentwicklung fand nicht statt. Das Marketing baute nicht auf ein gutes Verhältnis zum Kunden. Es wurde nur gebrandschatzt und geplündert: Verkaufen und nichts wie weg, bevor der Kunde sich das Produkt zu genau ansieht. Um nichts in der Welt sich umdrehen oder zurückgehen – vorwärts, vorwärts, den nächsten Kunden bedienen!

Um den Vertrieb noch mehr zu stärken, suchte sich Oracle jedes Jahr einen Konkurrenten aus, der ausgestochen werden sollte. Einmal war es Cullinet mit IDMS/R, dann HP mit Image, dann Ingres. Vertriebsmitarbeiter erhielten besondere Unterstützung und Extraprovisionen, wenn sie es schafften, das Produkt des ausgewählten Gegners aus dem Rennen zu werfen. Der Erfolg wurde nur noch mehr angeheizt, als sich unter dem Kundenstamm der Konkurrenz das Gerücht breitmachte, daß der Großhandel zu Oracle überlaufen würde. Das heißt, daß Oracle die Anwender des Konkurrenzproduktes als Kanäle für Mundpropaganda nutzte! Und die Botschaft, die sich die Anwender zuraunten, war einfach: Diese Typen sind zwar nicht nett, aber sie sind die Gewinner, also machen wir besser, daß wir auf diesen Zug aufspringen, anstatt uns an einen Verlierer zu klammern.

Nichts dergleichen zeigte sich in der Vorgehensweise von Ingres. Man war tatsächlich nett. Man sagte: „Wir können nicht mehr als 50 Prozent Wachstum haben und gleichzeitig immer noch unsere Kunden adäquat bedienen. Niemand kann das. Schauen Sie sich nur Oracle an. Die versprechen das Blaue vom Himmel und liefern so gut wie nichts. Jeder weiß das. Ihre Kunden hassen sie. Die werden sich ganz schön die Nase stoßen. Die werden implodieren, warten Sie's nur ab. Wie wir es machen, ist es richtig. Wir behalten unseren Kurs bei."

Bei Ingres vertraute man auf die eigene moralische Integrität und daß man dafür belohnt werden würde. Es stellte sich allerdings heraus, daß dies nur zur Hälfte richtig war. 1991 stieß sich Oracle tatsächlich die Nase, das passierte aber lange nachdem der kritische Kampf um Marktanteile ausgefochten war. Zu dem Zeitpunkt war aus Ingres ein verstörtes Unternehmen geworden, das jeglichen Orientierungssinn verloren hatte und sich an ASK Computers verkaufte. Man konnte einfach nicht begreifen, was passiert war. Es war, als hätte der Schwarze Lord Luke Skywalker besiegt, oder als hätte Godzilla Bambi zertrampelt.

Ingres – und die meisten von uns – haben damals nicht begriffen, daß für Pragmatiker Freiheit auf einem sich schnell ändernden Markt gleichbedeutend mit Sicherheit und Ordnung ist. Dieses Ziel kann nur erreicht werden, wenn man sich um einen klar erkennbaren Marktführer schart. Sobald sich der künftige Marktführer abzeichnet, werden die Pragmatiker diese Firma unterstützen. Dabei ist es ihnen praktisch gleichgültig, wie arrogant und wie wenig ansprechbar das Unternehmen und wie sehr überteuert das Produkt ist. Damit ist die Strafe für schlechten Kundendienst im Tornado lächerlich im Vergleich zu der Belohnung dafür, einen neuen Kunden gewonnen zu haben.

Und damit kommen wir zur dritten Lektion, die wir von Oracle gelernt haben.

Ignorieren Sie den Kunden

Im Tornado besteht die einzig richtige Marketingstrategie tatsächlich darin, *die Kunden zu ignorieren*, und zwar deshalb, weil die Kunden im Tornado nach dem begehrten Produkt Schlange stehen. Sie müssen – und wollen – nicht *umworben* werden, denn es geht ja nicht darum, Bedarf zu schaffen. Sie müssen – und wollen – *bedient* werden. Alles, was Sie tun, um den Absatz zu behindern, wirkt diesem Ziel entgegen. Aus diesem Grund war es vollkommen richtig, daß Henry Ford sagte: „Sie können das T-Modell in jeder beliebigen Farbe haben – vorausgesetzt, es ist Schwarz!"

Damit wir uns nicht mißverstehen: Als der Tornado vorbei war, lackierte Ford seine Autos auch in zwei verschiedenen Lilatönen, wenn es der Kunde wünschte. So etwas ist aber *im* Tornado weder für den Markt noch für den Kunden wichtig. Der Kunde will nur sein erstes Auto, sein erstes Telefon oder seinen ersten PC oder Laserdrucker. Er will *das Produkt*. Sie müssen dafür sorgen, daß er es so schnell, so einfach und so billig bekommt wie nur möglich. Das bedeutet, daß Sie sich auf Ihre Liefermöglichkeiten konzentrieren müssen und sich nicht von „Nebendingen", zum Beispiel den Sonderwünschen eines einzelnen Kunden, ablenken lassen dürfen. Um es noch einmal klipp und klar zu sagen: Ignorieren Sie im Tornado die kostenorientierten Käufer und die Anwender, und konzentrieren Sie sich ausschließlich darauf, den Infrastrukturkäufer zu beliefern. Dieser hat dieselben Beweggründe wie Sie: Er will so schnell wie möglich ein Standardprodukt einrichten. Die kostenorientierten Käufer dagegen denken in erster Linie an ihre Kapitalrendite und die Anwender an die direkten Auswirkungen auf ihr spezielles Benutzerprogramm. Auf der Bowlingbahn waren die kostenorientierten Käufer die Hauptverbündeten, die Sie als Fürsprecher für die „verfrühte" Annahme Ihres neuen Paradigmas brauchten, da die Infrastrukturkäufer noch den Wechsel scheuten. Der Beweggrund für ihre Unterstützung war die dramatisch gesteigerte Leistung einer unternehmenskritischen Anwendung, was ihnen eine berauschende Kapitalrendite bescherte. Jetzt geht es aber um die Verbreitung einer neuen Infrastruktur im großen Stil. Sie wird sich kaum anhand einer konventionellen Bewertung der Kapitalrendite rechtfertigen lassen, es sei denn, man rechnet in sehr großen Zeiträumen. Da Manager üblicherweise innerhalb von zwölf bis 18 Monaten positive Resultate vorweisen müssen, sind sie in diesem Fall keine guten Verbündeten.

Im Grunde genommen sind alle Versuche der Kostenrechtfertigung, mit denen man im Tornado die Fürsprache der kostenorientierten Käufer gewinnen will, nichts als leere Werbeversprechen. Das ist der Tenor der in *ComputerWorld* periodisch auftretenden Artikel über die versteckten Kosten von Client/Server-Systemen. Das einzige, was diese Kosten „versteckte", waren die Versprechungen, daß es zu einer sofortigen Kostenersparnis kommen würde. Das ist der Grund, warum Produktivitätsstudien für PCs jahrelang nur eine geringe oder gar keine Rendite auswiesen. Infrastrukturinvestitionen haben eine viel langfristigere Auswirkung auf die Rendite. Erst durch das massive Downsizing Anfang der 90er Jahre zogen die in *Fortune* aufgelisteten 500 größten Industrieunternehmen den wirtschaftlichen Nutzen aus ihren Investitionen in die PC-Infrastruktur, die sie in den 80er Jahren getätigt hatten. Was lernen wir daraus? Wenn sich die Auswirkungen eines Paradigmenwandels zeigen, dann aber richtig. Deswegen ist es keine sichere Lösung, den Übergang zum neuen Paradigma allzu lange aufzuschieben. Und das ist wiederum der Grund, warum Investitionen in die Infrastruktur letztendlich die richtige Strategie sind.

Um es noch einmal zusammenzufassen: Obwohl die beschleunigte Verbreitung einer Allzweckinfrastruktur während des Tornados sowohl die kostenorientierten Käufer als auch die Anwender befremdet, nützt sie doch dem Unternehmen des Kunden und muß unterstützt werden. Die Ironie liegt darin, daß man eben die Kunden, für die man all dies tut, ignorieren muß, wenn die Sache effizient sein soll. Das soll allerdings nicht bedeuten, daß Sie, trotz des Beispiels mancher Marktführer, Unhöflichkeit und Unfreundlichkeit zu einer Kunst entwickeln sollen. Dieselbe Strategie kann auch mit Würde praktiziert werden, ohne dabei etwas von ihrer zerstörerischen Wirkung auf die Konkurrenz einzubüßen. Um dies mit einem Beispiel zu illustrieren, wollen wir uns die Drucker von Hewlett-Packard näher ansehen.

Was wir von Hewlett-Packard gelernt haben

Daß das Geschäft mit Laser- und Tintenstrahldruckern für PCs mit Hewlett-Packard als Führer von praktisch Null auf 20 Milliarden Dollar gewachsen ist – und das war noch nicht einmal einer der beiden Tornados, die das letzte Jahrzehnt bestimmten – ist noch immer ein Wunder. Und zwar deshalb, weil es einen frühen Gewinn eines amerikanischen Unternehmens in einem Wettstreit darstellt, in dem es größtenteils um Produktion und Herstellung ging und bei dem man einen Sieg der Japaner erwartet hatte. Der Sieg war so erstaunlich, weil Hewlett-Packards Hauptkonkurrent, Canon, nicht nur ein japanisches Unternehmen ist, sondern auch *die Rechte an der gesamten Kerntechnologie besaß beziehungsweise Anteile daran hatte!* Wodurch konnte HP im Tornado so erfolgreich sein? HP hat uns gezeigt, daß es im Tornado drei Hauptprioritäten gibt:

1. Liefern, liefern, liefern.
2. Vertriebskanäle ausbauen.
3. Preise senken.

Für das Ziel der vorrangig betriebenen Warenauslieferung kam HP die Führungserfahrung im Bereich der Qualitätssteigerungsprozesse zugute, wodurch es möglich wurde, zuerst bei den Laserdruckern, dann auch bei den Tintenstrahlern die Produktion mit bemerkenswert wenigen Stolperschritten zu steigern. Als dann die Nachfrage weiter stieg, hatte HP das Produkt parat. Qualität und Erträge sind zwei kritische Bereiche im Tornado. Wer beim Autorennen einen Motorschaden hat, verliert seine Position im Feld. Ein Boxenstopp tut weh.

Dies alles hört sich ganz einfach an, bis man die Leistung von HP mit den Problemen vergleicht, die IBM damit hatte, das außerordentlich populäre ThinkPad-Notebook in ausreichender Stückzahl auszuliefern, oder damit, daß Dell es überhaupt nicht schaffte, in der kritischen Tornado-Phase ein Notebook herauszubringen. Oder schauen wir uns in der Softwarewelt um: Weder Lotus noch Ashton-Tate oder Microsoft waren in der Lage, auch nur innerhalb eines Jahres nach dem angekündigten Starttermin ihre Lieferversprechungen einzuhalten.

Der „Liefervorteil" von HP hat etwas mit seiner Unternehmenskultur zu tun, deren Grundlagen konsensorientierte Entscheidungsprozesse und Vertrauen sind. Ersteres gewährleistet die bereichsübergreifende Kommunikation, die stabile, skalierbare Abläufe ermöglicht. Letzteres verhindert, daß Konsensprozesse die Handlungsfähigkeit lähmen, da Verantwortung im Unternehmen so weit heruntergedelegiert wird, daß der Preis für allgemeine Übereinstimmung nicht unbezahlbar wird. (Übrigens ist HP hier Ende der 80er Jahre beinahe vom Kurs abgekommen, als man einer übermäßig zentralisierten Matrixorganisation gefährlich nahe kam. Eine Kurskorrektur erfolgte durch direktes Einschreiten von Hewlett und Packard persönlich.) Der Champion dieser dezentralisierten, auf Vertrauen basierenden Kultur im Unternehmensbereich Drucker war Dick Hackborn, der seinen Managern immer wieder sagte, daß sie nicht nur dafür verantwortlich, sondern auch dazu befugt waren, ihre Märkte aggressiv anzugehen.

Ein Hauptbestandteil der „Liefer-Strategie" ist es letztendlich, Warenrücksendungen zu vermeiden. Können Sie sich vorstellen, was passiert, wenn ein großer Mikroprozessorhersteller sein Starprodukt mit einem größeren Programmfehler in den Tornado schickt? Das Pentium-Debakel hat Intel 500 Millionen Dollar gekostet. Ein ähnliches Problem hatte vor kurzem Intuit, als eine Version von TurboTax mit einem Programmfehler ausgeliefert wurde, der erhebliche Fehler bei der Erstellung von Steuererklärungen hervorrufen konnte. Intuit hat das Problem zwar würdevoller als Intel zugegeben, aber der Schlag saß erst einmal. Aber auch HP ist trotz aller kulturellen Vorteile nicht gegen solche Probleme immun. 1993 kam für den Papierkanal eines bestimmten Tintenstrahldruckers eine neuartige Gummiwalze zum Einsatz, doch im folgenden Jahr stellte man mit Schrecken fest, daß der Gummi nach etwa sechs Monaten „blühte", wobei eine glitschige Substanz austrat, die den Papiertransport unmöglich machte. Zu diesem Zeitpunkt waren aber schon 1,1 Millionen Geräte ausgeliefert worden. Was nun? Nachdem das Problem im April erkannt worden war, gab es für den Rest des Jahres 1994 jeden Morgen um acht ein Meeting der Manager des Unternehmensbereichs, um dieses Problem in den Griff zu bekommen. Tornado-Probleme erfordern diese Art der Aufmerksamkeit.

Die zweite Taktik mit Schlüsselfunktion im Tornado ist der Ausbau der Vertriebskanäle, um größtmöglichen Kontakt zu den Abnehmern herzustellen. Als PC-Laserdrucker eingeführt wurden, hatte HP zwar noch wenig Erfahrung mit indirektem Vertrieb von Computern, dafür aber im Bereich der populären Taschenrechner. Solange Laserdrucker mehr als 10 000 Dollar kosteten, war diese Erfahrung so gut wie bedeutungslos. Als aber die Preise auf unter 5000 Dollar und schließlich sogar auf unter 3000 Dollar fielen (beziehungsweise von HP gedrückt wurden), wurde sie zu einem wichtigen Erfolgsfaktor, und HP erschloß sich den Kanal der PC-Händler. Seitdem die Tintenstrahltechnik PC-Drucker immer billiger werden läßt und die Preise die 1000-, die 500-, und seit kurzem sogar die 200-Dollar-Marke unterschritten haben, hat HP die Vertriebskanäle erst auf Computersupermärkte, dann auf Büromittelsupermärkte, dann auf die Versandhäuser und neuerdings auch auf Großmärkte ausgedehnt.

Die Regel ist einfach: Im Tornado darf kein Regal ungefüllt bleiben. Aber genau das hat Canon getan. Man hatte im PC-Geschäft keine Erfahrung und verfügte auch nicht über Beziehungen, um zu wissen, wo und wie man Vertriebskanäle nutzt. Als man dahintergekommen war und 1992 eine große Vertriebsabteilung für den US-Markt aufbaute, war es schon zu spät, um den Gorilla aus dem Sattel zu heben. Canon konnte sich als ausländisches Unternehmen wenigstens noch damit entschuldigen, daß ihm auf dem US-Markt die nötigen Absatzbeziehungen fehlten, viele US-amerikanische Anbieter haben dagegen freiwillig auf bestimmte Vertriebskanäle verzichtet. Meistens geschah dies, um keinen Prestigeverlust zu erleiden und hohe Gewinnspannen aufrecht zu erhalten. Was bei solch einer Taktik herauskommt, ist bekannt:

> Wenn Sie einen beliebigen Vertriebskanal ausklammern oder vernachlässigen, geben Sie dort die Deckung auf.

Klar, anfangs sind die Regale vielleicht noch mit minderwertigen Nachahmungen gefüllt, doch sobald die Preise weiter sinken, übersteigt das Volumen in diesen „minderwertigen" Kanälen das der „Prestigekanäle", und die Billiganbieter sind im Vorteil. Dieser Ansatz war der Grundstein der Marktentwicklungsstrategie von Packard Bell. Gemessen an Stückzahlen ist Packard Bell in den letzten Jahren zum führenden Lieferanten von PCs geworden und hat damit die drei traditionellen Marktführer Compaq, IBM und Apple übertrumpft.

Unternehmen mit wohlklingenden Markennamen hassen es, hinter den Packard Bells dieser Welt herzulaufen, und zwar aus Angst, ihr Image könnte Schaden leiden. Das führt dazu, daß sie im sicheren oberen Preissegment der Vertriebswege verbleiben, wo die Kunden den „Wert des Markennamens" schätzen. Dies aber führt letztendlich zu einer mit stetem Rückzug einhergehenden Strategie der Enklavenbildung, die unweigerlich den Barbaren das Feld überläßt. Das ist ein strategischer Fehler, der auf dem falschen Verständnis der dritten wichtigen Tornado-Taktik beruht, nämlich dem Preismanagement.

Preisbildung

Vor einem Tornado sind Märkte nicht sehr preiselastisch. Die Wertfestsetzung gründet sich entweder auf einen visionären Traum oder auf eine Festlegung im Nischenmarkt. Die Preisbildung kann und sollte sich auch am Wert orientieren, um optimale Gewinnspannen zu erzielen, und nicht an der Ware selbst, was eine Optimierung des Marktanteils bedeutet. Nach dem Tornado allerdings ist der Markt dann sehr preiselastisch. Das kommt daher, daß sich das vollständige Produkt im Tornado etabliert und dann zum Massengut wird, so daß sich die Preisbildung zum Zweck einer raschen Vergrößerung von Markt und Marktanteil an der Ware orientieren kann. Der Übergang von der wertorientierten zur warenorientierten Preisbildung vollzieht sich im Tornado. Das verstärkte Hinwirken auf diesen Übergang ist der Schlüssel zur Gewinnung von Marktanteilen, insbesondere in den letzten Stadien des Marktes.

Dies gilt ganz besonders für den Einzelhandelsmarkt, auf dem jede Preissenkung eine Flutwelle neuer Kunden bringt, denen die Preise bisher zu hoch waren. Im Einzelhandel enden die magischen Zahlen auf 99, also 999, 799, 499, 299 oder auch 99 Dollar (wobei die tatsächlichen Preise je nach Produktkategorie beziehungsweise Währung natürlich anders aussehen können). Seymour Merrin von Merrin Information Systems hat hier für die PC-Industrie Pionierarbeit geleistet, indem er High-Tech-Unternehmen gezeigt hat, wie die Einzelhandelspreisbildung funktioniert und wie der nächst niedrigere strategische Preis lauten muß. Dieses Muster zeigt sich aber auch beim Verkauf an gewerbliche Kunden. Als die Preise für Workstations 50 000 Dollar und später 10 000 Dollar unterschritten, löste dies jeweils einen immensen Verkaufsboom aus.

Der Anbieter, der als erster den nächst niedrigeren strategischen Preis anbieten kann, hat als erster Zugang zu einem ganz neuen Stamm von Kunden, die danach lechzen, auf den Markt zu strömen, sobald die Preise ihren Verhältnissen entsprechen. Dies verursacht sprunghaft neues Volumen und vergrößert sowohl den Marktanteil als auch den künftigen Kundenstamm des Anbieters. Sofern sich bereits ein Marktführer herausgebildet hat, wird sich der Markt eine Weile abwartend verhalten, um zu sehen, ob der Marktführer ebenfalls den neuen niedrigen Preis einführt – aber nur eine Weile! Wenn der Marktführer über den neuen Preis die Nase rümpft, bekommt der Nachahmer den Zuschlag. Die Lektion dürfte klar sein: *Tornado-Märkte wollen bedient werden.* Es ist nie eine Frage des *Ob*, sondern immer eine Frage des *Von wem*.

Die Lektion mag verstanden worden sein, doch sie auch zu befolgen, ist eine andere Sache. Saftige Gewinnspannen sind eine Angewohnheit, die sich nur schwer über Bord werfen läßt. IBM hat es nicht geschafft, als Compaq die Preise unterbot, und Compaq passierte dasselbe, als Dell die Preise drückte. Beide Unternehmen haben seitdem ihren Kurs korrigiert, aber erst nachdem sie auf diese Weise einen permanenten Konkurrenten in ihrem Hauptgeschäftsbereich etabliert hatten. HP dagegen hat rücksichtslos den jeweils nächst niedrigeren Preis verwirklicht, auch wenn man damit die eigenen Umsatzzahlen und Handelsspannen dezimierte. Lew Platt, CEO von Hewlett-Packard, sagt dazu: „Wenn wir unseren Teller nicht aufessen, tut es jemand anderes für uns."

Bei ihrem Wettlauf um die nächst niedrigeren Preise geben Marktführer ihren Konkurrenten herzlich wenig Möglichkeiten zum Reagieren. In erster Linie verschaffen sie sich als erste Zugang zum Massenmarkt und festigen damit ihre Position als Führer bei den Marktanteilen. Den Konkurrenten bleibt nichts anderes übrig, als auf eine kleine Lücke in der Versorgungskette zu hoffen, oder sie müssen mit dem zufrieden sein, was vom Markt für sie abfällt. Auf lange Sicht müssen sie den Rückzug aus dem Tornado anvisieren und mit einem anderen Produkt wieder auf die Bowlingbahn gehen, das dann außerhalb des Herrschaftsbereichs des Marktführers einen neuen Markt eröffnen kann.

Was wir von Intel und Microsoft gelernt haben

Bisher haben wir die wichtigsten Strategiewechsel, die für Tornado-Marketing notwendig sind, betrachtet, und zwar unter den Aspekten der Zielgruppe (Kunden ignorieren – liefern, liefern, liefern), des Vertriebs (so aggressiv wie möglich ausbauen), der Preisbildung (als erster den nächst niedrigeren Preis nennen) und der Konkurrenz (direkt und rücksichtslos angreifen). All diese Lektionen hätten ebensogut anhand der Praktiken von Intel und Microsoft illustriert werden können.

Hätten Sie Ende 1993 alle Gewinne der 150 größten High-Tech-Firmen von Silicon Valley addiert, hätten Sie gesehen, daß die Hälfte davon auf Intel fiel. Man könnte denken, daß Intel wegen riesiger Gewinnspannen geradezu im Geld schwimmt und eine geeignete Zielscheibe für einen kleinen drahtigen Angreifer aus dem Billig-Lager ist. Immerhin hat dieses Unternehmen praktisch eine Monopolstellung auf jedem seiner Mikroprozessormärkte. Warum also senkt es seine Preise routinemäßig um 20 und 30 Prozent? Die Antwort ist einfach: Andy Grove & Co. haben es nicht nötig, ein Buch über Tornado-Marketing zu lesen – sie schreiben es. Und das Motto lautet dabei: *Nur der Paranoide überlebt.*

Dasselbe gilt für Microsoft. Die amerikanische Folklore berichtet, daß im 19. Jahrhundert Tornados von einem Cowboy namens Pecos Bill gebändigt und geritten wurden. Im 20. Jahrhundert ist Bill nach Redmont, Washington, geritten, wo er noch immer seine Kunst vorführt – Lieder gibt es aber glücklicherweise noch nicht über ihn.

Neben den Beispielen für die obengenannten Regeln haben Intel und Microsoft uns auch gezeigt, wie man mit dem vollständigen Produkt und mit seinen Partnern und Verbündeten im Tornado umgehen muß. Die Grundprinzipien sind so simpel wie drastisch:

1. Gehen Sie Partnerschaften ein, um ein vollständiges Produkt zu erschaffen.
2. Etablieren Sie dieses vollständige Produkt als Marktführer.
3. Machen Sie das vollständige Produkt zur Massenware, indem Sie es so weiterentwickeln, daß Sie Ihre Partner hinauswerfen können.

Mit anderen Worten: Zuerst suchen Sie sich Partner, dann setzen Sie sie vor die Tür!

Zuerst suchen Sie sich Partner. Der Schlüssel zum Glück auf der Bowlingbahn ist die Entwicklung von Nischenmärkten im Vorfeld des horizontalen Mainstream-Marktes, indem man sorgfältig ausgewählten Zielgruppen vollständige Produkte bietet. Microsoft hat zum Beispiel auf dem CD-ROM-Markt sorgsam Partner herangezogen und bereits 1985, also sieben bis acht Jahre, bevor es zum Tornado kam, mit den jährlichen Konferenzen begonnen. Intel macht derzeit dasselbe mit Anbietern von PCMCIA-Karten, Designern von Parallelrechnern und Unternehmen im Bereich des Video-on-demand.

Etablieren Sie das vollständige Produkt als Marktführer. Sobald eines dieser Produkte in Richtung Tornado geschoben wird, muß es Ihr Ziel sein, Ihre Partner und sich selbst als Kernzelle von Marktführern zu etablieren, die das „essentielle" Lösungsset liefern. Im Fall des DOS-Tornados bestand das essentielle Set aus dem 286er und später dem 386er Mikroprozessor von Intel, dem Betriebssystem DOS von Microsoft, dem Tabellenkalkulationsprogramm Lotus 1-2-3, dem Textverarbeitungssystem WordStar von MicroPro, der Datenbank dBase von Ashton Tate, Festplattenlaufwerken von Seagate oder Conner, HP-Druckern und, um gemeinsamen Zugriff auf Dateien und Geräte zu haben, dem Netzwerkbetriebssystem Netware von Novell. All diesen Firmen ging es im DOS-Tornado sehr, sehr gut.

Machen Sie das vollständige Produkt zur Massenware, indem Sie es so weiterentwickeln, daß Sie Ihre Partner hinauswerfen können. Haben Sie aber erst einmal die Gorillaposition errungen, setzen Sie Ihre Partner vor die Tür. Aus diesem Grund kam es zu einer bemerkenswerten Strategieänderung von Microsoft, als die Industrie dazu überging, 1991 den Windows-Tornado zu unterstützen. In der neuen Hackordnung ist Intel mit dem 486er und dem Pentium-Mikroprozessor noch immer voll dabei, genau wie Seagate und Conner mit ihren Laufwerken und HP mit den Druckern. Lotus 1-2-3 und WordPerfect (im DOS-Tornado Austauschspieler für MicroPro, aber dazu kommen wir noch) haben jedoch von Microsoft den Laufpaß bekommen.

Der Anfang wurde damit gemacht, daß Lotus und WordPerfect praktisch zwei Jahre lang Excel und Word den Windowsmarkt überlassen haben. Zu den Gründen hierfür werden wir noch in diesem Kapitel kommen. Während jetzt also Lotus und WordPerfect mit eigenständigen Alternativen gegen diese Produkte anzutreten versuchen, hat Microsoft das Spielfeld auf die Softwarepakete für die Büroautomation verlagert, in denen alle führenden Anwendungen, das heißt Textverarbeitung, Tabellenkalkulation, Software für Präsentationen, E-Mail und Datenbanken enthalten sind und zusammen verkauft werden. Der Kunde, der dieses Bundle kauft, wird automatisch die marktführenden Textverarbeitungs- und Tabellenkalkulationsprogramme favorisieren – Vorteil Microsoft mit Excel und Word. Gleichzeitig werden die anderen Microsoftanwendungen im Bundle etabliert, die zwar heute noch keine Marktführer sind, die es durch die bekannte Dynamik aber bald sein werden. Dies sind Powerpoint (Präsentationen), Microsoft Mail (E-Mail) und Access (Datenbanken). Diese Konstellationen sperren nicht nur die Partner aus, sondern machen den Wettbewerb an sich unmöglich. Das ist Tornado-Kriegsführung in ihrer brutalsten Form.

Der Beweggrund für das Hinauswerfen der Partner ist nicht allein die Gier des Gorillas, sondern dieser Vorgang ist ein grundlegender Bestandteil des natürlichen Prozesses, durch den das vollständige Produkt zum Massenartikel wird. In Tornado-Märkten folgt der Etablierung des vollständigen Produkts immer dessen Umwandlung in ein massenmarktfähiges Produkt. Damit wird zusammengeschweißt, was der Markt bereits als das Standardset von Einzelkomponenten ansieht. Das Ziel ist, durch Kostensenkung und Ausschaltung von Vertriebsengpässen eine so breitgefächerte und zahlreiche Kundenschar zu bedienen, wie nur irgend möglich. Je weniger Komponenten das vollständige Produkt umfaßt, je weniger Lieferanten Gewinne erzielen müssen, je billiger das vollständige Produkt angeboten werden kann, desto zuverlässiger kann es vertrieben werden und desto leichter ist der Kundendienst zu gestalten. Die Umwandlung des vollständigen Produkts in einen Massenartikel ist eine fundamentale Kraft des Massenmarktes: es wird auf jeden Fall dazu kommen, die Frage ist nur, wie Sie Ihre Strategie damit in Einklang bringen.

Während Microsoft den nächsten OS-Tornado ansteuert (mit Windows 95 auf der Client-Seite und der nächsten Version von Windows NT auf der Server-Seite), gibt es auch schon einen Kandidaten für den nächsten Rausschmiß: Novell. Wofür brauchen Sie ein Netzwerkbetriebssystem, wenn alle seine Funktionen auch in beide Seiten eines Client/Server-Standards inkorporiert werden können? Auf dieselbe Weise, wenn auch langfristiger angelegt, bereitet sich Microsoft darauf vor, mittels einer Microsoft At Work genannten Technologie die HP-Drucker anzugreifen. Die Allianz mit Lotus Notes, die zugegebenermaßen gerade erst aufgebaut wird, wird langfristig durch eine Microsoft Exchange genannte Technologie überflüssig werden, und die Datenbanken von Oracle werden mit Hilfe eines Produktpakets namens Back Office abgestoßen. *Kurzfristig* bildet Microsoft nichtsdestoweniger mit all diesen Anbietern Allianzen, und diese Firmen sind gerne zur Partnerschaft mit Microsoft bereit. Warum?

Der Grund heißt Geld. Mit Microsoft als Partner sind schon viele Firmen reich geworden. Die flächendeckende Verbreitung der Microsoft-Plattformen schafft unschätzbar wertvolle De-facto-Standards für eine breite Infrastruktur. Andererseits haben Unternehmen von der Größe der genannten Firmen ihrerseits auch Pläne, sich von Microsoft zu trennen, und zweifelsohne werden beide Seiten in dieser Hinsicht Erfolg haben.

Riskanter wird es schon, wenn Sie ein sehr viel kleinerer Partner sind, der Kernsysteme in Bereichen aufwertet, die der Gorilla bislang selbst nicht abdecken konnte. Jean Louis Gassée, vormals bei Apple, hat einmal gesagt, diese Strategie sei so, als würde man „Geldstücke vor Dampfwalzen aufsammeln". In unserem Kontext könnte es heißen *„als ob man als Anhalter in einen fremden Tornado einsteigen würde".*

Nur wenige Unternehmen haben den notwendigen Einfluß, um einen Tornado zu verursachen. Diejenigen, die ihn haben, sollten so wie Intel und Microsoft diesen Einfluß optimieren, indem sie nach der eben beschriebenen Strategie Allianzen aufkündigen. Wir anderen sollten diese Strategie als etwas Gegebenes akzeptieren und uns bemühen, als Randfiguren reich zu werden. Diese Haltung nahm zum Beispiel Stac Electronics ein: Nachdem diese Firma Microsoft erfolgreich wegen eines Plagiats ihrer Software für Speicheroptimierung verklagt hatte, bildete sie postwendend eine Allianz mit dem Plagiator. Das erinnert an den Gangster in *Der Pate*, dessen Beteiligung an einem Mordkomplott auffliegt und der daraufhin sagt: „Sag Michael, daß es nicht persönlich gemeint war – es war rein geschäftlich."

Fehler im Tornado

Jetzt, da wir gesehen haben, wie einige der mächtigsten High-Tech-Unternehmen im Tornado gewonnen haben, sollten wir uns auch einmal ansehen, wie man zum Verlierer werden kann. Bei all dem Geld, das während des Tornados im Spiel ist, gibt es nichts Tragischeres, als sich im letzten Augenblick geschlagen geben zu müssen. Und doch ist so etwas nicht nur einmal vorgekommen. Zur Entschuldigung der im folgenden genannten Firmen muß gesagt werden, daß die meisten „Fehler" zum damaligen Zeitpunkt viel mehr wie „gute Geschäftstaktiken" ausgesehen haben. Es ist keine Schande, diese Fehler gemacht zu haben, wohl aber, wenn wir sie wiederholen.

1. *Tornado-Kräfte sind zu groß, als daß irgendein Unternehmen sie steuern könnte. Versuchen Sie es erst gar nicht.*

Bei der heutigen Verbreitung von Videorecordern fällt es schwer, sich vorzustellen, daß sie vor 15 Jahren noch eine Neuheit waren. Als der Video-Tornado anfing, war Sony der Marktführer und Betamax die dominierende Technologie. Heute gibt es keine Betamax-Recorder mehr. Wie ist es dazu gekommen, daß heute in allen Haushalten VHS-Recorder stehen?

Sony hatte versucht, den Tornado zu steuern. Man weigerte sich, anderen Anbietern Lizenzen für die Technologie zu erteilen, was zur Folge hatte, daß nicht nur andere Hersteller von Videorecordern vom Markt ausgeschlossen wurden, sondern daß dem Filmverleih auch nur eine Tür zum Kunden offenstand. Sony dachte sich: „Das ist unsere Technologie, und wir haben soviel Arbeit hineingesteckt, um den Markt aufzubauen, warum also sollten wir jetzt mit anderen teilen?" Heute kennen wir die Antwort: Der Tornado muß bedient werden.

Die Nachfrage im Tornado übersteigt das anfängliche Angebot bei weitem. Wenn es ein Anbieter unternimmt, das Angebot durch welche Methoden auch immer klein zu halten, kämpft er damit gegen den Tornado. Der Markt wird diesen Anbieter umgehen, ihn isolieren und schließlich fallen lassen. Genau das haben die anderen Videorecorderhersteller und die Filmverleihe mit Sony gemacht. Zwar herrschte für einige Jahre eine gewisse Unsicherheit, so daß in den Videotheken sowohl Leihgeräte als auch Filme für beide Systeme, also Beta und VHS, angeboten wurden. An diesem Punkt hätte

Sony durch Lizenzerteilung den Kopf noch aus der Schlinge ziehen können. Das hätte zwar nicht das Aus für VHS bedeutet, doch Sony wäre zumindest im Spiel geblieben. Aber Sony wollte nicht.

Dasselbe Muster zeigte sich im PC-Bereich, als IBM versuchte, den PC-Tornado durch Einführung eines proprietären 32-Bit-Busses in Form einer lizenzfähigen MicroChannel-Architektur unter Kontrolle zu bekommen. Compaq führte die anderen PC-Anbieter in einer Abspaltungsbewegung an und schlug die EISA-Architektur als Gegenstandard vor. Schließlich obsiegte keiner dieser Standards, denn die Pragmatiker waren einfach bei dem alten 16-Bit ISA-Bus geblieben. Weil aber Compaq es geschafft hatte, IBM die Stirn zu bieten, wurde diese Firma der neue Marktführer, und IBM erlitt einen gewaltigen Prestigeverlust. Früher nannte man PCs IBM-kompatibel. Seit diesem Debakel heißt es nur noch DOS- beziehungsweise Windows-kompatibel.

Der Versuchung, den Tornado lenken zu wollen, wäre beinahe auch Adobe Systems erlegen. Diese Firma erteilte Drittfirmen wie Phoenix Lizenzen für ihre PostScript Font-Technologie, allerdings nur bis zu einem gewissen Grad. Es gab nämlich drei „Ebenen" für die Implementierung von PostScript, aber die Lizenzen wurden nur für die ersten zwei erteilt. Als immer mehr Anbieter auf für den Massenmarkt geeignete Fontstandards angewiesen waren, Adobe aber das letzte Stück des Standards zum eigenen Vorteil zurückhielt, rächte sich die Industrie mit den beiden rivalisierenden Font-Technologien Truetype und Royal. Adobe mußte jetzt an zwei Fronten kämpfen und machte Zugeständnisse – aber erst, nachdem das Marktprestige auf Dauer Schaden genommen hatte. Die Bedrohung war in erster Linie durch die Unfähigkeit von Adobe entstanden, auf den Bedarf der PC-Industrie an einem Massenartikel einzugehen, und in zweiter Linie durch die mangelnde Bereitschaft, die selbst verursachten Engpässe durch Kooperation zu beseitigen. Auch hier lautet der Kernsatz: nur nicht persönlich nehmen. So sind sie eben, die Tornado-Kräfte.

Da der Tornado auf jeden Fall bedient *wird*, muß es die Strategie sein, mit vollem Einsatz der erste zu sein. Bei der ursprünglichen PC-Strategie von IBM hat es gut funktioniert. Es wurde ein Markt für Nachahmerprodukte geschaffen, der die IBM-Architektur erst etablierte und dann zum Massenprodukt machte, wodurch immenser Reichtum für IBM, aber eben auch für viele andere Firmen entstand. In solch einer Situation ist der gesamten Industrie daran gelegen, den Status quo zu sichern, was auch bedeutet, den Marktführer auf dem Thron zu halten. Leider konnte IBM die anschließenden Schachzüge nicht so effizient wie Microsoft und Intel ausführen. Rückblickend scheint es, daß sich IBM von den geringen Gewinnspannen abschrecken ließ. HP hat es sich im Druckergeschäft zu Herzen genommen, daß niedrige Preise und geringe Gewinnspannen bei zunehmendem Territorium ganz natürlich sind und daß die einzig richtige Art, den Tornado zu bedienen, darin besteht, sie noch mehr zu drücken.

2. *Bringen Sie im Tornado keine Diskontinuität ins Spiel.*

Egal mit welchem Produkt Sie in den Tornado gehen, Sie dürfen es trotz seiner Mängel nicht verändern. Die Konsequenzen lassen sich gut anhand des Schicksals von WordStar illustrieren.

Als es zum PC-Tornado kam, etablierten sich sofort drei Softwareprodukte als Marktführer: Lotus 1-2-3 für Tabellenkalkulation, dBase von Ashton-Tate für Datenbanken und WordStar von MicroPro für die Textverarbeitung. Auf dem frühen DOS-Markt besaßen alle drei einen mehr als 50prozentigen Marktanteil. Wenige Jahre später, in denen es zu keinem nennenswerten Paradigmenwandel gekommen war, überholte WordPerfect WordStar und nahm das gelbe Trikot für immer an sich.

In Anbetracht der phänomenalen Vorteile, die der Massenmarkt den Marktführern verschafft, ist man versucht, dies anzuzweifeln. Aber passen Sie mal auf: Sobald sich MicroPro im Anfangsstadium des Tornados auf der Position des Marktführers für Textverarbeitungsprogramme sah, wurden sofort sämtliche F&E-Kapazitäten für andere Bereiche genutzt. Warum? Weil es damals ein Gemeinplatz war, daß ein Unternehmen nicht nur ein Produkt anbieten dürfe. Lotus und Ashton-Tate verhielten sich übrigens genauso. Alle drei Unternehmen wandten Millionen und Abermillionen Dollar dafür auf, jede erdenkliche Möglichkeit für Geschäfte auszubauen, außer den Bereich, in dem ihre wirkliche Stärke lag.

Der Unterschied zwischen MicroPro und den beiden anderen liegt darin, daß sich WordStar durch die Einführung eines neuen starken Produkts irritieren ließ. Anstatt nun wie Lotus und Ashton-Tate ein Upgrade für das existierende Produkt herauszubringen, wurde von einem anderen Anbieter ein Programmcode gekauft und ein gänzlich neues Produkt namens WordStar 2000 auf den Markt geworfen, das dem eigenen Produkt um Längen überlegen war. Bei all seinen Vorteilen hatte das neue Produkt jedoch einen fatalen Mangel: das Dateiformat war nicht WordStar-kompatibel.

Die Kunden von MicroPro sahen sich damit einer weiteren *diskontinuierlichen Innovation* gegenüber, im Grunde genommen sogar einem neuen Akzeptanzlebenszyklus. Es brachte keine Vorteile, dem Marktführer treu zu bleiben, denn Kosten für einen Wechsel würden sowieso entstehen. Das bedeutete, daß das Spiel von vorne losging, und obwohl WordStar 2000 nicht von vornherein als Alternative verworfen wurde, so war es eben auch nicht automatisch die erste Wahl. In der Zwischenzeit hatte WordPerfect zugelegt und schien in zunehmendem Maß die bessere Wahl zu sein. In einem Tornado, der von praktisch jedem PC-Besitzer verlangte, ein Textverarbeitungsprogramm zu haben, trafen die Leute ihre Kaufentscheidung schnell. Als dann WordPerfect den Zuschlag bekam, blieb weder Zeit noch Gelegenheit für MicroPro, sich zu erholen.

Wir wissen, daß die richtige Strategie in dieser Situation die konsequente Beibehaltung der bisherigen Produktarchitektur ist, egal wie antiquiert sie auch wirken mag. Zumindest muß die Kompatibilität mit dem Ausgangsprodukt gewährleistet sein, das der Kunde auf seinem Rechner installiert hat. Dies war bei Windows in bezug auf DOS der Fall, IBM hat es auf dem AS/400 für sein System 38 und, wenn auch unter Schmerzen, für das System 36 so gehandhabt, und Intel schließlich hat es beim Übergang vom 286er zum 386er Prozessor so gehalten – allerdings nur durch einige bizarre Verrenkungen, die der Architektur abverlangt wurden.

Das fundamentale Prinzip lautet, daß kontinuierliche Innovationen Marktführer, diskontinuierliche Innovationen dagegen Herausforderer begünstigen. Wenn Sie im Tornado auf Gewinnkurs sind, brauchen Sie eine Kontinuität des Marktes. Selbst wenn Sie nicht der Gorilla sind und dennoch Profit machen, werden Sie diese Kontinuität wollen. Nur wenn Sie nicht gewinnen und glauben, in einem zukünftigen Tornado gewinnen zu können, dürfen Sie auf Diskontinuität setzen.

3. *Tornados sind kundendienstfeindlich, nicht -freundlich.*

Die größten Verluste, die im aktuellen PC-Tornado zu beklagen sind, betreffen die PC-Händler einschließlich der einstigen Erfolgsunternehmen Computerland und Businessland. Mit jedem weiteren Jahr, das der Tornado andauerte, wurden PCs mehr zum Massenprodukt, und der Bedarf an Fachwissen, dessen Vermarktung die Grundlage dieser Unternehmen gewesen war, sank. Die Fähigkeit dieses Kanals, den erforderlichen Gewinn aus den angebotenen Dienstleistungen zu ziehen, war fatal untergraben worden.

Als Businessland kaum noch wettbewerbsfähig war, unternahm man den Versuch, sich zu einem Dienstleister für den gewerblichen Bereich zu entwickeln. Die Strategie bestand darin, ohne Gewinn oder Verlust Hardware zu verkaufen und die Gewinne durch Dienstleistungen hereinzuholen. Dies ist keine ungewöhnliche Reaktion in den späten Tornado-Phasen beziehungsweise auf der Mainstreet, wo die Wandlung des Produkts zum Massenartikel die Gewinnspannen aushöhlt – so zu beobachten bei beliebigen Mainframe- und Minicomputerunternehmen, die zu Systemintegratoren werden. Leider funktioniert es aber nicht so gut. Der Sinn der Umwandlung des Produkts in einen Massenartikel liegt darin, weitere Preissenkungen zu ermöglichen, und der Markt zeigt sich sehr störrisch, wenn es darum geht, sauer verdientes Geld für Dienstleistungen auszugeben.

Wie auch immer, die Pläne von Businessland und manch anderem PC-Handelsunternehmen schlugen fehl. Derzeit können sich auf dem Markt prinzipiell die folgenden drei Unternehmensformen, bei denen es zu Kundenkontakt kommt, halten: *Supermärkte:* die Gewinner im Spiel um Massenartikel; *Exklusive VARs:* die Gewinner im Spiel um hohe Wertschöpfung durch Dienstleistungen, indem sie Lösungen für nischenspezifische Bedürfnisse finden, die bisher noch nicht vom Massenmarkt befriedigt werden; und die *traditionellen PC-Händler*, die sich vom Ladengeschäftsinhaber zum Reisenden mit gewerblichen Kunden entwickelt haben. Dies sind drei haltbare Positionen im Tornado. Nicht haltbar dagegen ist die Position eines „Integrators" für Dinge, die bereits integriert sind. Diese Position wird vom Tornado nicht getragen.

4. *Hoffen Sie nicht darauf, daß sich der Tornado vermeiden läßt.*

Ende der 80er Jahre durchlief der PC-Markt eine Krise, weil zum ersten Mal der Standard für Betriebssysteme in Gefahr war. Anfangs waren alle davon überzeugt, daß OS/2 der neue Standard werden würde, doch dann wurde es immer wahrscheinlicher, daß es Windows sein würde. Für die ISVs war es aber zu aufwendig, gleich für zwei unausgereifte Betriebssysteme Anwendungen entwickeln zu müssen, und so entschieden sich viele, unter anderem auch Lotus und WordPerfect, nur OS/2 zu unterstützen.

Eine Zeitlang war dies eine vernünftige Strategie. Als aber Windows eine stärkere Position auf dem Markt einzunehmen begann, reagierte keine der genannten Firmen mit einer Verlagerung der Entwicklungsaktivität. Dadurch bekam Microsoft schließlich einen Vorsprung von zwei Jahren auf dem Windows-Markt für Tabellenkalkulationsprogramme und Textverarbeitung, und dieser Vorsprung genügte, um in beiden Kategorien den Konkurrenten den Gorillastatus wegzuschnappen. WordPerfect blieb hilflos auf der Strecke (und wurde daher ja auch von Novell aufgekauft), Lotus war schwer verwundet. Wie konnten diese beiden Unternehmen es dazu kommen lassen?

Beide machten den Kardinalfehler, den Tornado zu leugnen. Ihrer Strategie lag eine simple Logik zugrunde: Wenn wir die führenden Anwendungen für Textverarbeitung und Tabellenkalkulation Windows-kompatibel machen, müssen wir sehr viel mehr Entwicklungsarbeit leisten und geraten gegenüber Microsoft ins Hintertreffen. Wenn wir das aber nicht tun und statt dessen darauf beharren, daß OS/2 der gültige Standard ist, dann wird Windows zum „unvollständigen vollständigen Produkt", und der Markt wird Microsoft OS/2 aufzwingen, so daß wir einen Vorsprung erlangen.

Für eine Weile schien diese Rechnung aufzugehen. Insbesondere Windows 2.2 versagte auf dem Markt, weil OS/2 1.1 ein ebensogutes vollständiges Produkt darstellte und weil Windows nicht von Lotus oder WordPerfect unterstützt wurde. Bei zwei derart starken Kandidaten, die darum kämpften, zum alleingültigen Standard zu werden, waren die Pragmatiker unsicher, wer gewinnen würde. Also gab es für sie nur eins: abwarten.

Als Windows 3.0 herauskam, war es schon länger klar, daß die deutliche Mehrheit der ISVs sich dem Lager von Windows und nicht dem von OS/2 anschließen würde und daß Microsoft sehr leistungsstarke Produkte für Textverarbeitung und Tabellenkalkulation anbot. An diesem Punkt klammerten sich Lotus und WordPerfect verzweifelt an ihre Strategie. Sie leugneten den Tornado, weil sie ihn nicht wollten. Verdrängungsstrategien, das lehrt uns die Psychologie, führen nie zum Erfolg und fordern bei der letztendlichen Aufgabe einen hohen Preis.

Für den Fall, daß Sie über die Ressourcen eines Großunternehmens verfügen, besteht die Gewinnstrategie darin, zu Beginn eines Rennens mit ungewissem Ausgang auf alle Pferde gleichzeitig zu setzen und mit der Zeit den Einsatz von den Verlierern auf den sich abzeichnenden Gewinner zu verlagern. Sobald sie also sehen, daß eine Alternative nicht mehr mithalten kann, versetzen Sie ihr sofort den Todesstoß und investieren die freigewordenen Ressourcen in die Alternative, die vorne liegt. Diese Strategie funktioniert, weil es im Tornado viel leichter ist, die Verlierer zu erkennen als die Gewinner. Diesen Aussonderungsprozeß setzen Sie so lange fort, bis nur noch ein Kandidat übrig ist. Überlassen Sie sich aber nie Ihrem Wunschdenken! Lassen Sie die Finger vom Glücksspiel! Plazieren Sie einfach

Ihren Einsatz, registrieren Sie Ihre Verluste (und Ihre Gewinne), und machen Sie weiter!

Wenn Sie jedoch nicht über die entsprechenden Ressourcen verfügen, wenn Sie es sich also nicht leisten können, auf mehrere Pferde gleichzeitig zu setzen, dann ist das ganze Spiel wahrscheinlich nichts für Sie. Wenn Sie auf das falsche Pferd setzen, verpassen Sie den Absprung in den Tornado, aber angesichts der Größe Ihres Unternehmens zu Beginn des Spiels wären Sie wahrscheinlich ohnehin nicht der Gorilla geworden. Daß Sie den Tornado verpaßt haben, ist somit keine Katastrophe für Sie. Im Gegenteil, es kann sogar ein latenter Vorteil sein, da Sie auf einer kleineren Rennbahn noch immer zum Marktführer werden können.

War die Macintosh-Strategie von Apple ein Tornado-Fehler?

Es ist eines der beliebtesten Gesellschaftsspiele in Silicon Valley, Apples Macintosh-Strategie praktisch von Anbeginn an zu kritisieren. Viele Leute sind der Meinung, daß tatsächlich eine ganze Reihe von Tornado-Fehlern gemacht wurden. Ich möchte die Diskussion über Tornado-Strategien mit einer Argumentation für eine gegenteilige Auffassung abschließen. Aber lassen Sie uns erst klarstellen, wie die Strategie von Apple aussah.

Apple wollte nicht den PC-Tornado aufhalten, sich ihm also nicht entgegenstellen, wollte aber gleichzeitig auch nicht direkt daran beteiligt sein. So wurde Apple zum einzigen bedeutenden Anbieter, der sich dafür entschied, nicht IBM-kompatibel zu sein. Mehr noch, obwohl man es wiederholt in Erwägung gezogen hatte, wurden erst 1994 Lizenzen für die Betriebssystemsoftware erteilt, und da war der Tornado schon längst vorbei. Statt dessen entschied man sich für eine Marktentwicklung im Bereich der High-End-Produkte. Welche Konsequenzen hat diese Strategie in einem Tornado? Das Modell sagt es so voraus:

- Sie werden so viel verkaufen, wie Sie können. Das gilt für jeden Anbieter im Tornado, also auch für Sie.
- Sie erzielen fabelhafte Gewinnspannen, und zwar nicht nur, weil Sie den Verkaufsschlager anbieten, sondern auch weil Sie wertschöpfend verkaufen.

- Sie werden den Sieg an einen anderen abtreten, der sich für eine Marketingstrategie für Low-End-Produkte entscheidet, das heißt den Massenmarkt beliefert, was das Zeug hält.

- Bei diesem Kampf um Marktanteile, den das andere Unternehmen gewinnt, werden Sie aus dem Tornado gekickt und als Bediener von Nischenbedürfnissen beziehungsweise als Spieler in der oberen Preis- und Leistungsklasse abgestempelt.

Rückblickend scheint dies im Zuge der PC-Revolution mit Apple passiert zu sein. Apple stellte auf dem PC-Markt die erste Produktkategorie, aber nicht die erste Marktkategorie dar, wenigstens nicht im gewerblichen Sektor. Warum konnte Apple nicht zum Gorilla in diesem Bereich werden?

Zur damaligen Zeit gestattete der Markt nur einer Firma, einen Tornado im Bereich der gewerblichen Kunden zu beginnen und die Führungsposition einzunehmen, und das war IBM. Das heißt, daß sich Anfang der 80er Jahre niemand einen größeren Computermarkt vorstellen konnte, der nicht von IBM angeführt und dominiert würde, also warteten alle auf den IBM-PC. Schließlich kam IBM mit seinem Produkt auf den Markt und ließ Apple von Anbeginn weit hinter sich. Apple hätte gar nichts dagegen unternehmen können, also zog man sich, klugerweise, wie ich meine, aus dem Tornado zurück und etablierte sich statt dessen als starker Nischenmarktführer im Grafikbereich, für gewerbliche Präsentationen, für den Privatbereich und für Lehre und Forschung. Während IBM-kompatible Produkte mehr als 80 Prozent des gesamten PC-Marktes ausmachten, hatten Apple Macs entsprechend große Marktanteile in den erwähnten Nischen.

Hat Apple damit gewonnen oder verloren? Ich würde sagen, Apple hat angesichts des ausgeteilten Blatts korrekt gespielt. Und ich würde sagen, dasselbe gilt für das Vorgehen in der anschließenden Wettbewerbsrunde, als sich der Markt tatsächlich Apple zuwandte und den GUI-Standard (Macintosh Graphical User Interface) annahm. An diesem Punkt hatte Apple, zumindest theoretisch, die Gelegenheit, durch zahlreiche Lizenzen für die Mac OS-Software Windows abzuhängen oder ihm doch wenigstens einen Dämpfer zu versetzen.

Wenn es dazu gekommen wäre, darin stimmen heute viele Analysten überein, hätte Apple dafür gesorgt, daß auf viel mehr PCs Macintosh-kompatible Systeme installiert wären, womit die ISVs, die schon immer ein Faible für den Mac hatten, mehr Veranlassung bekommen hätten, für diese Plattform Anwendungen zu entwickeln.

Heute halten viele Theoretiker Apple vor, diesen Schachzug nicht getan zu haben, aber nach der Tornado-Theorie hätte er auch gar nicht den gewünschten Effekt haben können. Microsoft als Marktführer für DOS-Systeme hätte niemals entthront werden können, solange es bei seinem Schritt in Richtung einer graphischen Benutzeroberfläche (GUI) immer noch Kompatibilität mit der Architektur der älteren installierten Systeme gewährleistet hätte, das heißt solange dem Kundenstamm keine Kosten für einen Systemwechsel aufgezwungen wurden. Apple konnte nichts Vergleichbares anbieten, weil man im Gegensatz zu Microsoft zu keiner Zeit den DOS-Standard lenken konnte.

Apples Anstrengungen hätten wahrscheinlich eher so geendet wie die Marktkonsortien, die Anbieter von RISC-Mikroprozessoren wie Sun und HP um ihre Architekturen errichten wollten. Solbourne Computer, der bekannteste Lizenznehmer des Betriebssystems von Sun, stellt keine Computer mehr her, und Samsung und Hitachi, die beiden wichtigsten Lizenznehmer des PA RISC-Chips von HP, haben bisher noch kein bedeutendes Produkt auf den Markt gebracht. Mittlerweile haben diese Bemühungen enorme Marketingressourcen verschlungen und nur zu geringem Erfolg geführt. Unter diesem Aspekt war Apples Versuch, sich mit gerichtlichen Schritten durchzusetzen, wahrscheinlich der beste Schachzug, doch als dieser fehlschlug, wurde Apple nur noch mehr auf den Nischenstatus festgelegt.

Für Apple taucht jetzt eine dritte Möglichkeit, ein dritter Tornado, am Horizont auf, und zwar diesmal in einem Markt, den Apple mehr als jedes andere Unternehmen mit aufgebaut hat. Es handelt sich um den Markt für Heimcomputer. Kann das Unternehmen das Spiel diesmal anders spielen? Mit jeder weiteren Windows-Version schwindet Apples Vorteil im GUI-Sektor weiter dahin. Aufgrund der proprietären Systemarchitektur, die von Apple kontrolliert wird, hat das Unternehmen allerdings einen bedeutenden Vorteil bei der Plug-and-Play-Integration. Dies sollte eigentlich ein erheblicher Wettbewerbsvorteil beim Kampf um die Bedürfnisbefriedigung auf dem Heimcomputermarkt sein. Außerdem hat Apples Marketing im Gegensatz zur Konkurrenz immer etwas mehr Gespür für den Kunden gezeigt. Kann aus diesen Vorteilen eine haltbare Basis entwickelt werden?

Es fällt mir nicht leicht zu sehen, wie das funktionieren soll. Die ISVs sind zu sehr der Microsoft-Architektur verpflichtet, als daß Apple von ihnen die nötige Unterstützung bekommen könnte. Die Loyalität der ISVs gegenüber Microsoft beruht nicht notwendigerweise auf Liebe, sondern auf Bindungen an installierte Systeme, auf Erwartungen seitens der Vertriebskanäle sowie auf der Größe des verfügbaren Marktes. Ohne ISVs als Verbündete kann kein Hardwareanbieter gedeihen. Der bisherige Erfolg läßt sich damit erklären, daß die ISVs dadurch inspiriert werden konnten, daß Apple mit Innovationen konsequent schneller als die Microsoft/IBM/Compaq-Allianz war und daß es bis heute das einzige große PC-Unternehmen ist, das einen gewissen Sinn für Ästhetik zeigt. Das sind wichtige Vorzüge, die insbesondere auf dem Heimcomputermarkt als wettbewerbsbestimmende Faktoren nicht außer acht gelassen werden dürfen. Aber auch die Konkurrenz ist dabei, dies zu begreifen, und Apples Position ist in zunehmendem Maße gefährdet, da überall im Kampf um Marktanteile Gebiete abgetreten werden mußten. Ständig scheint Apple dagegen anzukämpfen, das Feld räumen zu müssen. Das ist der schmerzliche Preis dafür, wenn man den Tornado-Kampf nicht gewonnen hat. Wir lernen daraus, daß es immer schwieriger wird, ein Schimpanse zu sein, wenn sich erst einmal ein Gorilla-Kartell wie Microsoft oder Intel etabliert hat.

Für Apple könnte die Gewinnstrategie eher wie die Englands im Zweiten Weltkrieg aussehen. Nach der Weigerung, mit den dunklen Mächten zu kooperieren, muß nun ein Verbündeter gesucht werden, der größer als die Widersacher ist, einer mit frischeren Kräften und größeren Ressourcen, ein Verbündeter, den man an die Heimcomputer-Front schicken kann. Dieser Verbündete kann nicht aus der Computerindustrie kommen, sondern eher aus den Bereichen Telekommunikation, Unterhaltung, Verlagswesen oder Fotografie. Bis heute haben alle vier Bereiche trotz vielfältigster Statements zur Marschrichtung mehr Rauch als Feuer produziert. Mit Apple als Anführer könnte sich das jedoch ändern. Auf jeden Fall würde eine Einbeziehung dieser Bereiche wenigstens einmal ein Spiel schaffen, dessen Ergebnis nicht von vornherein feststeht. Solch eine Gelegenheit hat Apple schon lange nicht mehr gehabt.

Zusammenfassung: Tornado contra Bowlingbahn

Die wichtigste Lektion in diesem Kapitel lautet, daß die kritischen Faktoren für eine erfolgreiche Tornado-Strategie denjenigen für den Erfolg auf der Bowlingbahn diametral entgegengesetzt sind. Daraus folgt, daß Firmen, die auf der Bowlingbahn große Siege errungen haben und an ihrer bisherigen Erfolgsstrategie festhalten, sich selbst dazu verdammen, im Tornado nur die zweite Geige zu spielen und im Zuge der Marktentwicklung mehr und mehr ins Abseits gedrängt werden.

Hier eine Zusammenfassung der wichtigsten Unterschiede:

Bowlingbahn	Tornado
Konzentrieren Sie sich auf die kostenorientierten Käufer und die Anwender. Wenden Sie sich erst spät den Infrastrukturkäufern zu.	Ignorieren Sie kostenorientierte Käufer und die Anwender. Konzentrieren Sie sich ausschließlich auf die Infrastrukturkäufer.
Machen Sie die Kapitalrendite zum zwingenden Kaufgrund.	Ignorieren Sie die Kapitalrendite. Konzentrieren Sie sich darauf, rechtzeitig eine zuverlässige Infrastruktur einzurichten.
Differenzieren Sie Ihr vollständiges Produkt für einen einzigen Anwendungsbereich.	Machen Sie Ihr vollständiges Produkt durch Universallösungen massenmarktfähig.
Suchen Sie sich einen High-End-Vertriebskanal als Partner, um den Absatz der an den Kundenbedarf angepaßten Lösung zu gewährleisten.	Nutzen Sie Low-End-Vertriebskanäle, die hohe Absatzzahlen ermöglichen, um möglichst große Marktpräsenz zu erzielen.
Erreichen Sie maximale Gewinnspannen durch Preisbildung auf der Grundlage des Wertes.	Praktizieren Sie eine wettbewerbsorientierte Preisbildung zwecks Maximierung Ihres Marktanteils.
Vermeiden Sie Wettbewerb zugunsten von Nischenmarktanteilen.	Greifen Sie die Konkurrenz an, um Anteile am Massenmarkt zu gewinnen
Plazieren Sie Ihre Produkte in vertikalen Marktsegmenten.	Plazieren Sie Ihre Produkte horizontal als globale Infrastruktur.

Diese Vergleiche – am Ende des nächsten Kapitels werden wir eine ähnliche Tabelle für den Tornado und die Mainstreet aufstellen – zeigen, wie wichtig es ist, daß sich das Management darüber einig ist, an welchem Punkt des Technologieakzeptanz-Lebenszyklus sich der Markt gerade befindet. Ohne eine solche Einigkeit marschieren Fachabteilungen und Arbeitsgruppen unter verschiedenem Banner. Dadurch machen sie sich gegenseitig ihre Arbeit zunichte, zeitigen allerorten große Verwirrung und machen es unmöglich, das vom Markt erhaltene Feedback zu interpretieren. Gemeinsame Anstrengungen in eine *beliebige* Richtung dagegen, selbst in die falsche, bringen schnell positive Ergebnisse, entweder in Form eines sofortigen Sieges oder in Form einer Kurskorrektur, die daraufhin zum Erfolg führt.

Wir brauchen eine praktikable Methode zur Erlangung dieser Übereinstimmung. Dieses Buch stellt eine solche Methode vor. Bevor wir uns ihr aber zuwenden, müssen wir den dritten und letzten Wendepunkt im Technologieakzeptanz-Lebenszyklus betrachten, und das ist der Übergang vom Tornado zur Mainstreet.

5 Auf der Mainstreet

Als Dorothy aus dem Tornado in das zauberhafte Land hinaustritt, findet sie sich sehr schnell mit ihrem neuen Schicksal ab und macht sich, nachdem sie sich kurz umgesehen hat, sofort auf den Weg, die gelbe Pflastersteinstraße entlang. Wie bewundernswert mutig! Wenn doch nur unsere High-Tech-Unternehmen eine ebenso große Entschlußkraft zeigen würden!

Wenn diese jedoch aus dem Tornado kommen, verhalten sie sich zunächst ablehnend, und eigentlich ist das auch kein Wunder. Der Übergang in die Phase nach dem Tornado stellt sich zunächst einmal katastrophal dar und weist in der Regel mehrere der folgenden Charakteristika auf:

- dramatischer Rückfall hinter die geplanten Einnahmen und Gewinne,
- Neuaufstellung der Gewinn- und Verlustrechnung der letzten ein bis zwei Jahre,
- massiver Exodus der verantwortlichen Führungskräfte,
- drastischer Fall der Aktienkurse,
- ein Rechtsstreit mit den Aktionären, der außergerichtlich beigelegt werden muß und das ohnehin angeschlagene Grundkapital noch weiter strapaziert.

Willkommen auf der Mainstreet! Die Kunden hassen Sie, Ihre Mitarbeiter sind ausgebrannt und demoralisiert, die größten Fähigkeiten des Managements liegen auf dem Gebiet der Intrigen, die Börse reagiert verwirrt, und Ihre Bank bittet um sofortigen Rückruf. *Und Sie waren der Gewinner!*

Woher kommt die Katastrophe?

Eines sollten wir von vornherein klarstellen. Das Ende eines Tornados kommt nicht plötzlicher als sein Anfang, es fehlt nicht an Warnsignalen. Das Problem ist nur, daß wir sie nicht wahrhaben wollen. Wir halten den Fuß auf dem Gaspedal und wundern uns dann, daß die Fahrt ein blutiges Ende nimmt.

Weshalb tun wir das? Wie bei fast allen unüberlegten Handlungen liegt der Grund darin, daß wir unsere Entscheidungen zum jeweiligen Zeitpunkt als richtig empfunden haben. Betrachten Sie die Sache einmal im Zusammenhang. Während der letzten vier Jahre etwa waren wir Teil eines Unternehmens, das pro Jahr um mindestens 100 Prozent gewachsen ist. Ohne unser Zutun ist die Nachfrage auf dem Markt explodiert, und wir haben uns ständig zu Höchstleistungen angetrieben, um mehr zu verkaufen und schneller zu liefern als die Konkurrenz.

Bei allen ist der Adrenalinspiegel hoch, und die Devise lautet: Macho-Management. „Wenn Sie sagen, daß Sie 200 Prozent eines Kontingents verkaufen können, kann ich 300 Prozent verkaufen – ich wette um tausend Dollar und treffe Sie dann im President's Club in Kuala Lumpur." Man wird vom Kampfgeist gepackt und fühlt sich wie im Drogenrausch, oder vielleicht sind es die Hormone, jedenfalls geht es ins Blut, und man sieht nicht mehr klar. Wenn also die ersten Anzeichen einer Verlangsamung erkennbar werden, rast man einfach weiter. Der Stärkere überlebt, wir schaffen das, keine Angst, wir gewinnen.

Eine Zeitlang funktioniert das besser, als man annehmen möchte. In der Regel hat ein Markt genügend Pufferraum, um ein letztes Aufbäumen ein- oder sogar zweimal zu belohnen. Dann jedoch werden die Signale immer deutlicher, bis sogar *wir* sie sehen. Aber wie steigen wir jetzt aus dem Karussell aus? Und wer macht den Anfang? Leider sind unsere Macho-Slogans noch nicht verklungen, so daß wir uns nicht ohne Gesichtsverlust zurückziehen können. Und da die Wahrung der Ehre wichtiger ist als der Sieg (das ist ja der grundsätzliche Schwachpunkt aller Macho-Strategien), rasen wir eben weiter.

Das ist schon schlimm genug, aber es kommt noch schlimmer. Wenn das Ende eines Quartals oder des Geschäftsjahres heranrückt, müssen wir unbedingt noch Aufträge „hereinholen". Der Jahresabschluß für die Auftragseingänge wird am 38. Dezember durchgeführt, zukünftige Aufträge werden als Aktiva verbucht, und Verkäufe in indirekte Kanäle, die noch keine direkten Einnahmen erbracht haben, werden verbucht, als hätten die Produkte bereits einen Endabnehmer gefunden. Das nennt man dann *fragwürdige Bilanzierungspraktiken*. Jetzt geht es auch nicht mehr nur darum, vor unseren Kollegen das Gesicht zu wahren, sondern wir müssen versuchen, die Aktienkurse zu retten, wobei wir jedoch auf verlorenem Posten stehen. Unsere Aktien wurden an der Wall Street als Hyperwachstumsaktien gehandelt, was ihren Wert stark in die Höhe trieb. Jetzt endet der Tornado und damit das Hyperwachstum, und wir können nichts dagegen unternehmen. Also muß der Wert unserer Aktien sinken. Der Versuch, den Wert künstlich hochzuhalten, ist zum Scheitern verurteilt, damit können Sie das Unvermeidliche höchstens noch etwas hinauszögern. Dafür wird der endgültige Absturz jedoch dann um so katastrophaler.

Früher oder später holt uns dies alles ein, und dann kommt die Zeit der Rücktritte in Watergate-Manier, wo jeder versucht, sich selbst zu retten. Irgendwann endet das Blutvergießen jedoch wieder, die Scherben werden aufgelesen, das High-Tech-Unternehmen löst sich von der Droge des Hyperwachstums und besinnt sich auf die Art von Unternehmensdisziplin, die in anderen Industriezweigen gang und gäbe ist. Dabei hält es jedoch den Kopf gesenkt, und beim ersten Anzeichen eines neuen Tornados gibt es erneut kein Halten mehr.

Mit anderen Worten, wir lernen nichts dazu. Dies ist die bemerkenswerte Neuigkeit aus Silicon Valley in puncto Mainstreet: wir haben keine Erkenntnisse, von denen andere Unternehmen profitieren könnten; wir können, im Gegensatz zu anderen Industriesektoren, aus dieser Marktphase keinen Gewinn schlagen. Das liegt daran, daß die normale Dynamik der Mainstreet durch schnelle Veränderungen aus dem Gleichgewicht gebracht wird. Da schnelle Veränderungen jedoch typisch für die High-Tech-Industrie sind, ist für sie der Markt der Mainstreet viel weniger attraktiv als für andere. Dies hat wiederum dazu geführt, daß eine ganze Generation von Führungskräften ihre Unternehmensplanung ohne Berücksichtigung der Mainstreet gestaltet und an ihre Stelle eine Vision pausenloser Tornados gesetzt hat. Es wird jedoch niemanden überraschen, daß diese Vision nicht funktioniert und daß auch die High-Tech-Unternehmen sich mit der Mainstreet anfreunden müssen, wenn sie ihren Wohlstand erhalten wollen. Dieses Kapitel will dabei helfen, diesen Prozeß zu erleichtern. Bevor wir jedoch unser Verhalten ändern können, müssen wir zunächst verstehen, wie es überhaupt zu unseren Fehlern gekommen ist.

Die Unterminierung der Mainstreet

High-Tech wird grundsätzlich dadurch definiert, daß die Produkte immer auf der Höhe der eskalierenden Preis-Leistungs-Maschinerie der integrierten Schaltkreise auf Halbleiterbasis bleiben müssen. Wie wir bereits im ersten Kapitel festgestellt haben, hat sich das Preis-Leistungsverhältnis in den 70er Jahren noch alle zehn Jahre verzehnfacht, während in den 80er Jahren dieselbe Erhöhung bereits alle sieben Jahre stattfand. In den 90er Jahren liegt die Zeitspanne der Verzehnfachung nun schon bei 3,5 Jahren, und sie verringert sich weiter. Zehnmal soviel Leistung für denselben Preis, und das dreimal in einem einzigen Jahrzehnt! Würden Sie diese Rechnung auf Ihr Auto anwenden, hieße das, daß es eine Geschwindigkeit von 88 000 Kilometer pro Stunde erreichen würde und 560 000 Kilometer mit einer Tankfüllung zurücklegen könnte – Sie bräuchten also nie mehr zu tanken.

Der Halbleiter-Chip, als Geist in der High-Tech-Wunderlampe, scheint Ihnen jeden Wunsch zu erfüllen, oder er verspricht es zumindest für die nächste Version. Hier sollten Sie jedoch Goethes berühmte Warnung nicht vergessen: „Was man in der Jugend wünscht, hat man im Alter in Fülle." Die immer schneller werdenden Verbesserungen des Preis-Leistungs-Verhältnisses scheinen einerseits Träume wahr zu machen, sie können sich andererseits aber auch als Alptraum herausstellen. Dafür gibt es einige Gründe.

Wie wir ebenfalls bereits gesehen haben, ruft die Eskalation des Preis-Leistungs-Verhältnisses eine unaufhaltsame Serie von Paradigmenwandeln hervor. Jedesmal, wenn die dem aktuellen Paradigma zugrundeliegenden Beschränkungen aufgehoben werden, werden die bei seiner Entwicklung notwendigen Kompromisse überflüssig, und eine neue Generation von Fähigkeiten wird entwickelt. Wenn die Anbieter nun das Feld nicht ihren neuen Konkurrenten überlassen wollen, müssen sie auf das neue Paradigma umsteigen, unabhängig davon, wie sicher ihre Position unter dem alten war. Es bleibt keine Zeit, um sich auf der Mainstreet niederzulassen und dort Gewinne zu machen. Plötzlich merken wir, daß wir nur noch „Tornado-Bowling" betreiben.

Dieselbe Halbleiter-Maschinerie, die den High-Tech-Sektor als Ganzes zu einer lebendigen und stabilen Wirtschaftseinrichtung macht, entzieht gleichzeitig den einzelnen Firmen in diesem Sektor immer wieder die Grundlage. Man kann sich einfach nicht langfristig auf der Mainstreet niederlassen, wenn ständig Tornados durch die Stadt fegen, daher ist es kein Wunder, daß sich die Machtstrukturen im High-Tech-Sektor fortwährend ändern.

Wenn mit jeder neuen Welle in der Preis-Leistungs-Kurve wieder neue vielversprechende Unternehmen auf den Markt drängen, müssen dort die scheinbar gerade erst aufgestellten Regeln sofort wieder umgeschrieben werden.

Aus diesen Gründen haben sich manche Führungskräfte in der High-Tech-Industrie eine Philosophie zu eigen gemacht, in der für die Mainstreet kein Platz ist. Diese sieht etwa folgendermaßen aus.

Eine Himmelsleiter?

Die Grundlage dieser Philosophie ist wieder einmal der Technologieakzeptanz-Lebenszyklus, jedoch nicht in seiner Form als Glockenkurve, sondern als S-Kurve. Sie beschreibt also das Marktwachstum nicht hinsichtlich der laufenden Einnahmen, sondern in bezug auf die aufgelaufenen Einnahmen, stellt jedoch dieselben Phänomene dar. Die untere Biegung des S, das aussieht wie ein Integralzeichen, entspricht den Phasen Einführungsmarkt, Abgrund und Bowlingbahn, in denen sich die Einnahmen nur langsam akkumulieren. Der steile Anstieg entspricht dem Tornado, in dem sich die Einnahmen rapide steigern, und die Kurve an der Spitze stellt den Übergang zur Mainstreet dar, in der sich die Akkumulation von Einnahmen langsam legt.

Dieses Modell zeigt die Tendenz, sowohl die Risiken der Zeit vor dem Tornado als auch die Vorteile der Phase nach dem Tornado zu unterschätzen, es lenkt jedoch sehr wirkungsvoll die Aufmerksamkeit auf den Tornado selbst. Und so lange ich zurückdenken kann, herrschte im High-Tech-Marketing die Meinung vor, daß man an der Spitze einer S-Kurve sofort den Übergang in die untere Biegung der nächsten S-Kurve vollziehen muß.

Um diese hübsche Treppe aus Seepferdchen zu bauen, müßte man jedoch *Tornados vorausplanen*, und dies ist nicht nur anmaßend, es ist auch nicht praktikabel. Für den High-Tech-Sektor insgesamt ist es wohl möglich, eventuell sogar für einige auserwählte Unternehmen in seinem Zentrum, aber für alle anderen Firmen läßt es sich nicht als Unternehmensstrategie verwenden. Untersuchen wir die Gründe.

Diejenigen Unternehmen, die dieses Wunder immer wieder vollbringen konnten, sind feste Einrichtungen in diesem Industriezweig. Intel hat es fertiggebracht, mit seiner 8086-Serie eine Reihe von S-Kurven hintereinander zu schalten, und auch Microsoft konnte mit dem Übergang von DOS zu Windows von einem Tornado sofort in den nächsten springen. Apple hat es geschafft, dem Apple II sofort den Macintosh folgen zu lassen, IBM ist über die Mainframe-Rechner hinausgewachsen und hat sowohl die PC-Revolution als auch die außerordentlich erfolgreiche AS/400-Serie gestartet, DEC ist von der PDP- direkt zur VAX-Reihe übergegangen, Lotus scheint den Übergang von 1-2-3 zu Notes erfolgreich hinter sich zu bringen (wenn auch zwischenzeitlich etwas wackelig), und Hewlett-Packard hat es sogar in zwei verschiedenen Bereichen geschafft – von den proprietären 3000er Systemen zu den offenen 9000er Minicomputersystemen und vom LaserJet- zum DeskJet-Drucker.

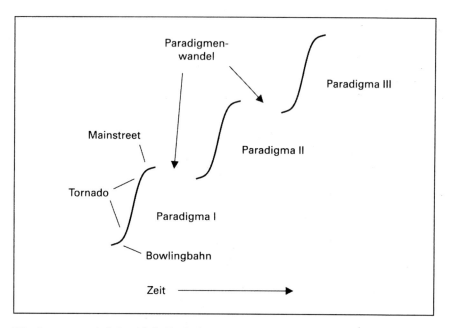

Wachstumsmodell des High-Tech-Sektors

Wenn wir jedoch die Unternehmen vergleichen, die nur einen einzigen großen Erfolg auf dem High-Tech-Markt verbuchen konnten, werden wir schmerzhaft daran erinnert, wie viele Firmen es nicht geschafft haben, vom nächsten Paradigmenwandel zu profitieren – weder Four-Phase, Data General, Prime noch Wang; auch nicht Cullinet, MSA, McCormack & Dodge oder Ross Systems; weder Tandem, Britton Lee, Teradata noch

Cray; nicht Borland, Ashton-Tate, WordPerfect oder Software Publishing Corporation; auch nicht Osborne, Atari, Coleco und Commodore. Und um auch einige sehr große Unternehmen zu nennen, haben es Sun, – zumindest noch nicht – Novell, Sybase und Dell ebenfalls nicht fertiggebracht.

Wenn es bei einem Spiel so wenig echte Gewinner und so viele potentielle Verlierer gibt, die noch dazu eigentlich hervorragende Spieler wären, muß es sich um ein schlechtes Spiel handeln. Ich behaupte, daß keine Firma erwarten kann, alle Übergänge zu ihrem Vorteil aneinanderzureihen. Da könnte man genausogut seinen Unternehmensplan auf eine Finanzierung durch *wiederholte (!)* Lotteriegewinne stützen. Früher oder später gerät man ins Schlingern, verliert den Anschluß an den Übergang und bleibt auf der Strecke. Es muß einfach eine sicherere Geschäftsgrundlage für unsere Unternehmen geben.

Die Marktentwicklung auf der Mainstreet ist hier zumindest eine teilweise Lösung. In den letzten zwei Jahrzehnten hätte das High-Tech-Marketing den Unternehmen sehr viel mehr Geld einbringen können, wenn man sich nicht immer schon lange vor dem nächsten Tornado aus der Mainstreet zurückgezogen hätte. Zum Teil lag dies daran, daß man die Mainstreet fälschlicherweise mit Massenmärkten und sehr niedrigen Gewinnspannen gleichsetzte, eine Ansicht, die dieses Kapitel widerlegen wird. Zum anderen lag es an der Unreife der gerade dem Tornado entwachsenen Unternehmen, die an kometenhaftes Wachstum gewöhnt waren und weniger einfach nicht akzeptieren wollten.

Derart ehrgeizige Unternehmen müssen jedoch einsehen, daß die Mainstreet ebenso natürlich zum Lebenszyklus gehört und eine ebenso große Existenzberechtigung hat wie jede andere Phase. Eine Verweigerung kommt die Unternehmen hier ebenso teuer zu stehen wie in den anderen Phasen. Wenn die Märkte Ihnen die Möglichkeit geben, auf der Mainstreet Geld zu verdienen, und Sie sie nicht nutzen, verlieren Sie die beste Finanzierungsquelle für die Vorbereitungen zum nächsten Tornado.

Die Analysten außerhalb des Technologiesektors müssen jedoch ebenfalls begreifen, daß es keine langfristig stabilen Mainstreet-Märkte geben kann, solange die Eskalation des Preis-Leistungs-Verhältnisses bei den Halbleitern fortschreitet. Zum Zeitpunkt der Fertigstellung dieses Buches ist ein Ende dieser Eskalation nicht abzusehen, daher muß ich auch die Vorstellung zerstreuen, daß es möglich sein könnte, sich dauerhaft auf der Mainstreet niederzulassen.

Was wir hier benötigen, ist ein vernünftiges Modell für die Bewerkstelligung des Übergangs und die Erweiterung der Absatzmöglichkeiten, während wir nach der nächsten Welle Ausschau halten. Nie zuvor ist so etwas notwendig gewesen, zumindest nicht in dieser Geschwindigkeit und Intensität, daher kann man von uns in Silicon Valley tatsächlich etwas lernen – wenn wir es erst einmal selbst begriffen haben.

Die Grundlagen der Mainstreet

Der Mainstreet-Markt setzt ein, wenn sich die Wellen des hektischen Infrastrukturwandels legen und das neue Paradigma etabliert ist. Das Kernprodukt wird zwar noch immer in großen Mengen gekauft, aber das Angebot ist nun wieder größer als die Nachfrage, ja es hat sie sogar *um Längen überholt*, da die Industrie ihre Kapazitäten *rasend schnell steigert*, solange die Märkte unterversorgt sind. Dadurch entstehen zu hohe Überschüsse, die dann zu dem bereits dargestellten Chaos und Gemetzel beitragen.

Wenn das Angebot die Nachfrage übersteigt, erhält der Kunde wieder mehr Kaufkraft, und die Anbieter müssen erneut den Konkurrenzkampf aufnehmen. Dieser Wettbewerb nimmt zwei Formen an: Es gibt zum einen den preisorientierten Wettbewerb, der auf die Infrastrukturkäufer abzielt, und zum anderen den wertorientierten Wettbewerb, der auf die Anwender in den verschiedenen Nischen gerichtet ist. Die Mainstreet hat also zwei Seiten, wie in der folgenden Abbildung dargestellt:

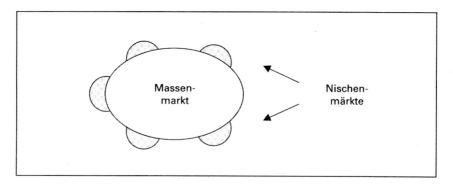

Mainstreet-Märkte

Auf dem Massenmarkt wachsen die Absatzzahlen zwar weiter, aber der Preisverfall flacht die Nettoeinnahmen ab. Auch Produkte mit hochentwickelter Technologie sind diesem Verfall unterworfen, wie die Workstation-Industrie gerne bezeugen wird. Dort sind die Stückzahlen 1993 und 1994 zwar um 30 bis 40 Prozent gewachsen, der Zuwachs an Einnahmen lag jedoch nur bei acht bis 15 Prozent. Dieser Industriezweig muß von Jahr zu Jahr schneller produzieren und verkaufen, nur um gleiche Einnahmen zu erzielen.

Zwei Kundengruppen werden vom Massenmarkt auf der Mainstreet hauptsächlich angesprochen: die konservativen, kostenorientierten Käufer und die Leiter der Einkaufsabteilungen. Letztere sind zufrieden, wenn sie die Waren zum niedrigsten Preis beziehen können. Die Mainstreet beginnt für sie dann, wenn die betreffende Produktkategorie so weit standardisiert ist, daß man ohne Sorge das billigste Produkt wählen kann.

Die konservativen, kostenorientierten Käufer sind ebenfalls hinter niedrigen Preisen her, bei ihnen ist der Grund jedoch der, daß sie ohnehin der Meinung sind, daß das Produkt für sie keinen großen Wert haben kann – nicht weil es etwa ein schlechtes Produkt wäre, sondern weil sie mit der Technik auf Kriegsfuß stehen.

Um diese Kunden zufriedenzustellen, müssen die Anbieter eine ganze Reihe von Maßnahmen zur Niedrighaltung der Kosten ergreifen, die folgende nützliche Wirkungen zeigen:

- Sie vergrößern dadurch ihren Absatz und schaffen sich mehr „Kunden auf Lebenszeit".
- Sie vergrößern ihre Rentabilität durch höhere Gewinnspannen.

Darüber hinaus müssen die Anbieter jedoch ihre Gewinnspannen auch durch wertorientierte Preisgestaltung aufbessern, das bedeutet, sie müssen unter den Käufern einen Sponsor finden. Dabei müssen wir beachten, daß die beiden bisherigen Sponsoren längst das Interesse verloren haben. Die pragmatischen, kostenorientierten Käufer, die uns in den Tagen der Bowlingbahn gesponsert haben, haben ihre Aufmerksamkeit längst anderen zugewandt, da ihre Probleme durch den Infrastrukturwandel gelöst wurden, und die IT-Gemeinde, die während des Tornados wertorientierte Preise unterstützte, um die Qualität der Infrastruktur zu sichern, die sie einrichten wollte, hat jetzt alles unter Kontrolle und wendet sich ebenfalls anderen Dingen zu.

Wir müssen nun also einen neuen Sponsor finden, der bereit ist, unseren Unterscheidungsmerkmalen Wert beizumessen. In diesem Zusammenhang richten wir unser Interesse zum ersten Mal auf die Anwender. Sie bilden die lukrativen Nischenmärkte auf der Mainstreet, die Erweiterungen an der Peripherie der Infrastruktur des Kernprodukts, die sich zur Wertschöpfung eignen.

Die Konzentration auf den Anwender

In den Phasen vor der Mainstreet haben die Anwender bei Kaufentscheidungen im Bereich der High-Tech nur eine untergeordnete Stimme, da die besonderen Probleme der kostenorientierten Käufer und der Infrastrukturkäufer Vorrang genießen. Nun, da deren Probleme gelöst sind, treten die Anwender in den Vordergrund. Sie erhoffen sich von der Verwendung des Produkts persönliche Zufriedenheit, sei es in Form höherer Produktivität, größeren Vergnügens oder in Form von weniger Schwierigkeiten. Dies gilt sowohl für geschäftliche als auch für private Käufe, wobei bei letzteren die Frage im Vordergrund steht, ob man sich das Produkt leisten kann, während es bei ersteren darauf ankommt, den Chef zum Bezahlen zu überreden.

Der Wunsch der Anwender nach persönlicher Zufriedenheit schafft für die Anbieter eine Grundlage für wertorientierten Wettbewerb durch differenzierte Angebote. Diese Angebote nützt der Anbieter aus, um Gewinne zu erzielen, die ihm das Massenprodukt nicht mehr bietet. Die Ansprüche der Anwender bilden also den Schlüssel für die Erhöhung der Gewinnspannen.

Der Einfluß der Anwender, besonders im Bereich der Geschäftswelt, ist naturgemäß begrenzt, daher sind die zusätzlichen Gewinnspannen, die erzielt werden können, eher bescheiden. Aus diesem Grund dürfen auch die Investitionen in die neue Besonderheit des Produkts, durch die die Gewinnspanne erzeugt werden soll, nicht hoch sein. Man kann nicht das gesamte Produkt neu entwerfen, nur um ein paar Dollar mehr pro Stück zu verdienen. Statt dessen muß man das vorhandene Produkt einsetzen und nur wenige Änderungen vornehmen, die vom technischen Standpunkt aus sehr gering, vom Standpunkt der Anwender aus aber entscheidend sind.

Dies ist die Strategie der *Anpassung an den Massenmarkt*. Außerhalb der High-Tech-Industrie ist sie überall gang und gäbe und die Grundlage der Vermarktung zahlreicher Konsumgüter, in der High-Tech-Industrie ruft sie jedoch eine verblüffende Wirkung hervor. Diese Industrie wurde von Ingenieuren geschaffen und wird von ihnen geleitet. Auf der Mainstreet wird nun zum ersten Mal die Machtstellung der F&E angegriffen, da sie hier nicht den Schlüssel zum Fortschritt in Händen hält. Die Anpassung an den Massenmarkt erfordert keine neuen Durchbrüche in der Technologie, sondern nur pfiffige Veränderungen im Design. Dies ist das Fachgebiet des Marketings, oder sollte es zumindest sein, aber viele High-Tech-Unternehmen schaffen es einfach nicht, der Marketing-Abteilung soviel Verantwortung zu überlassen, da dies eine zu große Veränderung in der Unternehmenskultur bedeuten würde. Statt dessen werfen sie weiterhin neue Entwicklungen auf einen Markt, der dies nicht honoriert, und schaffen sich dadurch unnötig hohe Ausgaben und nur geringe, schrittweise Einnahmen. Dadurch verlieren sie schnell den Geschmack an der Mainstreet, so daß sie zurück auf die Treppe der S-Kurven getrieben werden, wo sie verzweifelt einen neuen Tornado suchen.

Die grundsätzliche Lektion der Mainstreet, die niemand wahrhaben will, ist die, daß sie nicht nach *höher entwickelten* High-Tech-Lösungen verlangt, sondern nach *bequemeren und praktischeren* Anwendungen. Dies erfordert wiederum eine Reihe von Disziplinen, mit denen unser Sektor nicht vertraut ist. In anderen Sektoren sind sie dagegen weit verbreitet und müssen nur für ihre Verwendung in der High-Tech-Industrie neu definiert werden. Wir sind gerade dabei, dies zu versuchen.

Das Geld ist bereits vorhanden

Die Mainstreet wird vor allem dadurch definiert, daß ein kontinuierliches, gewinnbringendes Wachstum auf dem Markt nicht durch Verkäufe des Kernprodukts an *neue Kunden* erreicht werden kann, sondern aus nischenspezifischen Erweiterungen der grundlegenden Plattform stammen muß, die sich an die *vorhandenen Kunden* wenden. Die Anwender hätten gerne solche Erweiterungen, doch wie sollen sie dafür bezahlen? Da stellt sich heraus, daß sie nichts für sie bezahlen müssen – *sie sind kostenlos!*

Naja, sie sind nicht wirklich kostenlos, aber zumindest scheint es so, denn durch die ständige Verbesserung des Preis-Leistungs-Verhältnisses im High-Tech-Sektor kostet ein Produkt, das die Kunden vor zwei oder drei Jahren gekauft haben, heute bereits viel weniger. Die Kunden planen ihre Budgets jedoch immer noch in der Annahme, daß die Produktpreise gleich bleiben oder sogar etwas steigen. Daher haben sie sowohl als Geschäftskunden als auch als Privatkunden zuviel Geld für den Kauf eingeplant und sind nun angenehm überrascht, daß sie etwas übrigbehalten. Die Aufgabe der Einkaufsleiter ist es nun, diese Überschüsse zurückzuholen und einzusparen, und wenn man sie läßt, tun sie das auch. Die Aufgabe der Anbieter ist es dagegen, die Anwender zu überreden, das übrige Geld für wertsteigernde Erweiterungen auszugeben, die sie ansprechen.

Dazu müssen wir das richtige Angebot für sie bereit halten. Dieses haben wir schließlich das *vollständige Produkt + 1* genannt.

Das vollständige Produkt + 1

Hinter diesen +1-Erweiterungen steckt der Gedanke, das für den Tornado zur Massenware umgestaltete vollständige Produkt zu verwenden und es durch verschiedene sekundäre Eigenschaften zu differenzieren, anstatt seine primäre Leistung immer weiter zu steigern. Sicherlich geschieht auch dies, doch da es von den Kunden mehr und mehr als selbstverständlich angesehen wird, lassen sich damit nicht die Gewinnspannen erhöhen. Die sekundären Veränderungen haben dagegen ebensoviel mit subjektiven Erfahrungen der Kunden wie mit objektiven Produktveränderungen zu tun und stellen eine bisher nicht genutzte Möglichkeit dar, wahrnehmbare Wertsteigerungen zu erzeugen.

Hewlett-Packard zielt auf dem Niveau der Massengüter beispielsweise mit äußerst preiswerten Tintenstrahldruckern der Serie 500 auf die Anwender mit Büros zu Hause. Gleichzeitig führt das Unternehmen jedoch auch Kampagnen in speziellen Zielnischen, um zusätzlich folgende Kunden besonders anzusprechen:

- Kunden, *die Platz sparen müssen,* mit den kompakten, tragbaren Druckern aus der Serie 300.
- Kunden, *die noch kein Faxgerät besitzen,* mit dem OfficeJet-Drucker-Faxgerät.
- Kunden, *die Werbeflugblätter entwerfen,* mit leistungsstarken Farbdruckern, beispielsweise aus den Serien 1200 oder 850.

Auch das Beispiel der Firma Intuit läßt sich hier anführen, die die private Buchführung durch zahlreiche preiswerte Erweiterungen ihres Kernprodukts, Quicken, so attraktiv gemacht hat. Jetzt verwendet sie wertsteigernde Erweiterungen, um folgende Kunden anzusprechen:

- Ihren Kundenstamm mit der neuen Version QuickenDeluxe.
- Kunden, die sich gerade mit einem kleinen Büro selbständig machen, mit einem Paket unter dem Namen QuickBooks With QuickPay.
- Kunden, die häufig Kreditkarten verwenden, mit einer Quicken Visakarte, mit der man eine Aufstellung aller Buchungen in Quicken laden kann.

All dies sind Angebote in der Form eines vollständigen Produkts + 1. Sie verwenden die vorhandene Masseninfrastruktur und fügen ein differenzierendes Element hinzu. Dadurch wollen sie eine spezielle Kategorie von Anwendern als Sponsoren gewinnen, wobei der höhere Preis nicht durch erhöhte Kosten, sondern durch den gesteigerten Wert des Produkts gerechtfertigt wird.

Das ist eigentlich nichts Neues. Dasselbe Konzept ist seit Jahrzehnten die Grundlage des Marketings für Konsumgüter. Müslisorten haben +1-Erweiterungen (mit Rosinen, getrockneten Früchten oder gezuckert), ebenso Bier (alkoholfrei, Hefeweizen, dunkel) oder Shampoos (gegen Schuppen, mit Spülung, mit Tönung). In jedem dieser Fälle hat der Anbieter ein neues Zielsegment identifiziert, das bereit ist, für den +1-Faktor mehr zu bezahlen oder sich zumindest seinetwegen für das Produkt zu entscheiden. Die Werbung für diese Produkte lenkt die Aufmerksamkeit der Kunden auf diesen einen Faktor, der das Produkt von dem ansonsten äußerst undifferenzierten Kernprodukt unterscheidet.

Na und? Nun, das Wichtige daran ist, daß diese Denkweise und Taktik der Ingenieur-Mentalität so fremd ist, daß sie High-Tech-Unternehmen praktisch lähmt.

Keine Angst vor +1-Marketing!

Das +1-Marketing verletzt einen fundamentalen Grundsatz im Herzen der Ingenieurswelt, der besagt, daß der Wert jedes Produkts proportional zu seinem objektiven Nutzen angesetzt werden muß. Der Gedanke an einen rein subjektiven Wert – daran, daß man etwas mögen kann, nur weil es schön geformt oder bunt ist – wird von Ingenieuren nicht ernst genommen. Sie wissen, daß etwas Derartiges passieren kann, daß es sogar ihnen selbst passiert, und sie sind sich darüber im Klaren, daß es Kaufentscheidungen beeinflußt, ja sogar, daß es ihre eigenen Kaufentscheidungen beeinflußt – aber es ergibt für sie keinen Sinn. Daher versuchen sie, sich davon zu distanzieren, indem sie dieses Gebiet der Marketing-Abteilung überlassen.

In der Welt der Ingenieure ist Marketing der Bereich, in dem die Gesetze der Nützlichkeit nicht gelten, und sie wissen nicht, was sie davon halten sollen. Einerseits kann man natürlich ein Produkt gerne rot anmalen, wenn es sich dadurch besser verkaufen läßt. Andererseits gibt es dafür keinen rationalen Grund, also kann man dem Marketing nicht trauen. Oft genug passiert es ja auch, daß sich das Produkt trotz der roten Farbe nicht gut verkauft. Im Wesentlichen halten sie Marketing für Hexerei, etwas für Spinner. Es ist keine Wissenschaft, es ist nur Schwindel.

Und das ist noch freundlich ausgedrückt. Diese Meinung hat im High-Tech-Sektor schon für viele Witze und Hänseleien gesorgt, ernsthaft gesehen stellt sie jedoch ein lebensbedrohliches Hindernis für den Erfolg auf der Mainstreet dar. Auf der Mainstreet können kontinuierlich hohe Gewinnspannen nur dadurch erzielt werden, daß die Anwender unser Produkt dem billigeren Nachahmerprodukt vorziehen. Dazu kann man sie wiederum nur bringen, wenn man ihnen zusammen mit dem Produkt subjektive Erfahrungen anbietet, die auf ihre speziellen Bedürfnisse eingehen. Das bedeutet, daß die Anwendungsentwickler lernen müssen, an dieser Stelle die Zügel der Marketing-Abteilung zu übergeben.

Ingenieure geben die Zügel aber erst an eine andere Institution ab, wenn sie deren Mechanismen von Grund auf verstanden haben und wissen, wie und warum sie funktioniert. In diesem Fall können sie das nicht, genausowenig wie sie sich darauf verlassen würden, daß die Luft sie trägt. Dies ist der Grund dafür, daß die Anforderungen der Mainstreet auf High-Tech-Unternehmen so lähmend wirken und daß die Mainstreet dort auf so viel Ablehnung stößt.

Um sich aus dieser festgefahrenen Position zu befreien, ist es für Ingenieure sehr hilfreich, sich Marketing als eine *Systemdisziplin* vorzustellen. In diesem Rahmen stellen die Märkte wirtschaftliche Systeme dar, und die Rolle des Marketings besteht darin, den Geldtransfer vom Markt in das Unternehmen zu erleichtern, indem es gewährleistet, daß das Unternehmen dem Markt wertvolle Produkte liefert. Dies ist ein Austausch auf Systemebene, der dem

Gesetz des Gleichgewichts gehorcht. Wenn die eine Seite des Systems nicht das geben kann, was die andere Seite braucht, findet kein Austausch statt. Wenn jedoch die richtigen Paarungen zusammentreffen, kommt es zum Austausch. Die neue Bedeutung des Marketings ist somit festzulegen: Wer kommt als Kunde in Frage? Welchen Wert benötigt er? Welches vollständige Produkt oder vollständige Produkt + 1 könnten wir anbieten, das diesen Wert liefert?

Damit soll erreicht werden, daß der Bereich F&E den Innovationsprozeß im Unternehmen aus der Hand geben kann – nicht in allen Phasen des Lebenszyklus, sondern nur auf der Mainstreet. Wenn wir ihn in dieser Phase wirklich in die Hände des Marketings legen, wird die Marketing-Abteilung in der Lage sein, aufgrund ihrer Interaktion und Kommunikation mit den Kunden der F&E-Abteilung neue Produktideen zu liefern. So wird es auch in den Unternehmen, die Konsumgüter herstellen, praktiziert: „Wir haben eine Nische von Käufern entdeckt, die sich Kerzen mit Erdbeerduft wünschen, könnt ihr das entwickeln?" Und so muß es auf der Mainstreet auch in High-Tech-Unternehmen durchgeführt werden.

Die Firma Intuit hat in unserem Sektor Aufmerksamkeit erregt, weil sie genau dies geschafft hat. Teils aufgrund der Erfahrungen ihres Direktors Scott Cook aus seiner Tätigkeit bei Procter & Gamble hat Intuit schon mehrmals die Art von kundenorientierter Marktforschung, Experimenten und Lernprozessen demonstriert, die für diese Art von Innovationen unerläßlich sind. Jetzt müssen die übrigen Firmen des Sektors nachziehen. Dazu benötigen wir einige neue Hilfsmittel, und das Wichtigste unter ihnen wird uns helfen, endlich die Identität unserer Anwender und ihre wahren Bedürfnisse zu entdecken.

Die Wiederentdeckung des Kunden

Wir haben bereits wiederholt festgestellt, daß auf der Mainstreet große Gewinnspannen dadurch erreicht werden, daß ein in Massenfertigung produziertes Kernprodukt mit einem +1-Faktor erweitert wird, der auf eine bestimmte Nische von Anwendern abgestimmt ist. Was also wünschen sich die Anwender? Es stellt sich heraus, daß es für die meisten aus einem Tornado kommenden Unternehmen sehr schwer ist, diese Frage zu beantworten. Dafür gibt es mehrere Gründe.

Während der Phase des Hyperwachstums hat das Unternehmen völlig richtig gehandelt und seine Kunden ignoriert. Statt dessen konzentrierte es sich auf die Versorgungsketten und die Distributionskanäle und baute den indirekten Vertrieb immer stärker aus, um Kosten zu sparen und größere Mengen von Kunden zu erreichen. Diese Distributionskanäle geben ihre Kundendaten nicht gerne an die Anbieter weiter, da sie fürchten, daß diese sie sonst umgehen und direkt an die Kunden verkaufen, beispielsweise über ein Versandsystem. Außerdem wissen diese Kanäle häufig ebensowenig über ihre Kunden wie die Anbieter selbst und besitzen überhaupt nicht die Informationssysteme, die nötig wären, um Nischenmarktbedürfnisse zu erforschen. Daher kommen Anbieter und Distributoren aus dem Tornado wie das Publikum aus einer Matinee-Vorstellung, blinzelnd und verwirrt, und beschließen: *„Wir müssen unseren Kunden näherkommen!"* Gut, aber wie?

Hier kommt es für Sie nun darauf an, Ihren größten Vorteil zu nutzen, nämlich die Tatsache, daß die Leute Ihr Kernprodukt weiterhin kaufen. Wenn Sie nun ein Experiment starten und dieses Produkt mit einem speziellen zusätzlichen Angebot bündeln und vermarkten, schaffen Sie ein Mittel, um potentiell geeignete Zielkunden anzuziehen. Wenn Sie dann die Kunden, die auf Ihr Angebot reagiert haben, aufspüren und befragen, erfahren Sie mehr über deren Beziehung zu Ihrem Produkt und finden heraus, wie Sie es weiter verbessern können, um wiederum mehr Geld daran zu verdienen.

Die Grundlagen für das Marketing auf der Mainstreet sehen folgendermaßen aus:

- Erstellen Sie ein Angebot.
- Lernen Sie daraus.
- Korrigieren Sie Ihre Fehler.
- Erstellen Sie ein verbessertes Angebot.

Dies ist das genaue Gegenteil unseres überlegten und sorgfältigen Vorgehens auf der Bowlingbahn, wo wir für ein „Angebot" hohe Investitionen koordiniert einsetzen mußten, beispielsweise in die Rekrutierung von Partnern, und unser gesamter Ruf auf dem Spiel stand. Auf der Mainstreet gibt es Angebote „light". Sie lassen sich schneller zusammenstellen, man braucht dazu in der Regel höchstens einen Partner, und wenn man nicht das Richtige trifft, werden sie vom Markt einfach ignoriert. Man kann die

Angebote also viel aggressiver einsetzen, und viele Firmen machen von dieser Möglichkeit Gebrauch.

Das Angebot als Instrument der Marktforschung

Viele Unternehmen werden in diesem Stadium dadurch zu Fall gebracht, daß sie diese Aktivität doch wieder als Werbeaktion für das Produkt sehen, anstatt sie als Forschung, als *Testmarketing*, zu betrachten, so daß sie den *Lernschritt* nicht in den Vorgang einbauen. Die meisten High-Tech-Angebote, besonders im Einzelhandel, erfordern zusätzliche Bearbeitungsvorgänge, bevor sie ausgeliefert werden. Sobald der Kunde in diesen Vorgang eingebunden ist, aber bevor das Angebot ausgeliefert wird, bietet sich die Gelegenheit, Daten über den Kunden zu sammeln. Dies ist der ideale Zeitpunkt, etwas über Nischen in Erfahrung zu bringen.

Während Sie das Angebot zur Auslieferung bereitstellen, haben Sie einen „echten" Kunden am anderen Ende der Leitung. Zu keinem anderen Zeitpunkt bietet sich Ihnen eine so verläßliche Auskunftsquelle. Wenn Sie vor diesem Zeitpunkt jemanden ansprechen, können Sie nicht sicher sein, daß es sich um einen tatsächlichen Käufer handelt, und wenn Sie bis nach der Auslieferung warten, erhalten Sie wahrscheinlich kein objektives Bild, sondern vielleicht nur Umfrageergebnisse von Käufern, die freiwillig einen Fragebogen oder ihre Registrierungskarte einsenden (dabei fallen übrigens die meisten der 500 größten Industrieunternehmen in den USA bereits unter den Tisch). Die Daten, die Sie *während des Kaufvorganges* sammeln, sind dagegen besonders wertvoll.

Einige dieser Daten erhalten Sie schon bei der Zusammenstellung des Angebots – „Welchen Computer besitzen Sie, möchten Sie eine Einzellizenz oder Lizenzen für mehrere Anwender?" usw. Wenn Sie jedoch genau wissen wollen, welche speziellen Gründe den Kunden zum Kauf bewegen – die Bedürfnisse seiner Nische und die dazugehörigen demographischen und persönlichen Daten – müssen Sie Ihre weiteren Fragen sorgfältig planen. Sind Sie sich aber der Tatsache bewußt, daß diese Daten wahrscheinlich wertvoller sind als der Gewinn aus dem verkauften Produkt, sollten Sie dem Kunden eine besondere Belohnung für seine Hilfsbereitschaft anbieten („Wenn Sie sich die Zeit nehmen, einige zusätzliche Fragen zu beantworten, möchten wir Ihnen gerne dieses wertvolle [kostenlose] Angebot zuschicken ...").

So funktioniert also grundsätzlich der sogenannte „Achtung – Los – Fertig"- oder auch „Anlegen – Schießen – Zielen"-Ansatz zur Identifizierung von Nischen. Ich erkläre diese Taktik hier so ausführlich, weil ein Punkt vollkommen klar werden muß:

> Die Unkenntnis von Zielnischen darf uns nicht davon abhalten, auf der Mainstreet sofort einen nischenorientierten Marketingplan zu verfolgen.

Wenn Sie keinen klaren Zielkunden im Auge haben, erfinden Sie einen! Werfen Sie etwas auf den Markt, und beobachten Sie die Reaktionen. Bringen Sie Ihr Unternehmen in Schwung, und eignen Sie sich die Fähigkeit an, wiederholt Versuche zu starten, aus ihnen zu lernen und das Gelernte wiederum anzuwenden. Es erfordert weder zu viel Ressourcen noch ist das Risiko zu groß, also sollte Sie nichts davon abhalten, sich direkt auf den Markt zu stürzen. Und wenn Sie dann eine gewinnträchtige Nische entdeckt haben, ist das mehr als genug Belohnung für etwaige erste Rückschläge.

Aber Vorsicht: So einfach und geradlinig wie dies alles klingen mag, ist es leider nicht. Die meisten Unternehmen sind nicht in der Lage, ein solches Programm durchzuführen, obwohl sie seine Attraktivität erkennen. Der Erfolg durch ständiges Umsetzen von Gelerntem erfordert sich wiederholende Prozesse, und diese wiederum erfordern Arbeitsabläufe und Organisationsstrukturen, die auch marginale Ideen schnell aufgreifen. Leider werden gerade diese Fähigkeiten von erfolgreichen Unternehmen im Tornado ausgemerzt und durch Arbeitsabläufe ersetzt, die darauf ausgelegt sind, alles als vernachlässigbar zu betrachten, was nicht mindestens einige Millionen Dollar einbringt. Diese Anti-Nischen-Taktik war im Tornado sehr erfolgreich, als es darauf ankam, jede Reibung zu vermeiden. Auf der Mainstreet ist sie jedoch ungeeignet, da die Nischen hier die Haupteinnahmequellen darstellen. Sie müssen also Ihre Strategie bei diesem Übergang wieder einmal auf den Kopf stellen.

Das richtige +1-Angebot

Im alten, gestörten Verhältnis zwischen den Ingenieuren und den Leuten aus der Marketing-Abteilung hatten erstere die Verantwortung für das vollständige Produkt, während letztere für die +1-Faktoren zuständig waren. Da keiner von beiden genau wußte, was der andere tat, wurden vollständiges Produkt und +1-Faktoren häufig willkürlich kombiniert und ergaben ein etwas gezwungenes Ganzes. Dies war am leichtesten in den Werbekampagnen zu erkennen, deren subjektive Darstellung des Produkts mit der Wirklichkeit nichts gemein hatte und eher dem in der Marketing-Abteilung jeweils modernen Stil entsprach.

So kann man nicht gewinnen. Das richtige Vorgehen besteht darin, den Markt als System zu betrachten und sich zu fragen, was man bei keinen oder nur geringen Zusatzkosten anzubieten hätte, wofür der Markt mehr bezahlen würde. Wenn wir den High-Tech-Bereich verlassen, finden wir darauf unter anderem die Antwort *Faszination*. Sportschuhe von Nike, Füllfederhalter von Montblanc und Motorräder von Harley Davidson werden alle zu extrem hohen Preisen verkauft, weil die Werbung es schafft, die Träume der Kunden anzusprechen. Dies ist Werbung durch Faszination, also etwas, das unsere Kriterien erfüllt, die da lauten, bei geringen Mehrkosten für die Herstellung des Produkts dem Anwender mehr subjektive Werte zu bieten.

Hier müssen wir jedoch festhalten, daß solch große Erfolge erstens sehr selten sind, und daß zweitens Trottel nicht besonders viel von Faszination verstehen. Wir müssen also mit anderen Regeln spielen, wenn wir mehr als nur eine faire Gewinnchance haben wollen. Fragen wir uns also erneut: *Was können wir, bei keinen oder nur geringen eigenen Zusatzkosten bieten, wofür der Markt mehr Geld bezahlen würde?* Die Antwort lautet, eine ganze Menge, und befindet sich bereits im Produkt!

Denken Sie doch nur an die zahlreichen Menübefehle in Ihrer Lieblings-Software, an all die Knöpfe auf Ihrer Fernbedienung oder auf dem Telefon. Kennen Sie alle ihre Funktionen? Na gut, Sie kennen sie vielleicht, aber sonst niemand. Und was bedeutet das? Es bedeutet, daß viel Geld in die Entwicklung dieser Produkte geflossen ist, aber kein Kunde sie jemals ganz ausgeschöpft hat. In jedem High-Tech-Produkt verstecken sich Unmengen von bisher ungenutzten Entwicklungsinvestitionen. Der einfachste Weg, um +1-Marketingprogramme zu entwerfen und einzusetzen ist daher, sich auf die bisher ungenutzten Funktionen zu konzentrieren, sich diese Funktionen eine nach der anderen vorzunehmen, eine Nische für sie zu suchen, deren Kunden am meisten von ihnen profitieren würden, und sie dann mit großen Werbekampagnen zu feiern.

Worauf es hier ankommt, ist sehr einfach: Solange eine Funktion des Produkts nicht genutzt wird, ist sie wertlos. Die Mainstreet ermöglicht es also den Kunden, endlich den latent in den Produkten schlummernden Wert auszuschöpfen, der vorher unterdrückt wurde, um sie in der Hektik des Einrichtens der neuen Infrastruktur nicht zu verwirren. Nachdem sich diese Aufregung nun gelegt hat, erhalten sie die Gelegenheit, den wahren Wert des Produkts zu erfahren, aber nur, wenn wir ihn ihnen zeigen. Dies ist die Aufgabe des +1-Marketings. Es konzentriert sich auf eine oder mehrere dieser Funktionen, findet heraus, wem sie nützen könnten und ergründet, warum sie bisher nicht genützt wurden. Dann investiert es in die Entwicklungsarbeit, die nötig ist, um die bisherigen Hindernisse zu beseitigen, und verpackt das Angebot für die speziellen Zielkunden neu. Dabei gewinnen alle – außer dem Leiter der Einkaufsabteilung. Der Anwender erhält einen höheren Wert, der kostenorientierte Käufer überschreitet sein Budget nicht, der produktorientierte Käufer erhält immer noch die standardisierte, verläßliche Infrastruktur, und der Anbieter hat höhere Gewinnspannen.

Auf diese Weise wird die +1-Marktforschung zu einem Gemeinschaftsunternehmen von F&E und Marketing. F&E holt dabei das latente Potential aus dem Produkt heraus, und das Marketing kümmert sich um Nischen mit Kunden, für die dieses Potential einen Wert darstellt, wenn es leichter zugänglich gemacht wird. Sobald ein passendes Paar gefunden wird, besteht das Ziel darin, das Produkt in dieser Nische zu verkaufen.

Durch diese erneute Konzentration auf Nischen könnte man denken, wir wären wieder auf der Bowlingbahn angekommen. Wenn wir aber die Auslieferungsmechanismen betrachten, unterscheidet sich die Mainstreet himmelweit von der Bowlingbahn.

Die Vermarktung von +1-Programmen

Sowohl hinter der Bowlingbahn als auch hinter der Mainstreet steht zwar das Leitprinzip des Nischenmarketings, die Erfolgsfaktoren, die wichtig sind, um den Kunden einen Wert zu liefern, weichen jedoch stark voneinander ab. Auf der Bowlingbahn ist noch keine Infrastruktur zur Unterstützung Ihres vollständigen Produkts vorhanden, daher müssen Sie alles Wesentliche selbst mitbringen, um die Nischen versorgen zu können. Es ist wie auf einer Rucksacktour – wichtig ist, daß man nichts vergißt, auf das es ankommt. Zu diesem Zweck müssen Sie sich stark auf einen wertschöpfenden Distributionskanal stützen, der nur wenig Fachwissen voraussetzt und hohe zusätzliche Kosten verursacht, was aber in diesem Fall nichts ausmacht, da die Gewinnspannen groß genug sind.

Auf der Mainstreet können Sie dagegen eine unterstützende Infrastruktur voraussetzen und müssen daher keine Partner und Verbündeten mehr gewinnen. Dies ist ein großer Vorteil, denn die Gewinnspannen würden dies auch nicht mehr erlauben. Jetzt müssen Sie statt dessen Ihr +1-Produkt innerhalb der Zwänge desjenigen Distributionssystems verkaufen, das sich während des Tornados entwickelt hat, und das ein großes Absatzvolumen, aber nur niedrige Preise bietet.

Auf der Mainstreet können Sie sich höchstens einen Partner leisten (abgesehen von denen, deren Produkt vom Markt in das standardisierte vollständige Produkt eingeschlossen wurde) und dies auch nur, wenn er entscheidend für den +1-Faktor ist. In diesem Fall bietet sich als Taktik das Bündeln an, wobei Sie sich jedoch der Tatsache bewußt sein sollten, daß die zusätzliche Gewinnspanne nur für eine Firma ausreicht, also entweder für Sie oder den anderen Lieferanten. Einer von Ihnen muß sich mit einem anderen Vorteil zufriedengeben, beispielsweise mit einer Erweiterung des Kundenstammes bei immerhin gedeckten Kosten mit dem Ziel, später in einem Anschlußmarkt Gewinne zu erwirtschaften. Diese Firma erhält also in der Regel die Namen und Adressen aller +1-Kunden, was wiederum verdeutlicht, wie notwendig es ist, während des Kaufvorganges durch ein Marketing-Datenbanksystem Daten zu sammeln.

Die Kunden wollen die +1-Angebote über dieselben Distributionskanäle beziehen, an die sie sich während des Tornados gewöhnt haben. Wenn Sie also den Kunden zuerst beigebracht haben, ihre Wünsche über einen Billigkanal zu befriedigen, können Sie nun nicht mehr verlangen, daß sie diesen wieder aufgeben und sich einem teureren zuwenden. Das bedeutet, daß für das +1-Angebot nur soviel Service erforderlich sein darf, wie ihn der Tornado-Distributionskanal zur Verfügung stellen kann. Wenn wir vom Einzelhandel ausgehen, darf das Produkt also überhaupt keinen zusätzlichen Service erfordern. Das einzige, was der Kanal zur Verfügung stellt, ist mehr Regalfläche (ein sehr wertvolles Gut), wenn das Produkt größere Gewinnspannen einbringt.

Da die Regalfläche so begrenzt ist und beim Verkauf über den Einzelhandel praktisch keine Wertsteigerung des Produkts stattfindet, werden viele +1-Angebote auch über Versandkataloge verkauft. Kataloge eignen sich hervorragend für die Präsentation der +1-Angebote, da Sie sicher sein können, daß die Angebote richtig dargestellt werden, und da Sie auf diese Weise die Adressenlisten für Kunden-Mailings in Ihrem Marketing-Datenbanksystem ständig erweitern und aktualisieren können. Versand oder

Teleshopping sind für Angebote ohne Servicebedarf auch deswegen ein optimaler Verkaufskanal, weil dabei keine Kosten entstehen, durch die der Kunde nicht einen zusätzlichen Wert erhielte.

Wettbewerb auf der Mainstreet

Nichts bereitet einem Unternehmen, das im Tornado erfolgreich war, mehr Schwierigkeiten als der Wettbewerb auf der Mainstreet. Im Tornado wird ein Nullsummenspiel gespielt, bei dem man alle anderen Unternehmen bekämpft, um die größtmögliche Anzahl langfristiger Kunden für sich zu gewinnen. Dieser Kampf ist auf der Mainstreet beendet, denn die Marktanteile stehen nun bereits fest. Übrig sind nur noch die Nachzügler und eine Handvoll „Umsteiger", bei denen man jedoch ohnehin nicht auf Loyalität zu hoffen braucht, da sie bereits einmal gewechselt haben. Versuchen Sie aber einmal, dies einem im Tornado erfolgreichen Manager zu erklären. Er kennt nur einen Weg zum Ziel, und der verläuft mitten durch die Konkurrenz. Wie ein alter Kriegsveteran kann er einfach nicht aufhören zu kämpfen.

Auf diese Weise verfehlt er den wahren Wettbewerb, der die Gewinner auf der Mainstreet von den Verlierern scheidet. Dieser richtet sich mehr gegen die Einkaufschefs als gegen andere Anbieter. Auf der Mainstreet kommt es darauf an, den maximalen Profit aus der vorhandenen Kundenbasis zu schlagen. Nachdem Sie ein Territorium erobert haben, kommt nun die Zeit, es zu beackern. Die Firma mit dem höchsten Ertrag pro Hektar geht als Gewinner hervor, und um diesen Wettbewerb zu gewinnen, braucht man keine Soldaten, sondern Bauern. Hier geht es nicht darum, sich neue Ländereien einzuverleiben, sondern darum, auf seinem eigenen Territorium die Ernte einzubringen.

Unsere Gegenspieler sind dabei die Einkaufschefs, die den Wettbewerbskrieg weiter anheizen, um die Preise zu drücken. In ihren Augen gilt nicht der Preis des Produkts des Marktführers als Bezugsgröße, sondern die Preise der Nachahmerprodukte. Im PC-Tornado haben beispielsweise zuerst IBM und dann Compaq die Preise festgesetzt. Alle anderen mußten diese Preise unterbieten, um überhaupt verkaufen zu können. Als die PCs jedoch die Mainstreet erreichten, bestimmten Firmen wie Dell, Gateway und Zeos die Preise, während IBM und Compaq sich in die Defensive gedrängt sahen und plötzlich ihre hohen Preise rechtfertigen mußten. Je geringer das Risiko wird, ein inkompatibles System zu bekommen, desto niedriger wird auch der Wert, den der Markt dem Produkt des Marktführers zugesteht. Da sich der De-facto-Standard etabliert hat, stellt es kein so großes Risiko mehr dar, das Produkt einer anderen Firma zu kaufen, also müssen die anderen Firmen die Preise auch nicht mehr deutlich niedriger halten. Das Produkt einer führenden Marke stellt zwar immer noch einen höheren Wert dar, dieser ist aber bereits stark gesunken. Daher müssen Sie Ihre Gewinnspannen nun verdienen, indem Sie den Kunden demonstrieren, daß die +1-Programme dem Kernprodukt zusätzlichen Wert verleihen.

Vom Wettbewerbsstandpunkt aus konkurrieren die +1-Angebote nicht so sehr gegen andere +1-Programme als vielmehr gegen das billige Kernprodukt. Sie müssen also für ein ansonsten undifferenziertes Produkt ein Unterscheidungsmerkmal festlegen und dürfen für diesen nischenspezifischen zusätzlichen Wert einen bescheidenen Gewinn beanspruchen. Gleichzeitig können Sie damit noch einige unentschlossene Kunden überzeugen, die überhaupt nur wegen des +1-Angebots bereit sind, das Kernprodukt zu kaufen.

Für diesen Wettbewerbsansatz braucht man wiederum ein gutes Gespür für die Positionierung des Produkts. Die niedrigen Gewinne aus den +1-Angeboten rechtfertigen in der Regel keine großangelegten Werbekampagnen, sie sollten vielmehr von einem gut geölten Verkaufsprozeß Gebrauch machen. Das bedeutet, daß immer mehr Werbemaßnahmen direkt auf den Augenblick des Kaufes zielen müssen, wo man den Vorgang noch im letzten Moment in eine profitablere Richtung lenken kann. Daher sollte man in der Regel mehr Wert auf Produktgestaltung und -präsentation als auf Werbung legen, und die Verkäufer sollten nicht so sehr darauf getrimmt werden, dem Kunden Wissen zu vermitteln, als vielmehr darauf, beim Verkauf des etablierten, preiswerten Kernprodukts noch zusätzliche Angebote an den Mann zu bringen (beziehungsweise von einem teuren, umfassenden Angebot langsam weiter herunterzugehen).

Erweiterungen von Produktserien: Eine Taktik in der Spätphase des Tornados, Noch-Nicht-+1

Zwischen der „Liefern, liefern, liefern!"-Strategie für den Tornado und der +1-Strategie für die Mainstreet liegt noch ein weiterer Schritt, nämlich die *Erweiterung von Produktserien*. Diese auf Konsumgütermärkten weit verbreitete Taktik in der Spätphase von Tornados konnten auch die High-Tech-Unternehmen relativ problemlos übernehmen. Man beginnt bereits, getrennte Wertangebote zu differenzieren, um die Marktdurchdringung zu erhöhen, während man sich jedoch weiterhin voll auf die Sektoren mit hohem Volumen konzentriert, auf denen man das Tornado-Volumen aufrechterhält.

Durch die Differenzierung verschiedener Produktserien wird die Anzahl der möglichen *Kundengruppen* erhöht, so daß man auch nach einem anfänglichen Sättigungspunkt weiterhin bedeutende Mengen absetzen kann. Bei den gewerblich eingesetzten Schreibtisch-PCs war beispielsweise der anfängliche Sättigungspunkt 1984 erreicht, daraus entstanden jedoch Produktserienerweiterungen für zwei neue Arten der PC-Rechner, nämlich die Server und die Laptops. In den 90er Jahren erleben wir nun einen zweiten Sättigungspunkt, diesmal für praktisch den gesamten gewerblichen Sektor, wobei nun eine zweite Erweiterung in die private Nutzung stattfindet, angeführt durch die Multimedia-PCs.

Besonders erfolgreich in puncto Produktserienerweiterung ist Compaq. Durch die Einführung der Presario-Serie konnte dieses Unternehmen wieder voll in den Wettbewerb auf dem Kernprodukt-Markt der SOHO-Rechner (small office/home office) einsteigen und Marktanteile von Firmen wie Dell und Gateway zurückgewinnen, die mit ihren kostengünstigeren Absatzstrategien Compaqs Position als Anbieter von High-End-Produkten zunächst erfolgreich unterboten hatten. Compaq war dadurch zum ersten Mal gezwungen, auch Kunden anzusprechen, die Low-End-Produkte kaufen, etwas, was nur nach der Auswechslung der Führungsriege möglich war, weil man zuvor auf keinen Fall „Kompromisse" bei den hohen Technikstandards eingehen wollte. Zu seinem Leidwesen mußte das Unternehmen entdecken, daß das vollständige Produkt bei den PCs bereits so weit zum Massenprodukt geworden war, daß keine Kompromisse mehr notwendig waren – daß also ein preiswerter PC in Compaq-Qualität sehr wohl im Bereich des Möglichen lag.

Weitere erfolgreiche Produktserienerweiterungen von Compaq sind beispielsweise die frühe Entwicklung von Laptops, mit denen das Unternehmen auf finanzstarke Führungskräfte und die geschäftliche Verwertbarkeit des Geräts für Vertriebsmitarbeiter abzielte, sowie die Einführung einer SystemPro-Serie von Mehrprozessor-Servern zur Umrüstung auf eine Intelbasierende Plattform.

Alle diese Schachzüge stellen Marketingstrategien in der Endphase eines Tornados dar und sollen die Lücke zwischen der Produktserienentwicklung im frühen Tornado (wo es darauf ankommt, in einer Produktkategorie das Preis-Leistungs-Verhältnis schrittweise zu optimieren) und dem +1-Marketing schließen, das ohne wesentliche zusätzliche Entwicklungsarbeit bestimmte Nischen ansprechen will. Die Erweiterung von Produktserien ist eine Mischung aus diesen beiden, die oft noch gewaltige Entwicklungsanstrengungen erfordert. (Nehmen wir als Beispiel nur die Unfähigkeit von Dell, zum richtigen Zeitpunkt einen brauchbaren Laptop zustande zu bringen). Allerdings können dabei auch erheblich größere Mengen verkauft werden als beim Nischenmarketing.

Hier sollte man sich merken, daß es ein Fehler sein kann, zu schnell zum +1-Marketing überzugehen. Man sollte statt dessen zuerst im Tornado möglichst viel Territorium erobern und sich dabei auch der Produktserienerweiterung als Mittel in den letzten Tornado-Phasen bedienen. Erst *nachdem* die Expansion beendet ist, sollte man zurückgehen und dieses Territorium mit Hilfe von +1-Erweiterungen befrieden.

Alles bisher Gesagte macht deutlich, daß die Mainstreet sich nicht nur hervorragend für die Strategien des Konsumgüter-Marketings eignet, sondern sogar der natürliche Lebensraum der Verbrauchermärkte ist. An diesem Punkt des Lebenszyklus bieten praktisch alle angebotenen Lösungen die grundlegenden Funktionen, die der Käufer voraussetzt. Somit ist kein technisches Risiko mehr vorhanden, und der Kunde kann seine Kaufentscheidung ruhig von seinen persönlichen Vorlieben abhängig machen.

Die Anbieter von PC-Software haben bisher am meisten von der Mainstreet profitiert. Jetzt, da PCs mit CD-ROM-Laufwerken in die privaten Haushalte Einzug halten, erleben wir den Beginn einer vorhersehbaren Explosion von CD-Angeboten, die um unser „Edutainment"-Budget konkurrieren. Die Eltern aufgeweckter Kinder werden auf diesem Gebiet sicher viel Geld ausgeben, wie man jetzt bereits an der Erweiterung der Angebotsfläche in den Kaufhäusern und in den USA auch an der Entstehung eigener Edutainment-Geschäfte wie LearningSmith ablesen kann.

Die Welt der Mainstreet bietet also viel Aufregendes, und das große Ziel der High-Tech-Unternehmen sollte darin liegen, ihre Marketingansätze so umzugestalten, daß sie die hier vorhandenen Profite ausnützen können. All dies muß aber dennoch mit der Warnung vorgebracht werden, daß die der High-Tech-Industrie zugrundeliegenden Mechanismen es Ihnen nie erlauben werden, sich auf der Mainstreet dauerhaft niederzulassen. Um diese Warnung zu verdeutlichen, betrachten wir zum Abschluß noch einige High-Tech-Unternehmen außerhalb des Silicon Valley, die versucht haben, diesen Grundsatz zu leugnen.

Gefangen auf der Mainstreet

Wie wir bereits wiederholt feststellen konnten, liegt die größte Bedrohung des Mainstreet-Marketings in der fortwährenden Eskalation des Preis-Leistungs-Verhältnisses bei den integrierten Schaltkreisen. Diese erzwingt Paradigmenwandel immer schon viel früher, als es für die Rentabilität optimal wäre. Einen besonders großen Schock erzeugen die frühen Wandel auf Märkten, auf denen das vollständige Produkt auch im Tornado nicht zur Massenware geworden ist und daher die Gewinnspannen relativ groß geblieben sind, wie bei den proprietären Mainframe-Rechnern und den Minicomputern. Die Marktführer dieser Märkte sehen sich in einem goldenen Käfig gefangen.

Wenn vollständige Produkte nicht zu Massengütern werden, bleiben die Märkte relativ zentralisiert. Es gibt relativ wenig Kunden, die Anzahl der Dienstleister stabilisiert sich, und die Gewinnspannen, sowohl für die Produkte als auch für die Dienstleistungen, können auf hohem Niveau gehalten werden. Wenn Sie nicht bereits einen Tornado hinter sich hätten, in dem die Nachfrage das Angebot weit überstiegen hat und der Ihrer Firma einen Platz unter den 500 größten Unternehmen der USA verschafft hat, wäre alles noch wie auf der Bowlingbahn.

Auf den ersten Blick sieht dies sehr nach Paradies aus, aber leider sind da ja noch diese lästigen integrierten Schaltkreise. Unabhängig davon, wie hochentwickelt Ihre Systeme heute sein mögen, unabhängig davon, wie hoch die Mauern sind, die Sie um Ihren Garten Eden errichten, wird das Unkraut in dreieinhalb Jahren zehnmal so hoch sein wie heute, und es wird früher oder später in Ihren Garten eindringen. Die Frage lautet: Was unternehmen Sie dagegen?

Die einzig richtige Antwort ist, sich auch in Unkraut zu verwandeln und den eigenen Garten zu besetzen, aber natürlich haben die Hersteller der proprietären Mainframe-Rechner und Minicomputer nicht als erstes daran gedacht. Sie hielten sich den heranrückenden Dschungel lange Zeit erfolgreich mit Macheten vom Hals. Die Kundenbetreuungsteams taten alles in ihrer Macht stehende, um die Massenware von ihrer Kundenbasis fernzuhalten, und dazu gehörte auch, die preiswerten Produkte der eigenen Firma auf keinen Fall zu verkaufen.

In diesem Zusammenhang erzählt man sich eine bezeichnende Geschichte über IBM. Ein Kunde fragte bei der IBM-Kundenbetreuung nach einer Unix-Plattform für eine Client/Server-Anwendung. Das Team untersuchte die Anwendung und empfahl, den Mainframe-Rechner aufzurüsten. Der Kunde sagte: „Nein, vielleicht haben wir uns nicht klar ausgedrückt, wir *wollen* eine Unix-Lösung, bitte schlagen Sie uns eine *Unix*-Lösung vor." Also befaßte sich das Team weiter mit dem Problem und brachte einen neuen Vorschlag, diesmal auf der Grundlage eines AS/400. „Nein", sagte der Kunde, „wir möchten keine *proprietäre* Plattform, vielen Dank, wir wollen eine *offene*, wie beispielsweise den IBM RS/6000. Bitte machen Sie uns ein Angebot für diese Plattform." Das Team zog sich erneut zurück. Sie wußten nicht, daß der Kunde inzwischen auch schon bei Hewlett-Packard ein Angebot für eine Unix-Lösung eingeholt hatte. Der neue Vorschlag basierte auf PS/2-Rechnern mit OS/2 als Betriebssystem. „Nein danke", sprach da der Kunde, „wir haben uns für Hewlett-Packard entschieden." *Erst dann* bot auch das IBM-Team eine Lösung mit dem RS/6000 an, aber – man möchte es kaum für möglich halten – der Kunde lehnte ab!

Dieses Schauspiel wiederholt sich ständig mit den Kundenbetreuern der Firmen IBM, DEC, Unisys, Fujitsu, Hitachi und NEC, die für die vorhandene Kundenbasis zuständig sind. Der Vertrieb liegt in den Händen von Leuten, die großes Interesse daran haben, den Status quo zu erhalten. Daher ist es auch keineswegs überraschend, daß keiner dieser Anbieter auf dem Gebiet der Unix-basierenden Systeme je erfolgreich war. Dagegen verdienen sich Hewlett-Packard, Sun, Sequent und ATT GIS auf Kosten dieser Firmen eine goldene Nase. Die Machtverhältnisse haben sich bereits verlagert, doch diese Firmen sind *immer noch nicht* in der Lage zu reagieren. Das ist der Fluch des goldenen Käfigs.

Sie können nur aus ihm ausbrechen, wenn Sie eine zweite Vertriebsmannschaft aufbauen und sie in direkten Wettbewerb zur ersten stellen. Andernfalls finden Ihre Lösungen mit Low-End-Produkten nie den Weg auf den Markt.

Jenseits der Mainstreet

Was passiert nun schließlich mit den Produkten, die so sehr gealtert sind, daß auch die Mainstreet sie nicht mehr auffrischen und am Leben erhalten kann? Was geschieht mit den Opfern der scheinbar endlosen Folge von High-Tech-Tornados? Wo sind die PDPs von DEC, die Zeichenstift-Plotter von HP, die Textverarbeitungsprogramme von NBI? Und wie behelfen sich Firmen, die für ihre unternehmenskritischen Anwendungen IDMS von Cullinet, Total von Cincom, Adabas von Software AG oder Datacom/DB von ADR benötigen? Was geschieht im nächsten Jahrzehnt mit den Mainframes von IBM, Unisys und anderen oder mit den proprietären Minicomputern, wie beispielsweise dem HP 3000, dem AS/400 von IBM oder der VAX von DEC?

Jenseits der Mainstreet *verwandeln sich Produktmärkte zurück in Dienstleistungsgeschäfte*. Das untere Ende bilden gemeinnützige Clubs, deren Mitglieder einfach in Verbindung bleiben und CP/M-Software austauschen, so wie in fünf Jahren die Amiga-Besitzer. Am oberen Ende kaufen Dienstleistungsfirmen die alten Plattformen auf, halten sie durch Ersatzteile aus alten Geräten in Betrieb und erkaufen dadurch Zeit für Unternehmen mit unternehmenskritischer Software, die nicht auf neuere Plattformen umrüsten wollen – manchmal auch nicht können, da ihnen das nötige Knowhow fehlt. Wieder andere Firmen gehen den Weg der Konvertierung, was eine Gelegenheit für freiberufliche Programmierer mit spezialisierten Fähigkeiten und Werkzeugen bietet. Viele Unternehmen wird der Weg auch zu einer der bemerkenswertesten Firmen in diesem Industriezweig führen – zu Computer Associates.

Computer Associates scheint eine Produktfirma zu sein, sie ist aber in Wirklichkeit ein Dienstleistungsbetrieb. Sie kauft Softwarefirmen, die jenseits der Mainstreet in Schwierigkeiten gekommen sind, löst deren gesamte Entwicklungsaktivitäten auf, konzentriert sich einzig und allein auf die Wartungsverträge mit der vorhandenen Kundenbasis und verwandelt diese Firmen mit drakonischen finanziellen Maßnahmen in äußerst profitable Goldesel. Auf diese Weise hat sie sich in der High-Tech-Industrie nur Feinde geschaffen. Die übernommenen Firmen hassen CA, da die Tiefstpreise, zu denen sie aufgekauft wurden, ihnen vor Augen führen, wie tief sie gesunken sind. Die Angestellten dieser Firmen hassen CA, da innerhalb von wenigen Tagen nach der Übernahme alle bis auf einige Auserlesene ihre Stelle verlieren. Die Entwickler hassen sie, da sie nicht in die Weiterentwicklung der gekauften Produkte investieren. Ihre Kunden hassen sie, weil sie außerordentlich hohe Wartungsgebühren aus ihnen herauspressen, ihnen aber praktisch keine Alternative bleibt, als sie zu bezahlen.

Jedes Ökosystem braucht jedoch seine Aasfresser, und CA spielt eben diese äußerst lebenswichtige Rolle in unserem System. Oh, in meinen romantischen Augenblicken schlage ich auch meinen Dylan Thomas auf und rufe den ehemaligen ASK- und Ingres-Mitarbeitern, die jetzt mit CA-Plaketten am Revers über die einst geschäftige und jetzt menschenleere Plaza in Alameda spazieren, zu:

Geh nicht gelassen in die gute Nacht!
Im Sterbelicht sei doppelt zornentfacht!

Aber es läßt sich wohl nicht ändern. Wenn wir CA nicht hätten, müßten wir sie erfinden. Diese Firma erfüllt die Funktion, gnadenlos kaltblütig zu analysieren, was noch einen Wert besitzt und was nicht, und sie ist dieser Aufgabe bisher bewundernswert treu geblieben.

Unter den Bedingungen jenseits der Mainstreet entstehen auch noch andere Dienstleistungsunternehmen. Hard- und Softwarefirmen für Mainframes und Minicomputer und ebenso Telekommunikationsfirmen, deren Monopol aufgehoben wurde, stellen bei ihrem Zusammenbruch fest, daß sie einen Überschuß an erfahrenen Mitarbeitern besitzen. Jahrelang haben sie diese Kundenbetreuer in Kostenstellen mitgeschleppt, die sie sich leisten konnten, da die Gewinnspannen in den guten Zeiten groß genug waren. Jetzt versuchen die Firmen, diese Mitarbeiter auf rentable Weise einzusetzen, und verwandeln sich selbst von Produktfirmen in *Systemintegrationsdienste*.

Bisher zeigte dies gemischte Resultate. IBM, DEC und Unisys haben erfolgreiche professionelle Kundendienstorganisationen auf die Beine gestellt. Doch sogar diese Unternehmen balancieren bei diesem Wiederbelebungsversuch von Arbeitskräften, deren Leistungskurve bereits stark gesunken ist, auf einem dünnen Seil. Sie haben zwar noch einige Trümpfe im Ärmel, vor allen Dingen ihren privilegierten Zugriff auf große Projekte durch ihre langwährende Partnerschaft mit ihrer Kundenbasis, aber sie müssen diese Vorteile aggressiv nutzen und in den gewonnenen Projekten schnell die nächste Mitarbeitergeneration ausbilden, sonst werden sie von jüngeren und unbelasteten Dienstleistungsunternehmen, wie Cambridge Technology Partners oder der BSG in Houston überholt.

Cincom ist gerade dabei, sich auf sehr einfallsreiche Weise von einem produktorientierten in ein serviceorientiertes Unternehmen umzugestalten.

In den 70er und 80er Jahren war dieses Unternehmen berühmt für Produkte wie Total, Supra und Mantis, doch Mitte der 90er Jahre zeigte sich, daß es gegen die Oracles und Sybases dieser Welt nicht mehr schlagkräftig konkurrieren konnte. Nun wollte man nicht noch eine weitere Systemintegrationsfirma gründen, da auf diesem Gebiet nach Meinung von Cincom bereits ein Überangebot herrscht, so daß hier auch sehr bald eine Auslese stattfinden wird. Statt dessen hat man sich das Ziel gesetzt, die beste weltweite Vertriebs- und Service-Organisation für eine neue Generation von Software-Entwicklern zu werden, die vielversprechende Produkte für große Unternehmen und die Regierung zu bieten hätten, aber nicht wissen, wie sie an die großen MIS-Organisationen herankommen. Cincom versucht also, sein großes Kapital an Beziehungen in neues Produktkapital zu verwandeln, indem es die Rechte auf außer Haus geleistete F&E erwirbt. Dies ist das Gegenteil von Outsourcing – man könnte es als Insourcing bezeichnen –, aber nach einer Analyse der Situation nach der Mainstreet ergibt es Sinn.

Zusammenfassung: Tornado contra Mainstreet

Der wichtigste Gedanke in diesem Kapitel ist der, daß High-Tech-Unternehmen sich dem Übergang in die Mainstreet nicht widersetzen, sondern ihn im Gegenteil begrüßen sollten. Sie sollten die Mainstreet als willkommene Gelegenheit betrachten, wieder einmal etwas gewinnbringendes Nischenmarketing zu betreiben – zumindest bis der nächste Tornado heranbraust. Leider werden für dieses Programm wieder Verhaltensweisen erforderlich, die den im Tornado so perfekt ausgebildeten Fähigkeiten direkt entgegenstehen. Die folgende Tabelle verdeutlicht dies noch einmal:

Tornado	Mainstreet
Verkauf an den Infrastrukturkäufer.	Verkauf an den Anwender.
Konzentration auf die Notwendigkeit, rechtzeitig eine verläßliche Infrastruktur einzurichten.	Konzentration auf die Wirkung des Produkts auf den Anwender; Versuch, dessen individuelle Wünsche zu befriedigen.
Verallgemeinerung des Produkts für die allgemeine Anwendung.	Differenzierung des verallgemeinerten vollständigen Produkts durch +1-Kampagnen, die auf ganz bestimmte Nischen zielen.
Vertrieb über kostengünstige Kanäle mit hohem Volumen; umfassende Werbung, um maximale Präsenz auf dem Markt sicherzustellen.	Vertrieb weiterhin über dieselben Kanäle, aber Konzentration auf die Produktgestaltung, um die +1-Botschaften effektiv zu vermitteln.
Ständige Herabsetzung des Preisniveaus, um den Marktanteil zu maximieren.	Hervorhebung des Wertes der +1-Angebote, um größere Gewinnspannen zu erzielen als preiswerte Nachahmerprodukte.
Angriff auf Konkurrenten, um Marktanteile zu gewinnen.	Wettbewerb gegen das eigene preiswerte Angebot, um die Gewinnspanne zu erhöhen.
Horizontale Positionierung des Produkts als überall verwendeter Infrastrukturstandard.	Positionierung in Nischenmärkten auf der Grundlage der individuellen Wünsche der Anwender.

Wie Sie sehen, widersprechen die Erfolgsfaktoren der Mainstreet den Lektionen des Tornados, ebenso wie die Erfolgsfaktoren des Tornados den Lektionen der Bowlingbahn widersprochen haben. So unangenehm das auch sein mag, wir können es nicht ändern.

Wir können jedoch immerhin erkennen, daß dieser ständige Wechsel zwischen sich widersprechenden Zuständen sicherlich einige Verwirrung hervorruft. Besonders häufig geschieht es, daß wir uns nicht einig sind, in welcher Marktphase wir uns befinden. Wenn dem so ist, arbeiten wir ständig aneinander vorbei, und zwar kräftig.

Wie wir schon am Ende des vorhergehenden Kapitels festgestellt haben, ist es daher unbedingt notwendig, daß die für den Entwurf der Marketingstrategie verantwortlichen Teams sich zuerst darüber einig werden, in welcher Phase des Technologieakzeptanz-Lebenszyklus sie sich befinden, bevor sie Aktionspläne aufstellen. Wie man eine solche Übereinkunft erreicht, ist das Thema des folgenden Kapitels.

6 Positionsbestimmung

Die Hauptaussage dieses Buches ist, daß sich die Marketingstrategie an jedem größeren Wendepunkt im Technologieakzeptanz-Lebenszyklus drastisch ändert, ja sich sogar in ihr Gegenteil verkehrt. Um dies noch deutlicher zu machen, fragen Sie sich doch einmal, nachdem Sie bis hierher gelesen haben, welche Rolle die Segmentierung für eine erfolgreiche Marketingstrategie spielt.

Die Antworten lauten:

> Auf dem Einführungsmarkt *dürfen Sie nicht* segmentieren. Folgen Sie einfach den Visionären, wo diese Sie hinführen.

> Um den Abgrund überwinden und auf der Bowlingbahn bestehen zu können, *müssen* Sie segmentieren, denn das ist die Basis für die Strategie für Ihr vollständiges Produkt.

> Sobald Sie im Inneren des Tornados sind, *dürfen Sie nicht* segmentieren. Liefern Sie die Standardinfrastruktur, um während des Paradigmenwandels so viele neue Kunden auf Lebenszeit zu gewinnen, wie Sie nur können.

> Auf der Mainstreet *müssen* Sie segmentieren – aber nicht so, wie Sie es auf der Bowlingbahn getan haben. Segmentierung ist jetzt die Basis für Ihre +1-Strategie.

Da Segmentierung die treibende Kraft für alle anderen Elemente einer marktorientierten Unternehmensplanung ist, verkehren sich erfolgreiche Strategien während eines Technologielebenszyklus gleich mehrmals in ihr Gegenteil.

Wenn Ihnen diese Verwirrung noch nicht reicht, schauen Sie sich nur an, wie die Sache noch komplizierter werden kann:

1. Die meisten Unternehmen bieten mehrere Produkte gleichzeitig an, die sich in unterschiedlichen Phasen ihres jeweiligen Lebenszyklus befinden. Bei Lotus beispielsweise geht 1-2-3 der Elimination entgegen, ccMail ist auf der Mainstreet, und Notes tritt gerade in die Tornado-Phase ein.

2. Verschiedene Segmente desselben Marktes können sich in unterschiedlichen Phasen des Lebenszyklus befinden. In den USA zum Beispiel befindet sich das Internet im Segment der technischen Unix-Anwender auf der Mainstreet, unter Collegestudenten im Tornado, unter Marktforschern auf der Bowlingbahn, im Bereich der Verbreitung von Marketinginformationen im Abgrund und bei der Nutzung für Bankgeschäfte, Teleshopping usw. in der Phase des Einführungsmarktes.

3. Das Lebenszyklusmodell ist rekursiv. Das heißt, in jedem beliebigen Nischensegment auf der Bowlingbahn kann es Minitornados geben, also eine Zeit, in der in diesem speziellen Segment die Nachfrage das Angebot erheblich übersteigt, so daß sogar innerhalb einer einzigen Phase eine Mischstrategie verfolgt werden muß. So ist es Mentor Graphics auf dem CAD-Markt ergangen, und so passiert es derzeit Silicon Graphics auf dem Markt für Computeranimation.

4. Da schließlich zwischen Märkten, die im Lebenszyklus in verschiedenen Phasen sind, Interaktion stattfindet, wenn zum Beispiel Finanzanwendungen, die sich heute in der Mainstreet-Phase befinden, unter Verwendung von Bowlingbahn-Entwicklungswerkzeugen auf Client/Server-Plattformen portiert werden, die im Tornado sind, ist manchmal nicht mehr ganz leicht zu sagen, wer sich in welcher Phase befindet beziehungsweise ob überhaupt ein Tornado im Gange ist, und wenn ja, wessen Tornado es ist.

Wie sollen Sie also vorgehen, wenn Sie mit drei verschiedenen Marktentwicklungsprotokollen – der Bowlingbahn, dem Tornado und der Mainstreet – konfrontiert werden, von denen jedes in sich schlüssig, den anderen beiden jedoch diametral entgegengesetzt ist? Es kann durchaus schwierig sein, sich unter solchen Umständen zurechtzufinden, aber ich habe einige Grundregeln für Sie parat, an denen Sie sich orientieren können.

Es geht um die Kategorie, nicht um das Produkt

Der erste Schritt bei der Definition Ihrer Position im Lebenszyklus besteht in der Erkenntnis, daß es nicht Ihr Produkt per se, sondern die Produktkategorie als Ganzes ist, der eine Marktposition zugeteilt wird. Nehmen wir als Beispiel den 200LX von Hewlett-Packard, einen Palmtop-PC, der in jede Tasche paßt, auf dem Lotus 1-2-3, diverse Taschenrechnerfunktionen sowie ein komplettes Paket PIM-Software (Personal Information Management) installiert sind und der über clevere Schnittstellen für E-Mail verfügt, einschließlich einer hundertprozentig portablen Einheit für RadioMail. Wo im Lebenszyklus befindet sich dieses Produkt?

Die erste Frage, die wir beantworten müssen, lautet: Was ist der 200LX? Wenn er ein PDA ist, befindet er sich im Abgrund. Das ist ganz offensichtlich, wenn Sie Apple, Sony oder Motorola heißen und erst wenige Ihrer noch immer nicht besonders leistungsfähigen PDAs ausgeliefert haben. Es ist schon weniger offensichtlich, wenn Sie Hewlett-Packard heißen und bereits drei Generationen von Geräten ohne Schreibstift mit ganz ordentlichen Absatzzahlen ausgeliefert haben. Doch das ist der Platz für die Kategorie und damit auch der Platz für jeden Bestandteil dieser Kategorie.

Wenn wir aber eine andere Produktkategorie als Bezugsgröße heranziehen, zum Beispiel Organizer, die sich fraglos auf der Mainstreet befinden (was die Millionen ausgelieferter Geräte von Sharp und Casio beweisen), dann ist das HP-Produkt kein im Abgrund gefangener PDA ohne Stift, sondern eher ein überteuerter Organizer, der auf der Mainstreet schmachtet. Das wäre trotz all seiner neuen Features der korrekte Platz für dieses Produkt, wenn es zu dieser Kategorie gehört.

„Moment mal", höre ich da jemanden sagen, „es ist beides!" Die einzige Antwort darauf lautet: „Ist es nicht! Nie!" *Beides* ist gleichbedeutend mit *nichts*, mit Nichtexistenz, Verbannung. Sie können kein Produkt vermarkten, das gegen die in Kategorien aufgeteilte Marktordnung verstößt, deren Unterstützung es braucht. In den Geschäften wüßte man nicht, in welcher Abteilung es angeboten werden soll, die Kunden wüßten nicht, wo sie es kaufen sollen, und niemand hätte eine Ahnung, mit welchen Produkten er es vergleichen soll, um festzustellen, ob der Preis angemessen ist.

1994 entschied sich HP für den PDA-Markt. Ich halte dies für eine gute Wahl, da dieser Markt eine Zukunft und noch keine etablierten Marktführer hat und besser zu den technologisch starken Seiten des 200LX paßt. Die Verkaufszahlen verleiteten HP jedoch zu der Annahme, der 200LX sei näher am Tornado als er es tatsächlich war. Die Werbung für das Produkt zielte in Richtung Tornado, indem es als ein Produkt für eine Massenkundschaft, die sich „Road Warriors" (Straßenkämpfer) nennt, plaziert wurde. Dies war ein zu großer Sprung, der zu früh kam. Das ist einleuchtend, wenn man denkt, man sei im Abgrund, aber nicht, wenn man denkt, man sei schon auf der Bowlingbahn, was natürlich Hewlett-Packards Sichtweise war.

Der springende Punkt in all diesen Fällen ist, daß bedeutende Marketingausgaben und das Risiko letztendlich von der Entscheidung abhängen, wo sich das Produkt im Technologieakzeptanz-Lebenszyklus befindet. Es gibt ein ganze Reihe von Unternehmen, die sich zur Zeit in dieser Hinsicht entscheiden müssen:

- Wo befindet sich Lotus Notes? Ist es auf der Bowlingbahn, was bedeuten würde, daß sich Lotus mehr auf auf vertikales Marketing konzentrieren müßte, oder ist es im Tornado, was bedeuten würde, daß die Anpassung des vollständigen Produkts an den Massenmarkt stärker vorangetrieben werden müßte?

- Wo befinden sich objektorientierte Datenbanken? Sind sie noch auf dem Einführungsmarkt, so daß die Anbieter aggressiv neue Visionäre ausfindig machen müßten, oder sind sie im Abgrund, so daß man sich ausschließlich auf einen einzelnen Brückenkopf konzentrieren müßte?

- Wo befinden sich Telefondienste wie Faxweiterleitung, Konferenzschaltungen, Anrufweiterleitung und Caller-ID, ganz zu schweigen von den Technologien, die dies alles erst ermöglichen, ISDN zum Beispiel?

- Und was ist mit Farbdruckern, portablen Druckern oder Faxgeräten, die gleichzeitig auch Drucker sind?

In den meisten Fällen entsteht die Uneindeutigkeit dadurch, daß in eine Mainstreet-Kategorie Elemente diskontinuierlicher Innovation hineingebracht werden. Die Frage dabei ist, in welchem Ausmaß es auf dem Markt tatsächlich zu Diskontinuität kommen wird und welche Position im Lebenszyklus dem entspricht. Um hierfür den richtigen Blick entwickeln zu können, müssen wir das folgende Modell näher betrachten.

Diskontinuität und Lebenszyklus

Es gibt zwei Arten von Diskontinuitäten, die den Technologieakzeptanz-Lebenszyklus formen. Die erste ist der *Paradigmaschock*, den sowohl Anwender als auch die Infrastruktur, die diese unterstützt, erleiden können. Ein Elektroauto würde in beiderlei Hinsicht Probleme schaffen, da Kfz-Mechaniker, Tankstellenbetreiber, Fahrzeugeigentümer und auch die Firmen, die die Arbeitgeber dieser Fahrzeugeigentümer sind, sich an neue Konzepte gewöhnen, neue Investitionen tätigen und neue Verhaltensweisen lernen müßten. Das Paradigmaschockpotential von Elektroautos ist damit sehr hoch.

Das Schockpotential von Notebooks ist dagegen ziemlich gering. Man wird zwar mehr über Akkus lernen müssen, als man je wollte, und wird wohl auch ein tragbares Akkuladegerät anschaffen müssen. Und wenn man dazu übergeht, Faxe vom Hotelzimmer aus zu schicken, kann der Zeiger des Paradigmaschockmeßgeräts schon einmal ein bißchen stärker ausschlagen. Aber wenn Sie bloß im Flugzeug schreiben wollen, dann unterscheidet sich die Handhabung eines Notebooks kaum von der eines Desktopgeräts. Sie werden sich wohl an den Trackball gewöhnen müssen, weil auf dem Sitzplatztablett kein Platz für die Maus ist, aber davon abgesehen ist es dieselbe Chose mit derselben Software und derselben Tastatur.

Die andere Dimension der Diskontinuität ist der *Durchbruch einer Anwendung* als Ergebnis dramatischer Änderungen der Rolle des Anwenders, die von der neuen Technologie ermöglicht werden und die wiederum eine vergleichbar dramatische Kapitalrendite bewirken. Wenn sich am Telefon kein Angestellter, sondern ein Spracherkennungssystem meldet, bedeutet dies zwar einen Paradigmaschock für den Anrufer, aber dafür eine phänomenale Kostenersparnis für Unternehmen wie Zeitungsverlage, Kinos oder Fluggesellschaften, die alle große Mengen von Routineanfragen beantworten müssen. Faxgeräte haben eine ähnlich bedeutende Auswirkung auf unseren Alltag gehabt. Man kann Pizza per Fax bestellen, und Baufirmen faxen uns ihre Kostenvoranschläge für Umbaumaßnahmen ins Haus. Das Internet hat tatsächlich eine Renaissance des Briefeschreibens mit sich gebracht: Erstsemester können mit ihren alten Schulfreunden, die jetzt an anderen Unis studieren, in Kontakt bleiben. Wenn man Briefe mit der Post schickt, läßt die Antwort meist auf sich warten, aber mit E-Mail kann man oft noch am selben Tag, im „Chatmodus" sogar innerhalb von Minuten, Antwort bekommen. Sogar die Eltern sind mit dabei, wie unsere jüngste Tochter Anna bezeugen kann.

Die dramatischen Steigerungen der Fähigkeiten der Anwender sind das Gaspedal der Technologieakzeptanz, so wie der Paradigmaschock die Bremse ist. Das Verhältnis zum Lebenszyklus läßt sich mit diesen beiden Größen als X- und Y-Achse eines Diagramms folgendermaßen darstellen:

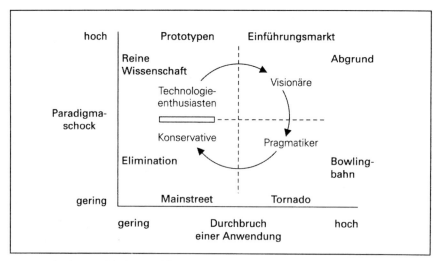

Diskontinuität und Lebenszyklus

Das Diagramm ist nichts anderes als eine weitere grafische Darstellung des Technologieakzeptanz-Lebenszyklus und ist wie folgt zu interpretieren:

- Der Lebenszyklus beginnt im linken oberen Quadranten mit einem großen Paradigmaschock und geringen Vorteilen, typischerweise deswegen, weil die Anwendungen für die neue Technologie erst noch entwickelt und getestet werden müssen. Dies ist die Welt der reinen Wissenschaft und der Prototypen. In dieser Phase zeigen nur die Technologieenthusiasten Interesse. Die Supraleitfähigkeit ist in bezug auf die meisten Anwendungen noch in dieser Phase; bei medizinischem Gerät ist sie allerdings schon in den nächsten Quadranten vorgerückt.

- Im zweiten Quadranten sehen wir, wie der Einführungsmarkt um einen oder mehrere Visionäre herum aufgebaut wird, die das Gewinnpotential der neuen Technologie erkennen und die Entwicklung des ersten Durchbruchs von Anwendungen finanzieren. Diese lassen den dramatischen Wettbewerbsvorteil entstehen, den die Visionäre suchen, und rechtfertigen damit den Aufwand zur Überwindung des Paradigmaschocks. Die Pragmatiker schauen sich den Durchbruch der Anwendung an und sagen: „Ja, wir würden solche Vorteile auch gerne bei unseren Arbeitsabläufen nutzen, aber nicht zu dem Preis des derzeit damit verbundenen Paradigmaschocks." Diese Zurückhaltung seitens der Pragmatiker verursacht den Abgrund.

- Um den Übergang zum dritten Quadranten zu beschleunigen, müssen die Unternehmen die Belange eines spezifischen Brückenkopfsegments erkennen und den Paradigmaschock dadurch verringern, daß sie eine limitierte nischenspezifische Lösung implementieren, bevor sie dazu übergehen, alle Varianten eines allgemeinen Lösungssets zu unterstützen. Dies ist die Phase auf der Bowlingbahn, in der cleveres Marketing beschleunigend wirken und eine längere Verweildauer im Abgrund vermeiden kann. Mit der Vermehrung der Bowlingkegel, also der Segmente, bilden sich die Bedingungen für eine Universal-Infrastrukturlösung heraus. An einem bestimmten Punkt nimmt die Mehrheit der Pragmatiker diese Lösung an. Da sich die Pragmatiker als Herde bewegen, schafft dies die De-facto-Standards und stimuliert die breit gefächerte Unterstützung der Anbieter, die notwendig ist, um den Paradigmaschock gänzlich aus der Welt zu schaffen. Gleichzeitig werden die Erwartungen bezüglich des Durchbruchs der Anwendung erfüllt. Dies ist die Dynamik, die den Tornado antreibt.

- Wenn der Tornado abflaut, haben die Konservativen ihren ersten Auftritt. Der Paradigmaschock ist vollständig verarbeitet, und die Anwendungen, die einen Durchbruch erzielt haben, sind zum Standard geworden. Jetzt bewegt sich der Markt in Richtung Mainstreet, wobei weitere Innovationen auf größere Gewinnspannen durch „vollständige Produkte +1" abzielen. Wenn sich die Kunden zu lange an die Annehmlichkeiten vertrauter Paradigmen klammern, werden sie letztendlich einen *noch größeren* Paradigmaschock erleiden, da die globale Infrastruktur zu den neuen Standards übergeht, und den alten Standards mehr und mehr die Unterstützung entzogen wird. Beispiele hierfür sind heute das Elend der Benutzer von CP/M oder Apple II, oder morgen das Schicksal, dem DOS-Anwender nicht werden entrinnen können.

- Das Diagramm beinhaltet noch eine weitere Aussage, die durch die Darstellung einer Wand zwischen dem linken oberen und dem linken unteren Quadranten verdeutlicht wird. Diese Wand bedeutet, daß man nicht vom oberen zum unteren Quadranten gelangen kann, ohne vorher die rechte Seite des Diagramms durchlaufen zu haben. Wenn Sie also mit einer diskontinuierlichen Technologie auftrumpfen wollen, deren einziger Nutzen darin besteht, im Rahmen einer abgenutzten Anwendungsarena die Kosten zu senken und die Produktivität zu steigern, haben Sie ein in hohem Maße unverkäufliches Produkt. Der Grund dafür ist, daß Konservative einen Paradigmaschock einfach nicht hinnehmen und auch nicht investieren werden, um Anbietern zu helfen, den Schock mit der Zeit zu verringern. Sie lassen sich erst dann auf neue Technologien ein, wenn diese von den Pragmatikern auf Herz und Nieren geprüft worden sind. Diese wiederum kaufen erst dann die neue Technologie, wenn dadurch Arbeitsabläufe bedeutend optimiert werden können, und das bedeutet, daß man die Visionäre dazu bringen muß, frühzeitig Demonstrationen des Durchbruchs einer Anwendung zu fördern. Um vom ersten Quadranten fortzukommen, müssen Sie einen Durchbruch erzielen, mit dem Sie einen Visionär motivieren können – Sie können nicht einfach von Feld eins auf Feld vier vorrücken.

Das Modell als Navigationshilfe

Während es außer dem Paradigmaschock und dem Durchbruch einer bestimmten Anwendung durchaus noch andere Kräfte gibt, die die Positionsbestimmung im Lebenszyklus beeinflussen können, ist dieses Koordinatensystem doch gut dazu geeignet, sich einen ersten Überblick darüber zu verschaffen, wo im Lebenszyklus eine bestimmte Technologie *sein sollte*. Auf dieser Grundlage können dann gegebenenfalls Modifizierungen erfolgen.

Wir wollen nun versuchen, dieses System auf einige der vorgenannten Beispiele anzuwenden:

- Lotus Notes hat fraglos Durchbrüche im Bereich von Arbeitsabläufen ermöglicht und ist damit definitiv auf der rechten Seite des Diagramms einzuordnen. Die mangelnde Eindeutigkeit bei der Positionsbestimmung hat damit zu tun, daß sich der Schock, den das vollständige Produkt ausgelöst hat, aufteilt auf die Anwender, die sehr wenig davon mitbekommen, und die IT-Fachleute, denen ganz schwindelig davon ist. Die Folge ist, daß die Nachfrage das Angebot dramatisch übersteigt und einen tornadoähnlichen Effekt hervorruft, daß jedoch ein tatsächlich tornadoartiger Warenumsatz wegen der zu großen Einschränkungen, denen die IT-Spezialisten aufgrund der Komplexität des Produkts ausgesetzt sind, unmöglich gemacht wird. Lotus sollte in Notes investieren und erkennen, daß dieses Produkt darauf brennt, in den Tornado aufzusteigen, daß es sich aber in seiner komplizierten Struktur verheddert hat und von ihr immer wieder auf den Boden zurückgezogen wird.

- Objektorientierte Datenbanken bedeuten selbst zehn Jahre nach ihrer Einführung noch immer ganz klar einen Paradigmaschock, denn noch immer sind erst wenige Standards etabliert, und es wird viel herumexperimentiert. Daher befinden sie sich in der oberen Hälfte des Diagramms. Gleichzeitig bezweifelt aber niemand, daß sie *theoretisch* den versprochenen Durchbruch erzielen können – besonders in Bereichen wie Entwicklerproduktivität und Laufzeitverhalten –, doch bisher waren die tatsächlich erzielten Durchbrüche auf Einzelfälle beschränkt. Objektorientierte Datenbanken sind daher im rechten oberen Quadranten anzusiedeln, und die Anbieter dieser Systeme müssen sich in allererster Linie fragen, ob sie sich auf dem Einführungsmarkt oder schon im Abgrund befinden. Das ist eine ganz konkret zu beantwortende Frage, denn in jedem Quartal werden Sie Gelegenheit haben, sich einem weiteren Visionär zuzuwenden, der von Ihnen verlangt, im Gegenzug zu einem fetten Scheck eine weitere Speziallösung auszuarbeiten. Auf dem Einführungsmarkt ist das ein gutes Geschäft, wenn Sie allerdings im Abgrund sind, wird es Sie nur noch tiefer hineinstoßen. Woran kann man den Unterschied erkennen?

- Entscheidend ist, wie weit die Entwicklung des Kernprodukts gediehen ist, das *immer* für die Überwindung des Abgrunds vonnöten sein wird. Das Ziel ist es, den Abgrund zu überwinden, auf der Bowlingbahn weiterzukommen und erst im Tornado allgemeine Lösungen zu unterstützen. Die Beschäftigung mit einer für die Bowlingbahn nutzlosen kundenspezifischen Anwendung ist nur eine Verschwendung von Zeit und Geld und leitet das Desaster im Abgrund ein. Zeit und Geld für den Ausbau des Brückenkopfes, der zur Überwindung des Abgrunds benötigt wird, sind dagegen gut angelegt. Die Lösung Ihres Problems verlangt also Einigkeit darüber, wo Ihr Brückenkopf sein wird und woraus das vollständige Produkt für ebendiesen Brückenkopf besteht. Dann muß abgewägt werden, wieviel Kern-F&E noch geleistet werden muß beziehungsweise noch relevant ist und wieviel anwendungsspezifische Arbeit jetzt erforderlich ist. Sie sollten sich nicht der anwendungsspezifischen Arbeit zuwenden, bevor die Kern-Maschinerie läuft. Solange dies noch das vorrangige Problem ist, sollten Sie sich an die Visionäre auf dem Einführungsmarkt halten und den Preis für die Entwicklung von Speziallösungen zahlen. Sobald Sie aber über genügend Kernsubstanz verfügen, um fortzufahren, sollten Sie Ihr Vorankommen nicht durch Übernahme eines weiteren Visionärsprojekts verzögern.

▶ Die Telefondienste, ob nun Faxweiterleitung, Konferenzschaltungen, Anrufweiterleitung oder Caller-ID, sind jeder für sich ein erheblicher Paradigmaschock für die Baby Bells, die wie angestochen nach Möglichkeiten suchen, solche Dienste in ihre Angebotspalette aufzunehmen, und auch für die Anwender, die zur Zeit lediglich eine Fifty-fifty-Chance haben, daß bei der Weiterleitung eines Telefongesprächs der Anrufer nicht aus der Leitung geworfen wird. Andererseits ist nicht klar, wie auch nur eines dieser Features einen bedeutenden Durchbruch erzielen könnte. Es sieht so aus, als ob diese Technologien mit dem Kopf durch die Wand zwischen dem linken oberen und dem linken unteren Quadranten wollten, als ob sie mit Hilfe diskontinuierlicher Innovationen versuchen wollten, bereits bestehende Arbeitsabläufe zu verbessern, aber eben nicht dramatisch zu revolutionieren. Aber das wird nicht klappen, zumindest nicht nach diesem Modell, und die Baby Bells täten besser daran, statt dessen nach „durchbruchfähigen" Anwendungen zu suchen, wie es zum Beispiel Spracherkennungssysteme sind.

Und noch eine Barriere

In allen bisher angeführten Beispielen ging es um den *Technologieschock*. Es kann aber auch zum *Kulturschock* beziehungsweise *psychischen Schock* kommen, bei dem die Barriere nicht objektiver, sondern subjektiver Natur ist. Aber auch das gehört zum Paradigmaschock. Die beiden folgenden Fälle sollen dies illustrieren.

Farbdrucker

Farbdrucker sind in technologischer Hinsicht kein besonders großer Streßfaktor für die Infrastruktur. Sie funktionieren wie Schwarzweißdrucker, nur eben mit Farbkartuschen. Der Paradigmaschock spielt sich auf der Anwenderebene ab und betrifft nicht das technische Fachpersonal. Damit befinden wir uns in der unteren Hälfte des Diagramms. Farbanwendungen sind in der Nische der professionellen Grafiker etabliert, aber noch nicht als Universalinfrastruktur für den Rest von uns, die wir weniger begnadete Künstler sind. Hier haben die Anwender Angst davor, sich zu blamieren, denn sie wissen noch genau, wie es ihnen ergangen ist, als sie zum ersten Mal verschiedene Fonts zur Auswahl hatten. Die kostenorientierten Käufer machen sich sogar noch größere Sorgen um die entstehenden Produktivitätsverluste, wenn die Anwender Zeit damit vertrödeln herauszufinden, welches das beste Rot für die nächste Präsentation vor dem Topmanagement ist.

Also sitzen wir mit dem entnervenden Gedanken auf der Bowlingbahn fest, daß dies ein Platz für die Ewigkeit sein könnte. Farbfähige Drucker sind so billig geworden, daß sie weggehen wie warme Semmeln – bloß daß die Leute die Farboption nicht nutzen. Das ist prima, wenn man im „Rasierapparatgeschäft" ist und Drucker herstellt, aber es ist ärgerlich, wenn man „Rasierklingen", in unserem Fall also Farbkartuschen, produziert. Wenn der durchschnittliche Anwender pro Jahr vielleicht vier Kartuschen à 25 Dollar kauft, kommen dadurch 100 Millionen Dollar an Einnahmen auf jede Million benutzter Drucker. In Anbetracht der Tatsache, daß die Farbkartuschen am teuersten sind, liegt es auf der Hand, daß mit diesem Geschäft Milliarden zu machen sind. Wenn Sie also dieses Produkt herstellen, stellt es einen unternehmenskritischen Faktor dar, daß Farboptionen eine universelle Akzeptanz erfahren.

Wir benötigen also eine Strategie für die späte Bowlingbahn, mit der wir aus dem Grafik-Ghetto ausbrechen und auf die Mainstreet kommen können. Ein möglicher Vorschlag wäre, abseits des Grafiksektors eine neue Bowlingbahn zu eröffnen, die sich auf die Verwendung von Farbe für die Datenpräsentation konzentriert. Farbige Diagramme anstelle von farbigen Grafiken stehen hier im Mittelpunkt des Interesses. Die Message lautet, daß die Struktur der präsentierten Daten einfach augenfälliger ist, wenn sie farbig gestaltet wird. Zur Zielgruppe gehören hierbei all diejenigen, die bei ihren Präsentationen viel mit Tabellendiagrammen arbeiten, also Bankkaufleute, Marktforscher, Manager in der Qualitätssicherung, etc. Eine weitere Zielgruppe könnten Dienstleister sein, wie beispielsweise Versicherungsgesellschaften, die teure Versicherungspakete anbieten und darauf angewiesen sind, daß die äußere Form ihrer Werbebroschüren erheblich zum Verkaufserfolg beiträgt. Beide Gruppen haben einen zwingenden Kaufgrund, aber in der zweiten Gruppe sind eventuell die Geldmittel begrenzt.

Wie auch immer, es ist nicht schwer, geeignete Zielgruppen zu finden. Das Problem ist das vollständige Produkt. Der Hemmschuh für einen breiteren Einsatz von Farbdruckern ist bislang immer die Tatsache gewesen, daß es keine erschwinglichen Farbkopierer gab. Farbige Datenpräsentationen verlieren als Schwarzweißkopie nicht nur ihren Charme, sondern auch ihre Aussagekraft. Da aber selbst die Low-End-Drucker immer schneller werden,

werden wir bald die neue Option haben, „Kopien auszudrucken". Damit wird es möglich, daß der Erstellungsprozeß vom Anfang bis zum Ende in den Händen eines einzigen Mitarbeiters liegt, was sowohl für Ad-hoc-Berichte als auch für die Ausarbeitung von Angeboten wichtig ist.

Kopierdrucker

Die Option, Kopien auszudrucken, ersetzt allerdings nur einen Paradigmaschock durch einen anderen. Kopien werden nun einmal *kopiert* und nicht *ausgedruckt*. Das ist ein kulturelles Paradigma, und es ist dabei, auf globaler Ebene Tornado-Ausmaß anzunehmen, da die Drucker- und die Kopierer-Paradigmen auf Kollisionskurs sind. In beiden Industriezweigen ist es seit längerem bekannt, daß sich die grundlegenden Technologien bei der Möglichkeit, die Kosten immer stärker zu senken, aneinander angenähert haben. In ihrer Weiterentwicklung sind sie nahezu identisch.

Wie wir gesehen haben, spielt sich der Paradigmaschock auf der Anwenderebene ab. Für die Leute kommen Kopierer und Drucker einfach aus zwei grundverschiedenen Welten – die einen sieht man traditionell in die Welt der Verwaltung eingebunden, die anderen in die Welt der Computer. Unter dem Aspekt des Arbeitsflusses erstellen wir *einen Ausdruck* und machen *viele Kopien*. Viele Ausdrucke zu machen, kommt uns komisch vor. Auch Scanner sind uns unheimlich, wobei ein Kopierer nicht anderes ist. Während also ein Drucker in Verbindung mit einem Farbscanner tatsächlich ein direkter Ersatz für einen Farbkopierer ist, haben wir noch immer unsere Schwierigkeiten zu begreifen, daß die zugrundeliegende Technologie dieselbe ist.

Wo im Lebenszyklus befinden sich nun also die „Kopierdrucker"? „Instinktiv" würde man sie im unteren linken Mainstreet-Quadranten ansiedeln, da beide Seiten ständig dabei sind, bestehende Technologien zu verbessern, die für bestehende Arbeitsabläufe genutzt werden. Das wäre aber ein großer Fehler. Es ist nämlich so, daß die „psychologische Diskontinuität" diese Geräte wieder ganz nach hinten in den oberen linken Quadranten zurückwirft, weil wir uns einfach den Durchbruch dieser Anwendung nicht vorstellen können, *obwohl sie bereits funktioniert!* Der einzige Weg „zurück nach Hause" auf die Mainstreet führt dabei um „Kap Horn", indem man sich zuerst auf einen Durchbruch im Bereich der Arbeitsabläufe konzentriert, um damit bei den Visionären Aufnahme zu finden, um anschließend von den Pragmatikern akzeptiert zu werden. Erst dann geht es wieder auf die

Mainstreet. Diese Reise wird sehr viel weniger Zeit kosten als der „echte" Technologieakzeptanz-Lebenszyklus, da es sich in erster Linie um ein psychologisches und nicht um ein technologisches Phänomen handelt. Der zurückzulegende Weg ist allerdings derselbe.

Festlegung des Akzeptanzgrades auf dem Markt

Die Diskontinuitätsanalyse, die wir durchgeführt haben, basiert auf einem theoretischen Modell des Marktes, anhand dessen wir Vorhersagen treffen. Man kann das Problem auch mit empirischen Methoden angehen, indem man vom aktuellen, tatsächlichen Geschehen auf dem Markt ausgeht. In diesem Fall suchen wir nach charakteristischen Elementen, die Aufschluß über den aktuellen Status im Lebenszyklus geben.

Solch ein Element ist die Presse. Es folgen Auszüge aus drei Meldungen, die alle auf der ersten Seite von *PC Week* vom 27. Dezember 1993 plaziert waren:

> **Erste WinPad-basierende tragbare Computer angekündigt**
>
> Laut der Entwickler, die Kenntnis von den Plänen von Microsoft haben, werden die ersten WinPad-Geräte (...) unter WinPad 1.0 laufen, einem 16-Bit-Derivat von Windows, das speziell für Handgeräte entwickelt wurde. Von offizieller Seite wurde hinsichtlich spezifischer Pläne für WinPad keine Stellung genommen (...) Die Benutzeroberfläche von WinPad beinhaltet ein Inhaltsverzeichnis, verschiedene Register, verschiebbare Icons, eine Zoomfunktion und eine Zwischenablage.

Es ist immer ein sicheres Zeichen dafür, daß sich ein Produkt auf dem Einführungsmarkt befindet, wenn sein Hersteller einen Kommentar dazu ablehnt. Ein weiteres Zeichen ist es, wenn sich die Meldungen hauptsächlich mit der Technologie und den Features des Produkts befassen, denn diese Bereiche interessieren die Akteure auf dem Einführungsmarkt am meisten. Im Gegensatz dazu interessiert sich der Mainstream-Markt mehr für Informationen über den Markt und das Unternehmen.

Vergleichen Sie einmal diese Meldung, die WinPad vor den Abgrund plaziert, mit folgender Meldung aus *PC Week* zu Notes, und bedenken Sie dabei, daß wir Dezember 1993 schreiben:

> **Notes Administratoren haben Schwierigkeiten mit unternehmensweiten Anwendungen**
>
> „Netzwerkverwalter und Anwendungsentwickler sehen sich bei der Migration von Lotus Notes von der abteilungs- zur unternehmensweiten Anwendung vor zahlreichen Hindernissen. Obwohl die Anwender im allgemeinen zufrieden mit Notes 3.0 sind, finden Unternehmen es schwierig, robuste Anwendungen zu entwickeln, die im gesamten Unternehmen verwendet werden können. Obwohl Lotus das Konzept „Living in Notes" anpreist, sind die bestehenden 500 000 Anwender in Wirklichkeit derzeit eher Besucher. Für uns besteht ein Hauptproblem darin, daß Notes nicht für Unix verfügbar ist."
>
> *Kevin Daheny, Manager, Workgroup Applications Development, Milipore Corp.*
>
> „Wir brauchen eine bessere Datenbankanbindung, insbesondere eine gute Anbindung von Notes an unsere große unternehmensweite Datenbank unter DB2."
>
> *John Murphy, Director of Telecommunications, Travellers Corp.*

Was wir hier sehen, ist eine graduelle Verlagerung auf die Belange des Mainstreams. Es fällt auf, wie sehr sich die Meldung mit Personen anstatt mit dem Produkt befaßt. Das Produkt hat den Abgrund überwunden, was den Formulierungen „Migration (...) von der abteilungs- zur unternehmensweiten Anwendung" und „die Anwender sind im allgemeinen zufrieden" zu entnehmen ist. Die wiederholte Verwendung des Wortes „obwohl" zeigt allerdings, daß die Zeit für Bestergebnisse noch nicht gekommen ist. Der allgemeine Eindruck ist der, daß die Anwender einen Tornado wollen, daß die IT-Leute aber der Meinung sind, daß das vollständige Produkt einem Einsatz von Tornado-Ausmaßen noch nicht gewachsen ist.

Daraus schließen wir, daß sich Notes zwangsläufig auf der Bowlingbahn befindet, obwohl es keine Anzeichen für nischenorientiertes Marketing gibt.

Vielmehr gibt es ein ungutes Ungleichgewicht von Tornado-Nachfrage und beinahe abgrundverdächtigen Unzulänglichkeiten des vollständigen Produkts.

Sybase verbessert Leistung von SQL Server

Um Unternehmen mit sehr großen Datenbanken noch besser zu unterstützen, hat Sybase Inc. die Leistung und Funktionalität des SQL Servers 10, des Kernstücks der System-10-Produktlinie, verbessert.

Mit dem SQL Sever 10, der seit Oktober zu Preisen ab 1 995 Dollar geliefert wird, wurden die Datenbankerstellung, das Laden großer Datenmengen und die Indizierung wesentlich verbessert.

Im Zuge des allgemeinen Trends zu verteilten Systemen bieten Sybase und seine Mitbewerber, wie beispielsweise The ASK Group, Informix Software und Oracle Produkte an, die dem System 10 entsprechen.

Hier befinden wir uns auf sicherem Terrain, wenngleich die Meldung in Anbetracht der späteren Enthüllungen über die Unzulänglichkeiten von Server 10 der Ironie nicht ganz entbehrt. Hier werden durchweg kontinuierliche Innovationen beschrieben, nämlich Leistung und Funktionalität, und eine Reihe anderer Mainstream-Anbieter „bieten Produkte an, die dem System 10 entsprechen". Auffällig ist hier auch der Platz, der im Gegensatz zum Produkt und der Technologie den Informationen über das Unternehmen und den Markt eingeräumt wird. All dies deutet auf eine Position im Mainstream hin, und zwar entweder im oder nach dem Tornado. Da der Wettbewerb nicht sehr betont wird, was man bei Tornado-Produkten erwarten würde, ist anzunehmen, daß sich Sybase 10 auf der Mainstreet befindet.

Weitere Anzeichen

Abgesehen von Pressemeldungen gibt auch das Verhalten anderer Firmen hinsichtlich der Infrastruktur Aufschluß über den Marktstatus. Lew Platt von HP merkte, daß die Unix Server von HP im Tornado waren, als die Softwareanbieter ihn anriefen und nicht er sie. Mehr noch, wenn ein Tornado entstanden ist, findet man den Gorilla am einfachsten dadurch, daß man nach derjenigen Firma Ausschau hält, deren Plattform die meisten anderen Firmen unterstützen. Wenn zu beobachten ist, daß viele Anwendungen auf die Plattform eines einzelnen Anbieters portiert werden – auch wenn dieser Anbieter nicht Sie sind –, ist das ein gutes Zeichen dafür, daß Sie und die anderen im Tornado sind.

Ein weiteres Anzeichen unter dem Aspekt der Infrastruktur sind Nachahmerprodukte. Die meisten Firmen werden sich nicht die Mühe machen, ein Produkt zu emulieren, bevor es nicht im Tornado und der Gorilla ist. Zu anderen Zeitpunkten auf dem Markt gibt es einfach nicht genügend Nachfrage, um ein solches Verhalten zu rechtfertigen. Dieses „Klonen" geht Hand in Hand mit dem dritten Anzeichen für einen Tornado, das man wiederum durch Beobachtung der Infrastruktur erkennen kann. Es handelt sich um weitgreifende Preisstürze innerhalb der Produktkategorie, und zwar sowohl beim Produkt des Gorillas (der die größten Verluste hinnehmen muß, um die Kunden in die Geschäfte zu locken) als auch bei den Produkten der Nachahmer (die zu tiefstmöglichen Preisen anbieten).

Wenn Sie Wirtschaftszeitungen (*Business Week* und *Wall Street Journal*) und die IT-Fachpresse (*PC Week* und *Computerworld*) lesen und einen Blick für die indirekten Kanäle, das heißt Magazine wie *Computer Reseller News* und natürlich die Anzeigen in Ihrer Tageszeitung entwickeln, und wenn Sie all diese Pressemeldungen nach dem oben beschriebenen Schema auswerten, bekommen Sie einen ganz guten Überblick darüber, wo der Markt eine bestimmte Technologie ansiedelt. Sie sollten dabei allerdings vermeiden, den Enthusiasmus der Presse für neu eingeführte Produkte – es sind schließlich die einzigen wirklichen Neuigkeiten in dieser Branche – mit der tatsächlichen Akzeptanz auf dem Markt zu verwechseln. Wir können schon gar nicht mehr all die Produkte zählen, die posthum als „Produkt des Jahres" ausgezeichnet worden sind. Sie sollten auch nicht allzu viele Schlüsse aus Preisstürzen ziehen, denn sie sind ebenso oft schlechtem Marketing wie dem Lebenszyklus zuzuschreiben.

Einigkeit macht stark

Unabhängig davon, ob Sie Ihre Position im Lebenszyklus richtig erkannt haben oder nicht, sind Einigkeit und die Fähigkeit, entsprechend zu handeln, für jedes Team die ausschlaggebenden Erfolgsfaktoren. Wenn Sie alle in dieselbe Richtung rudern, ist es viel leichter, den Kurs zu korrigieren.

Hier nun einige „gute Tips", wie Sie die gemeinsame Stoßrichtung Ihres Teams erhalten:

- Nur weil ein Produkt noch nicht ausgeliefert wird, heißt das nicht, daß es es sich auf dem Einführungsmarkt befindet. Es sollte vielmehr dort plaziert werden, wo das Team meint, daß es in den Lebenszyklus *eintritt*, sobald geliefert wird. Zum Beispiel tritt jede neue Generation von DRAM sofort in den Tornado ein.
- Ein und dasselbe Produkt kann sich je nach dem globalen Kontext in ganz unterschiedlichen Phasen des Lebenszyklus befinden. Die Märkte in Japan, den USA und Deutschland bewegen sich typischerweise nicht synchron. Vergessen Sie bei Ihren Teamentscheidungen nicht die Geographie.
- Sie können sehr wohl auf die Mainstreet gelangen, ohne je im Tornado gewesen zu sein. Das Produkt ist dann sozusagen auf der „ewigen Bowlingbahn", ohne jemals zu wirklich generischer Infrastruktur zu werden. Der Markt allerdings reift, und irgendwann werden solche Produkte in ihren Nischen zu Massenprodukten. Sobald Ihnen klar wird, daß die Wahrscheinlichkeit für einen Tornado sehr gering ist, sollte sich das Marketing auf eine +1-Strategie für die Mainstreet besinnen.
- Flaue Umsatzzahlen für Ihr Produkt bedeuten noch lange nicht, daß Sie im Abgrund sind. Produkte können in jeder Phase des Lebenszyklus durchfallen – obwohl es schon einiger Anstrengung bedarf, dies im Tornado zu schaffen.
- Wie bereits gesagt, kann es innerhalb eines einzelnen Bowlingbahn-Segments einen „lokalen Tornado" geben. Wenn die Nachfrage das Angebot übersteigt, wird dies tornadomäßige Auswirkungen auf die Belastung Ihrer Mitarbeiter haben, aber nicht auf die Rendite Ihrer Aktionäre. Dies ist der Bowlingmarkt in seiner härtesten Form.

Hiermit haben wir den gesamten Stoff für dieses Kapitel bearbeitet, bis auf eine letzte Frage, die immer gestellt wird:

Wie kann ich vorhersagen, wann ein Tornado beginnt?

Ich glaube nicht, daß ich dieses Kapitel beenden kann, ohne diese Frage zumindest anzuschneiden, denn es ist die Frage, die bei der Arbeit mit dem Lebenszyklusmodell am häufigsten gestellt wird. Andererseits bin ich mir sicher, daß keiner von Ihnen annimmt, daß ich sie tatsächlich auch beantworten kann. Denn wenn ich es könnte, würde ich dann nicht schon längst mit einem Cocktail in der Hand und einem Buch auf dem Bauch faul auf den blauen Pazifik blinzeln und mir überlegen, ob ich mein Vormittagsschläfchen jetzt oder gleich halten soll?

Aber wir können das Problem zumindest folgendermaßen umreißen:

- Zum einen fördern Erfolge auf der Bowlingbahn den Beginn eines Tornados, weil durch sie die Produktarchitektur bestätigt wird, wenn auch in eingeschränktem Maße. Ohne solche Erfolge will der Tornado zwar loslegen, kommt aber nur langsam in Schwung. Es haben sich einfach zu viele De-facto-Standards noch nicht herausgebildet. Ein Zeichen für einen bevorstehenden Tornado ist damit also der Erfolg auf einem Nischenmarkt.

- Zweitens sind Einzelhandelspreise wichtige Indikatoren für die Bereitschaft zum Tornado. Als Faustregel kann gelten, daß der Markt für kleine Büros und Unternehmen bei Preisen unter 1500 Dollar beginnt, und daß dort der Tornado ab Preisen unter 1000 Dollar möglich wird. Fallen die Preise unter 700 Dollar, ist das der Einstieg in den Markt für Privatanwender, und dort beginnt der Tornado bei der Schwelle von 300 Dollar. Dies sind natürlich keine festen Regeln, aber die gibt es bei Vorhersagen nie.

- Abstrakter ausgedrückt: für den Tornado ist es erforderlich, daß das vollständige Produkt massenmarktfähig wird. Solange es auch nur eine wichtige Komponente gibt, die für die Integration spezielles Fachwissen erfordert, wird sich der Markt sträuben, in die Tornado-Phase überzugehen. Wenn allerdings dieses letzte Hindernis aus dem Weg geräumt worden ist, und wenn es zum Tornado kommt, dann wird das so gut wie sofort geschehen. Wenn es unter diesen Umständen nicht zum Tornado kommt, heißt das für gewöhnlich, daß die fragliche Anwendung nicht die erforderlichen Durchbruchsqualitäten hat und daß es keinen zwingenden Kaufgrund gibt.

- Das unübersehbare Zeichen für einen Tornado ist solch ein Durchbruch. Ich bin mir allerdings nicht ganz sicher, ob er vom Tornado erzeugt wird oder umgekehrt. Wir können aber so viel über diese Anwendungen sagen, daß sie universelle Infrastruktur bieten, attraktiv für den Massenmarkt sind und sich als Massenprodukt absetzen lassen.
- Man erkennt den Tornado natürlich auch daran, daß sich ein Gorilla zeigt, aber an diesem Punkt ist es normalerweise schon zu spät, um daran noch etwas ändern zu können.
- Wenn man darauf setzt, daß es zu einem bestimmten Zeitpunkt zum Tornado kommen wird, ist das so, als ob man Lotto spielt und erwartet zu gewinnen. Es gibt einfach zu viele Variablen in der Gleichung, um diese Art von Spiel sinnvoll sein zu lassen.

Ende des ersten Teils, Übergang zu Teil zwei

In ersten Teil, in dem es um die Entwicklung der Hyperwachstumsmärkte geht, haben wir die Auswirkung der Marktkräfte auf den Technologieakzeptanz-Lebenszyklus betrachtet, und wir haben uns allgemein über die jeweils angemessene Verhaltensweise für jede Phase unterhalten. Dies alles ist sozusagen eine *Navigationsübung* gewesen. Wir haben den Lebenszyklus vermessen, Karten von ihm gezeichnet und gelernt, diese zu gebrauchen. Zuletzt haben wir gesehen, wie wir das Diskontinuitätsmodell und das Lebenszyklusmodell als eine Art Sextanten beziehungsweise Navigationshilfe gebrauchen können.

Im zweiten Teil, der mit „Die Bedeutung von Strategien" überschrieben ist, wollen wir diese Ideen mit folgenden Punkten in Einklang bringen, die traditionell für Unternehmensstrategien von Belang sind:

- Strategische Allianzen
- Wettbewerbsvorteile
- Positionierung
- Führungsstil

All diesen Punkten gemeinsam ist das Interesse an *Macht* und deren Verteilung auf dem Markt im allgemeinen und innerhalb einzelner Unternehmen im besonderen. Wenn sich beim Durchlaufen des Lebenszyklus kritische Erfolgsfaktoren ändern, wächst beziehungsweise schwindet die Macht bestimmter Personen und Institutionen dementsprechend. Solange Lebenszyklen relativ langlebig sind, sind der aktuelle Markt und das Management in der Lage, diese Veränderungen zu absorbieren.

In der High-Tech-Industrie – und in zunehmendem Maße auch in anderen dem schnellen Wandel unterworfenen Industrien – ist das nicht mehr möglich. Lebenszyklen entwickeln sich zu schnell, und es gibt zuviele davon. Die Machthaber wechseln viel zu oft, als daß unsere traditionellen Marktmechanismen und Managementsysteme damit Schritt halten könnten. Dies schafft Ernüchterung hinsichtlich strategischer Allianzen, Verwirrung hinsichtlich aufrechtzuerhaltender Wettbewerbsvorteile, Desorientierung was die Positionierung betrifft und Verstimmung innerhalb der Führungsteams.

Der Weg nach vorn erfordert ein drastisches Umdenken darüber, wie fundamentale Machtverhältnisse auf einem sich rasch verändernden Markt definiert sind und aufrecht erhalten werden. Das ist die Herausforderung, mit der wir uns im zweiten Teil dieses Buches beschäftigen wollen.

TEIL 2

Die Bedeutung von Strategien

7 Strategische Allianzen

Daß strategische Allianzen in den letzten zehn Jahren für die Unternehmensstrategie im High-Tech-Bereich so unentbehrlich geworden sind, liegt hauptsächlich an der Migration zu *offenen Systemen*. Allgemein wird angenommen, daß dieses Paradigma aus der Frustration der Kunden aufgrund der Zwangsanbindung an einen bestimmten Anbieter entstanden ist, aber im Endeffekt hat es nur wenig Einfluß auf die Umstellungskosten und sogar noch weniger Einfluß auf die Loyalität der Kunden gehabt. Die Gatter sind vielleicht nicht mehr so hoch, wie sie es einmal waren, die Pferde neigen aber noch immer dazu, innerhalb des eingezäunten Bereichs zu bleiben, wenn sie erst einmal eingepfercht sind. Den größten Einfluß haben die offenen Systeme indessen auf die Interaktion unter den Anbietern hinsichtlich der Schaffung vollständiger Produkte und des Kampfes um die Position des Marktführers.

Unter dem alten Regime, das von IBM, DEC, Unisys und anderen großen Systemanbietern verkörpert wird, war vertikale Integration das Rückgrat der Wettbewerbsstrategie. Partner und Verbündete wurden, wie Lotsenfische, toleriert, solange sie geradewegs auf das Maul des großen Fisches zusteuerten. Die Investitionen für vollständige Produkte waren so hoch, daß der Markt nur wenigen Unternehmen zur Verfügung stand, und diese wiederum waren auf alles Geld angewiesen, das sie von den Kunden bekommen konnten, um die Investitionen wieder hereinzuholen. Zu jener Zeit hatte das Marketing etwas Heimlichtuerisches, Kundenentwicklung wurde exklusiv betrieben, man hielt sich die anderen Anbieter auf Armeslänge vom Leibe, und in erster Linie ging es darum, Abhängigkeiten zu minimieren und die Kontrolle nicht zu verlieren.

Unterminiert wurde dieses System durch das Aufkommen des Mikroprozessors, wodurch ein sehr viel kostengünstigeres Hardware-Investitionsmodell ermöglicht wurde, was bedeutete, daß sich die Anbieter tatsächlich den Markt teilen und alle davon profitieren konnten. Kein Anbieter hatte genügend Kapital, um sich von den anderen unabhängig zu machen, und so entwickelte sich ein neues Paradigma mit einer offenen Architektur und

Kooperation unter den Anbietern. Es wurde von Apple mit dem Apple II eingeführt und dann von der PC-Abteilung bei IBM und von Sun Microsystems weiter verbreitet. Diese Unternehmen *gestatteten* es ihren Partner nicht nur, die unbelegten Steckplätze in ihren Geräten zu füllen, nein, *sie forderten sie dazu auf*. Im Marketing gab es eine Verlagerung auf ein offeneres Kommunikationsmodell, wobei es ein Hauptanliegen war, Informationen zum beiderseitigen Vorteil gemeinsam zu nutzen.

In einem Modell der offenen Architekturen steht es den Anbietern frei, sich auf einen Bestandteil zu spezialisieren und auf diesem Gebiet der beste Anbieter zu werden, ohne die Verantwortung für die Investitionen für die gesamte vollständige Lösung übernehmen zu müssen. Unter diesen Voraussetzungen werden kleinere und flexiblere Unternehmen bevorzugt, wohingegen die Anbieter, die unter dem alten Paradigma erfolgreich waren, einen Kostennachteil erleiden. Vollständige Produkte können viel schneller auf den Markt kommen, wenn es unter vielen Firmen Wettbewerb um die Zulieferung der einzelnen Bestandteile gibt und wenn an allen Fronten gleichzeitig gearbeitet wird.

Eine der ersten und dramatischsten Manifestationen der neuen Strategie war die außergewöhnliche Aktion, mit der Sun auf dem Markt für technische Workstations Apollo den Rang ablief. Nach allen Regeln des Tornados wäre das nie möglich gewesen, denn Apollo war der etablierte Gorilla. Der Markt hätte Apollo gegenüber loyal bleiben müssen, anstatt ein anderes Paradigma zu unterstützen. Warum also verhielt sich der Markt trotzdem so? Die Antwort darauf lautet, daß Sun durch die Strategie der offenen Systeme die Möglichkeit hatte, erheblich mehr als Apollo zu produzieren, und da im Tornado derjenige den Zuschlag erhält, der „ausliefert, was das Zeug hält", konnte Sun den Vorgänger aus dem Rennen werfen, obwohl dieser die Vorteile des Marktführers genossen hatte.

Sun konnte deswegen so viel mehr produzieren als Apollo, weil die Strategie der offenen Systeme einen Engpaß bei der Entwicklung des vollständigen Produkts verhinderte. Anstelle dessen wurden Allianzen vermehrt, um die benötigten Komponenten extern zu beschaffen, wobei man sich darauf verließ, daß die natürlichen Mechanismen des freien Marktes letztendlich das vollständige Produkt zustande bringen würden. Sun *erdachte* und *inszenierte* diese Lösungen zur Schaffung des vollständigen Produkts, ohne sie in Eigenfertigung herzustellen oder zu kaufen. Mit anderen Worten: das Eingehen von Allianzen wurde zu einer wichtigen neuen Alternative zur bisherigen Entweder-Oder-Entscheidung zwischen Eigenfertigung und

Kauf. Aufgrund der Strategie der Allianzen kam Sun in den Genuß viel flexiblerer Versorgungskanäle, die sozusagen keine Kosten verursachten.

Die High-Tech-Industrie als Ganzes hat immer noch nicht ganz begriffen, was hier eigentlich geschehen ist, und mit welcher Geschwindigkeit die Verhältnisse neu geordnet wurden. Wir sind noch immer dabei zu erforschen, wie die Bildung von Allianzen auf der Grundlage von offenen Systemen die Macht innerhalb des Marktes verteilt. Um diese Dynamik noch besser zu verstehen, wollen wir uns ansehen, wie der Technologieakzeptanz-Lebenszyklus sowohl die Bildung als auch die Auflösung von Allianzen steuert.

Die Evolution des vollständigen Produkts

Man kann vom Lebenszyklus sagen, daß er die Evolution und Integration des vollständigen Produkts folgendermaßen nachzeichnet:

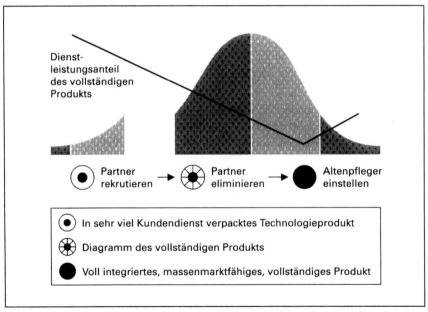

Die Evolution des vollständigen Produkts

Am Anfangspunkt des Lebenszyklus besteht das vollständige Produkt aus einem nicht ganz ausgereiften Kernprodukt, das noch sehr viel Kundendienstleistungen erfordert, damit die einzelnen Anwendungen funktionieren. Dies ist die Zeit des Einführungsmarktes, in der die Visionäre sich darauf einlassen, eine vielleicht achtzigprozentige Lösung anzunehmen, um sie als Grundlage für den Durchbruch einer Anwendung zu benutzen. Um dieses Ergebnis zu erzielen, sind sie in großem Ausmaß auf Dienste von Systemintegratoren angewiesen, die die ganze Chose zusammenbauen. Dies ist in der Tat eine Herausforderung, und der Anteil an Dienstleistungen, die mit einem bestimmten Projekt einhergehen, ist typischerweise um ein Vielfaches größer als die Investition in das Produkt selber.

Um den Abgrund zu überwinden und von den Pragmatikern akzeptiert zu werden, müssen die Anbieter ein vollständiges Produkt etablieren, und zwar anfangs für eine Zielgruppe in einer spezifischen Nische. Dieses Gebilde ist eine Mischung aus bereits existierenden Produkten und Dienstleistungen. Der Unterschied zu seinem Bruder auf dem Einführungsmarkt besteht darin, daß alle Komponenten bereits existieren, daß keine von Null auf entwickelt werden muß. Natürlich muß noch eine Feinjustierung hinsichtlich der speziellen Bedürfnisse erfolgen, komplett neue Entwürfe müssen aber nicht ausgearbeitet werden. Dadurch läßt sich das Produkt mit einem vernünftigen Maß an Einheitlichkeit und in angemessenem Tempo duplizieren. Die bei dem einen Kunden geleistete Arbeit läßt sich nutzbringend bei dem nächsten anwenden und damit schließlich von Nische zu Nische übertragen. Dadurch lassen sich die Kosten senken und die Zuverlässigkeit erhöhen.

Um diese Ziele zu erreichen, muß der führende Anbieter – das ist in der Regel der Anbieter des Kernprodukts – Partner rekrutieren, die die Aufgabe übernehmen, eine oder mehrere Komponenten des vollständigen Produkts anzureichern. Dabei darf keine Komponente vernachlässigt werden, denn das birgt die Gefahr, daß das vollständige Produkt unzulänglich bleibt und der Kunde die versprochenen Resultate nicht bekommt. Dies ist die Geburtsstunde des Netzwerkes aus informellen Allianzen, dieser wichtigen Grundlage der High-Tech-Industrie.

Sobald ein vollständiges Produkt in den Tornado gesaugt wird, fordert der Markt eine immer weiter fortschreitende Standardisierung der Lösung. Damit kommt man der Benutzerfreundlichkeit und den Preisen näher, die für die flächendeckende Verbreitung eines Massenprodukts notwendig sind. Damit die Kosten gesenkt und die Zuverlässigkeit gesteigert werden können, muß das vollständige Produkt in zunehmendem Maß von vornherein integriert sein, und der erforderliche Dienstleistungsanteil muß so weit wie möglich verringert werden. Das ist der Anfang vom Ende der Allianzen, die man, wie es scheint, doch gerade erst eingegangen ist.

Dieser Prozeß setzt sich durch den gesamten Tornado und auf der Mainstreet fort, bis der absolute Nullpunkt in bezug auf Allianzen erreicht ist und das vollständige Produkt vollkommen vom Kernprodukt absorbiert worden ist. Jetzt brauchen wir +1-Marketingstrategien, um das Massenprodukt, das wir geschaffen haben und das nur geringe Gewinnspannen ermöglicht, zu differenzieren. Damit eröffnen sich in sehr bescheidenem Ausmaß wieder Möglichkeiten für Allianzen, vorausgesetzt, daß man noch miteinander spricht.

Am Ende des Lebenszyklus schließlich kommt wieder der Kundendienstanteil ins Spiel, diesmal in der Rolle eines Altenpflegers. Die Infrastruktur, die sich früher um das Produkt gekümmert hat, hat einen Paradigmenwandel vollzogen, und die Kunden, die noch mit den alten Plattformen arbeiten, brauchen jetzt Unterstützung. Wie wir in Kapitel 5 am Beispiel von Computer Associates gesehen haben, können solche Dienstleistungen durchaus profitabel sein.

Worum es wirklich geht – Macht

Was mit all diesen Ausführungen gesagt werden soll, ist, daß Allianzen unter dem Druck der Evolution des vollständigen Produkts zwangsläufig an einen Punkt gelangen, an dem sie in einen Interessenkonflikt geraten. Man kommt nur vorwärts, wenn man die tatsächlichen Belange herausarbeitet, denn letztendlich läuft alles auf das eine hinaus: Macht. Um effektiv kommunizieren und Strategien realistisch anwenden zu können, brauchen wir ein allgemeines Modell, anhand dessen wir erkennen können, wie die Machtverteilung unter den Partnern auf dem Markt aussehen muß. Wie alles andere ändern sich natürlich auch die Machtverhältnisse *im Laufe des Lebenszyklus*.

Der Einführungsmarkt

In dieser Phase liegt die Macht in den Händen des Technologieanbieters und des Systemintegrators. Der eine hat den Köder, mit dem er Visionäre anlockt, der andere hat die Angel, um die Fische an Land zu ziehen.

Betrachten wir doch einmal das Paar Savi und Gyration. Das sind zwei Unternehmen auf dem Einführungsmarkt, die beide etwas mit „Ortung" zu tun haben. Savi hat ein Sender/Empfängersystem, mit dem bei Speditionen und in Lagerhäusern schnell Frachtcontainer und deren Inhalt lokalisiert werden können. Gyration bietet ein prozessorgesteuertes Miniaturgyroskop an, das nicht viel wiegt, die Größe eines Golfballs hat und wie jedes andere Gyroskop Bewegungs- und Lageänderungen registriert, und das sich somit für den Einbau in Systeme eignet, die eine Registrierung von Positions- beziehungsweise Lageänderung erfordern.

Wie viele andere Produkte auf dem Einführungsmarkt können beide eine Unzahl von Anwendungen in einer ganzen Reihe von Industriezweigen unterstützen. Savi hat sich zunächst auf mediumübergreifende Transportwege spezialisiert, insbesondere auf Frachtumschlagplätze, an denen von LKW auf die Schiene umgeladen wird, aber auch ein Automobilhersteller hat sich mit Wünschen für ein System zur Lokalisierung von Containern innerhalb eines Firmenstandortes an dieses Unternehmen gewandt, und eine Lebensmittelhandelskette interessiert sich für ein System zur Lokalisierung leicht verderblicher Waren. Gyration konzentriert sich auf „freischwebende Mäuse", die in der Hand gehalten werden und mit denen man bei Präsentationen mit dem PC, bei Computerspielen oder aus allgemeiner Bewegungsfaulheit heraus den Mauszeiger auf dem Bildschirm sozusagen per Fernbedienung steuern kann. An dieses Unternehmen haben sich Anbieter von Kraftfahrzeug-Leitsystemen und Hersteller von Videokameras gewandt.

Keines der beiden Unternehmen verfügt über die erforderlichen Integrationsressourcen, um aus diesen Angeboten Kapital schlagen zu können. Im Fall von Gyration könnten die Ressourcen eventuell von den Kunden kommen, aber im Fall von Savi sind die Dienste eines unabhängigen Systemintegrators so gut wie unentbehrlich. Warum? Weil der Kunde, also der Visionär, als erster eine neue Infrastruktur einrichten will, ihm dazu aber das nötige Know-How und die Fähigkeiten zur Projektleitung fehlen. Genau das ist das Spezialwissen der Integratoren. Sind sie erst einmal auf dem Plan, geht alle Macht an sie über.

Neben dem Technologieanbieter und dem Integrator werden alle anderen zu Zuschauern, die erst auf Zuruf des Integrators ins Spiel kommen dürfen. Die Zuschauer sind zu diesem Zeitpunkt am Spiel interessiert, weil im Zuge von Geschäften mit Visionären oft eine große Menge ergänzender Infrastrukturprodukte und -dienstleistungen gekauft werden können. Wenn diese „Zuschauer" in ihrem eigenen Terrain Marktführer sind, erkennen die Integratoren diese Macht an und bemühen sich darum, den guten Zugang der Zuschauer zu den Kunden für sich zu nutzen, ohne aber die Kontrolle über die Kunden aus den Händen zu geben. Wenn allerdings die Zuschauer lediglich Lieferanten von Massengütern sind, erwarten die Integratoren, daß die Zuschauer nach ihrer Pfeife tanzen, und diese Erwartung wird auch erfüllt.

Die Bowlingbahn

Auf der Bowlingbahn und beim Überqueren des Abgrunds liegt die Macht in den Händen des „Rädelsführers", der die Attacke gegen die Nischenmärkte anführt. Der Rädelsführer ist das Unternehmen, das die Zielgruppe ausfindig gemacht, den zwingenden Kaufgrund erkannt und das vollständige Produkt entworfen hat. Nur diese Leute *sehen* die Absatzmöglichkeiten, außer ihnen keiner. Sie sind diejenigen, die sich Partner für die Schatzsuche aussuchen, denn sie haben die Karte, auf der der Schatz eingezeichnet ist, und das verleiht ihnen Macht.

Die Allianzen funktionieren, weil dem Rädelsführer die Führungsposition aufgrund seines Wissens um die Absatzmöglichkeiten zuerkannt wird, und nicht wegen seiner Größe. Ich betone dies deshalb, weil viele kleine Firmen der Meinung sind, sie benötigten letzteres, um die Unterstützung mächtiger Verbündeter zu erlangen. Das ist einfach nicht wahr.

Im Beispiel aus Kapitel 2 erforderte das vollständige Produkt von Documentum für eine CANDA-Anwendung für die Pharmaindustrie die aktive Unterstützung von Sun, Oracle und Computer Sciences Corporation, also von milliardenschweren Unternehmen, die den Jahresumsatz von Documentum, tauchte er in ihren eigenen Bilanzen auf, für einen Rundungsfehler halten würden, und doch überließen alle drei Documentum die Führungsrolle. Das Ergebnis war, daß alle drei Unternehmen eine Erweiterung in Form einer +1-Nische auf ihren Mainstream-Märkten gewonnen haben.

Hier ist eine sonderbare Symbiose am Werk: Die Bowlingkegel kleiner Firmen können die +1-Erweiterungen großer Unternehmen sein. Große Unternehmen brauchen die Nischenausdehnungen, um ihren Umsatz auf der Mainstreet zu vergrößern, aber ihre Managementstrukturen erschweren es ihnen, selbst für diese Bemühungen einzutreten. Die anfänglichen Umsätze erscheinen einfach zu armselig, als daß man ihnen einen zweiten Blick schenken würde. Die Unternehmen leiden noch am Post-Tornado-

Syndrom, bei dem alles, was nicht nach einem weiteren Hauptgewinn aussieht, nicht der Mühe wert zu sein scheint.

Ein tatkräftiger Außenseiter, der mit klaren Zielvorstellungen und einem guten Plan auftritt, füllt dieses Führungsvakuum aus und zieht das Mainstream-Unternehmen mit sich in neue Bereiche von Absatzmöglichkeiten, die es aus eigener Kraft heraus nicht erreichen könnte. Der Schlüssel zum Erfolg liegt hier in frühzeitigen Gewinnen, die sich dann in die Höhe schrauben. Große Anbieter üben sich nicht gerne in Geduld, und bei der Vielzahl derjenigen, die um ihre Gunst und Beachtung buhlen, ist nichts so ausschlaggebend wie vorweisbare Erfolge.

Kurzum, die Macht des Rädelsführers hängt davon ab, ober er fähig ist, nicht nur sich selbst zu sehen, sondern auch an andere zu denken. Er muß in erster Linie Interesse daran haben, daß alle Partner der Allianz Geld verdienen, insbesondere in der Anfangszeit. Dieses Geld kurbelt die Allianz an. Sobald der Motor läuft, hält er sich von selbst in Schwung, und der Rädelsführer kann es sich bequem machen und seine Gewinne zählen.

Im Tornado

Die Macht in dieser Phase haben der Gorilla und seine Kumpel – der sogenannte „Club". Die Kandidatenliste für diesen Club wird anhand der Inventarliste des vollständigen Produkts gebildet. Der Markt wählt aus dieser Liste für jede Komponente einen Führungskandidaten aus. Diese Gruppe von Kandidaten wird als das „institutionalisierte" Lösungsset gewählt, innerhalb dessen garantiert wird, daß jede Komponente mit allen anderen kompatibel ist. Den Kunden steht es frei, Komponentenanbieter aus diesem Set gegen andere auszutauschen. Die meisten tun dies früher oder später, aber sie tun es auf eigene Gefahr.

In der DOS-Ära bestand der „PC-Club" aus Microsoft, Intel, IBM, Lotus, MicroPro und Ashton-Tate. In der LAN-Ära kamen Novell und Compaq hinzu. In der InterLAN-Ära wurde der Club um Cisco und Synoptics erweitert. In der Zwischenzeit hat die Client/Server-Revolution eine alte Garde aus der Führungsebene der 500 größten Industrieunternehmen verdrängt, die von IBM (Hardware und Datenbanken) und von Anwendungsanbietern wie Dun & Bradstreet dominiert worden war. An deren Stelle trat ein neuer Club, angeführt von Oracle (Datenbanken), Hewlett-Packard (Server) und SAP (Finanzanwendungen).

Dieser Club von Gorillas ist von einer Horde von Meerkatzen umgeben, die rein und raus rennen und versuchen, Rivalitäten unter den Gorillas für sich auszunutzen. Man ist versucht zu sagen, daß diese Meerkatzen keine Macht haben, und das stimmt auch, wenn man sie einzeln betrachtet. Als Gruppe aber wirken sie als reibungsverminderndes Schmiermittel, indem sie adäquaten Ersatz für Teams stellen, in denen der eine oder andere Gorilla mit den anderen nicht zurechtkommt. Meerkatzen haben als Gruppe beträchtlichen Einfluß auf die Marktpreise, insbesondere in den späten Phasen des Tornados, was die Gorillas zwingt, sich von ihren Partnern unabhängig zu machen, wodurch letztendlich der Club aufgelöst wird.

Die größte Schwierigkeit im Tornado besteht allerdings darin, die Rolle des Schimpansen richtig zu interpretieren. Wieviel Macht als Partner hat ein solches Unternehmen? Das hängt in hohem Maße von der Situation ab. Dort, wo das Unternehmen mit dem eigenen etablierten Kundenkreis arbeitet, hat es die Macht eines Gorillas und wird als „virtuelles Clubmitglied" akzeptiert. In diesem Kontext wird den Schimpansen das Recht abgetreten, die De-facto-Standards für ihren Anteil am Lösungsset zu bestimmen, und die Meerkatzen müssen sich ihnen unterwerfen, so wie sie sich auch dem Gorilla unterwerfen. Außerhalb des eigenen Kundenkreises kommt dem Schimpansen mehr der Status einer Meerkatze zu, die „einen guten Eindruck macht", für die sich die anderen Clubmitglieder also nicht schämen müssen. Hier muß sich der Schimpanse wieder den Standards des Gorillas unterwerfen und direkt gegen die Meerkatzen antreten, die ihm nicht den geringsten Respekt zollen.

Die Sache ist die, daß die Macht des Schimpansen im Tornado hochgradig instabil ist. Eigentlich gibt es gar keine echte Schimpansenrolle. Er ist immer eine Zweitbesetzung für zwei stabile Rollen: einmal für den Gorilla, mal für die Meerkatze. Die Lösung dieses Dilemmas ist das Kernstück der Wettbewerbsstrategie des Schimpansen. Aber damit werden wir uns im nächsten Kapitel näher beschäftigen.

Auf der Mainstreet

Wenn sich der Markt auf die Mainstreet verlagert, wird die Macht, die schon den Anbietern von Dienstleistungen genommen worden ist, nach und nach auch den Produktanbietern genommen. Die Nutznießer dieses Wandels, die jetzt die Macht bekommen, sind die Vertriebskanäle. Zum ersten Mal zeigen die Allianzen eine Neigung zu Funktionsstörungen.

Dieses Muster läßt sich unschwer anhand der PC-Industrie erkennen, wo auf der Mainstreet die beliebtesten Vertriebskanäle mittlerweile Computer-Supermärkte wie CompUSA, Tandy's Incredible oder, der Favorit in Silicon Valley, Fry's sind. Ihre Macht stützt sich darauf, daß sie den Zugang zu den Kunden lenken und formen können. Ihr Ziel ist natürlich eine Maximierung des Absatzes, eine Optimierung der Gewinnspanne bei jedem einzelnen Verkaufsabschluß und eine gleichzeitige Minimierung der Gemeinkosten. Durch dieses Ziel kommen sie oft in Konflikt mit den Interessen der Anbieter von Gorillaprodukten. Hier findet der Kampf um die Macht statt.

Einzelhandelskanäle werben routinemäßig mit einem oder mehreren Produkten des Gorillas, die sie zu tiefstmöglichen Preisen anbieten, um damit die Kunden anzulocken. Haben sich die Kunden erst von diesem Köder anlocken lassen, sind die Verkäufer gehalten, das Interesse der Kunden auf Produkte zu lenken, die mit einer größeren Gewinnspanne verkauft werden. Dieses Verhalten wird von Schimpansen und Meerkatzen gefördert, und zwar oft in Form von Sonderprovisionen oder Rabatten, mit denen sie erreichen wollen, daß der Verkauf ihrer Produkte profitabler wird. Es erübrigt sich wohl zu sagen, daß all dies die Gorillas in Rage versetzt und schon zahlreiche Gegentaktiken hervorgebracht hat, von denen sich bisher keine als stabil erwiesen hat. Die Sache ist die, daß all diese Reaktionen nur bestätigen, daß die Macht auf die Vertriebskanäle übergegangen ist.

Auf Märkten, die von Vertriebskanälen für High-End-Produkte bedient werden, zum Beispiel über den Direktvertrieb, zeigt sich dasselbe Muster, allerdings getarnt durch die Tatsache, daß die Vertriebskanäle scheinbar vom Produktanbieter kontrolliert werden. Diese „Tatsache" ist aber eine Illusion. Der Vertriebsstab hat, wie jeder andere Vertriebskanal auch, das Ziel, Optimierung zum eigenen Nutzen zu betreiben. Die Unfähigkeit, dies zu erkennen, ist der Grund, weswegen Mainframe-Anbieter wie IBM und Unisys fortwährend weiter verkrüppeln. Es passiert nämlich folgendes:

Wenn vollständige Produkte so komplex sind, daß sie niemals massenmarktfähig werden, bringen sie selbst auf der Mainstreet noch große Gewinnspannen ein. Zum Teil liegt das daran, daß an diesem Punkt im Lebenszyklus die Kosten für einen Systemwechsel einen Wettbewerb indiskutabel machen. Das bedeutet eine Zwangsanbindung der Kunden an einen Anbieter, und dies ist für jeden Vertriebskanal eine feine Zeit. Die einzige Bedrohung des Status quo besteht in einem Austausch der Infrastruktur durch einen Paradigmenwandel. Der Direktvertrieb wird daher nie von sich aus das neue Paradigma ins Spiel bringen. Damit sind Unternehmen wie IBM oder Unisys, die bei ihrer Kommunikation mit ihren Mainframe-Kunden von einem einzigen Direktvertriebskanal abhängig sind, praktisch blockiert und können ihre Lösungen, die auf dem neuen Paradigma aufbauen, nicht absetzen. Sie müssen in hilfloser Wut mit ansehen, wie die Konkurrenz sich über ihre Stammkundschaft hermacht – *und das auch noch ungestraft!*

Der Weg aus diesem Dilemma besteht sowohl für PC- als auch für Mainframe-Anbieter darin, dem Vertriebskanal das Rückgrat zu brechen, indem alternative Wege zum Kunden gefunden werden. Es ist ein Beleg für die Macht der Vertriebskanäle, daß bisher – obwohl vielen Führungsteams diese Mechanismen klar sind – nur wenig zur Änderung der Situation erreicht worden ist.

Schließlich gibt es in der PC-Industrie eine Klasse von Gorillas, der es in dieser Situation extrem gut geht: das sind die Anbieter der Kern-Technologien, nämlich Intel (Mikroprozessoren), Microsoft (Betriebssysteme), Seagate und Connor (Festplattenlaufwerke) sowie Toshiba und Samsung (DRAM-Speicher). Diesen Anbietern ist es gleichgültig, ob die Vertriebskanäle die Produkte von Gorillas, Meerkatzen oder Schimpansen verkaufen, weil alle drei ihre Produkte verwenden müssen. Je mehr der Anteil der anderen Anbieter am vollständigen Produkt massenmarktfähig wird, desto größer wird der Gesamtumsatz und desto mehr klettern ihre Aktien.

So sieht die Evolution der Machtverteilung unter Partnern im Laufe des Technologieakzeptanz-Lebenszyklus aus. In jedem Fall sitzen die Unternehmen, die die Beziehungen zum Kunden lenken, am längeren Hebel. Auf dem Einführungsmarkt waren das in erster Linie die Integratoren. Auf der Bowlingbahn ist es der Rädelsführer. Im Tornado, insbesondere in bezug auf Infrastrukturkäufer, ist es der Gorillaclub. Und auf der Mainstreet sind es die Vertriebskanäle.

Das besagt zumindest die Theorie. In der Praxis formen lokale Kräfte und Taktiken in erheblicher Weise das Geschehen und lassen eine Fülle interessanter Strategieprobleme entstehen.

Schauen wir uns einmal einige Beispiele an.

Fünf Fragen zur Strategie

1. Woran erkenne ich, ob eine Allianz wirklich strategisch ist?

Die Frage stellt sich häufiger, als man annehmen möchte, und zwar in der Regel dann, wenn ein Partner in einer finanziell angespannten Situation Ansprüche stellt. Wenn es sich um eine echte strategische Allianz handelt, wird das Führungsteam bereit sein, sich auf die Forderungen einzulassen, aber um dies zu tun, müssen weniger strategische Allianzen hintangestellt werden. Woran erkennen Sie also den Unterschied?

Auf keinen Fall dürfen wir den Trugschluß ziehen, daß eine Allianz mit einem Gorilla wichtiger ist als eine mit einem Schimpansen oder gar einer Meerkatze. Die vorrangige Frage lautet vielmehr, ob die Partnerschaft einer einzigen Gelegenheit für Erträge dient, ob sie auf einen potentiellen steten Fluß von Einnahmen abzielt oder ob mit ihr die Position des Marktführers angestrebt wird. Von diesen drei Möglichkeiten ist die angestrebte Position des Marktführers das einzige strategische Ziel.

Natürlich sind Erträge das, was unser Unternehmen am Leben erhält; eine Strategie zielt aber nicht auf die unmittelbaren Auswirkungen einer Transaktion ab, sondern auf die zukünftigen. Von diesen Auswirkungen ist die wichtigste Ihr Vorwärtskommen in Richtung Marktführerschaft, ob nun in einer Nische oder im Tornado. Beim Kampf um die Position des Marktführers geht es um das Abstecken von Territorien, wobei Sie übermäßige Investitionen tätigen, um dadurch dem Absatz im Zielsegment Priorität zu geben. Allianzen, die auf dieses Segment ausgerichtet sind, haben Anspruch auf Investitionen. ·

Da eine Gelegenheit für nur einmalige Erträge in diesem Sinne keine strategische Bedeutung hat, hat sie natürlich auch keinen Anspruch auf diesen Status. Wie aber sieht es mit einer Möglichkeit aus, die mit einem zukünftigen Strom von Einnahmen lockt? Ganz Venezuela wird eine Standardisierung auf der Grundlage Ihres Produkts vornehmen, und Sie werden in den nächsten Jahrzehnten die Tantiemen einstreichen. Dies ist der zweideutige Fall, der ein „Kapitalwertproblem" darstellt, das heißt, man muß sich fragen, ob das Spiel das Risiko wert ist. Die Erfahrung des Beraters sagt hier, daß es sich in den seltensten Fällen lohnt. Die Einnahmenströme finden nämlich nicht so ohne weiteres den Weg in Ihre Kasse. In erster Linie gehen sie immer an den Marktführer (das gilt zumindest für die lohnenden Anteile) und dann erst an die anderen, die etwas zur Struktur des Marktes beigetragen haben.

Um es auf einen Punkt zu bringen: Eine Allianz ist nur dann strategisch, wenn sie auf das vollständige Produkt abzielt, das erforderlich ist, um die Führungsposition auf dem anvisierten Markt zu erlangen.

2. *Wie gehe ich mit strategischen Allianzen um, die nicht im Hinblick auf ein bestimmtes vollständiges Produkt eingegangen wurden?*

Die Tendenz zu derartigen Allianzen ist jetzt, da wir uns dem Ende der 90er Jahre nähern, im Bereich der *digitalen Konvergenz* allerorten zu beobachten. Unternehmen aus der Computerindustrie, dem Fernsprechwesen, dem Rundfunk und der Unterhaltungsbranche stürzen sich Hals über Kopf in Partnerschaften. Die Art und Weise, in der Unternehmen, die noch keine Partner haben, nur aus Angst, nicht mitspielen zu dürfen, losstürmen, hat etwas Blindwütiges an sich. Lassen Sie mich eines ganz klar sagen: Solche Aktivitäten stellen keine *schlechte* Strategie dar, sie sind einfach *grauenhaft*.

Allianzen, die nicht im Hinblick auf ein vollständiges Produkt eingegangen werden, sind schlichtweg untragbar. Sie stellen eine Extravaganz dar und sind unter dem Gesichtspunkt der Opportunitätskosten viel zu teuer, denn sie verschlingen wie verrückt Ressourcen, während die Beteiligten panisch umherirren und sich bemühen herauszufinden, was sie tun sollen. Das liegt daran, daß die Führungsspitze tatsächlich davon ausgeht, ein produktives Ergebnis zu erzielen, aber dazu wird es nicht kommen. Wenn das schließlich allen klar geworden ist, sind bereits wertvolle Jahre, in denen man etwas wirklich Produktives hätte schaffen können, unwiederbringlich verloren.

Allianzen müssen immer unter dem Aspekt des Fortschritts in Richtung eines vollständigen Produkts bewertet werden. Wir erinnern uns, daß wir das vollständige Produkt als das Minimalset von Produkten und Dienstleistungen definiert haben, das dafür erforderlich ist, daß die Kunden im Zielsegment den Nutzen bekommen, der ihnen versprochen wurde. Wenn wir davon ausgehen, daß dieser Nutzen wirklich angestrebt wird, zeigt uns das Akzeptanzverhalten dieser Kunden, ob wir unser Ziel erreicht haben. Mangelnde Akzeptanz bedeutet, daß dem vollständigen Produkt eine oder mehrere Komponenten fehlen oder daß diese nicht ausreichend integriert sind. Dies ermöglicht es wiederum den Partnern, sich auf das zu konzentrieren, was noch fehlt, um eine entsprechende Marktaktivität zu erreichen.

All dies führt zu koordinierten Marktentwicklungsaktivitäten mit meßbaren Ergebnissen. Jede Aktivität, der dieses Feedback fehlt, wird zu einem Ausflug von unbekannter Dauer, aber mit nur allzu vorhersagbarem

Ausgang. Wenn Sie sich in einer Partnerschaft befinden, die eingegangen wurde, bevor man sich einem spezifischen vollständigen Produkt widmete, machen Sie es sich zur Hauptaufgabe, einen Zielmarkt zu definieren. Wenn das nicht möglich ist, ziehen Sie sich sofort zurück.

3. *Wann weiß ich, ob ich als Alternative zur Entscheidung zwischen Eigenfertigung oder Kauf eine Allianz eingehen soll?*

In den 80er Jahren haben wir gelernt, daß die richtige Entscheidung bei der Frage „Eigenfertigung oder Kauf?" meistens der *Kauf* ist. Sie sparen dadurch Zeit, Sie vermeiden zusätzliche Kosten, die keinen entsprechenden Gegenwert haben, und es ermöglicht Ihnen, Ihre ganze Energie auf den Bereich zu konzentrieren, in dem Sie die größten Gewinne erzielen. Die High-Tech-Industrie hat länger gebraucht, als man für möglich halten sollte, um diese Lektion zu begreifen, denn wir sind eine Industrie aus Ingenieuren, denen nichts geheuer ist, was sie nicht selbst erfunden haben – im großen und ganzen haben wir die Sache aber inzwischen im Griff.

Heute besteht für uns die Herausforderung viel eher darin zu entscheiden, *ob wir Allianzen eingehen sollen,* um durch sie eine Schlüsselkomponente für unser angestrebtes vollständiges Produkt zu gewinnen. Partnerschaften gehen der Ingenieursmentalität ganz besonders gegen den Strich, denn sie bedeuten, mit uneindeutigen Situationen fertigwerden zu müssen und Vertrauen zu haben – und beides sind nicht gerade die starken Seiten der Techniker. Und was noch viel schlimmer ist: die Marketingleute treten dafür ein, und das kann nichts Gutes verheißen!

Aber nichtsdestoweniger ist das Eingehen von Allianzen von zentraler Bedeutung für die Marktentwicklung, und zwar nicht nur wegen der Hebelkraft, mit der wir uns in der Diskussion über offene Systeme beschäftigt haben. Allianzen bilden die *Muskeln,* die erforderlich sind, um diese Hebel überhaupt erst betätigen zu können. In offenen Systemen wird davon *ausgegangen,* daß alles nach dem Motto *Plug and Play* funktioniert, aber am Anfang ist das bei weitem nicht so. Deswegen erreichen auch nur diejenigen Lösungen, denen man sich besonders widmet, das letztendlich erforderliche Maß an Integration. Mit Hilfe erfolgreicher Allianzen konzentriert sich eine Gruppe von Unternehmen auf ein spezifisches Lösungsset, um dieses Ziel zu erreichen.

Darüber hinaus erschaffen Allianzen auf dem Markt vielfältige Quellen für Unterstützung, da durch sie die Ernte aus der Marktentwicklung unter mehreren Unternehmen aufgeteilt wird. Jetzt haben auch andere ein Interesse an Ihrem Erfolg. Wenn dagegen ausschließlich vertikal integrierte Anbieter Gewinne machen, erhält niemand sonst daraus einen Vorteil. Das bedeutet, daß alle anderen auf dem Markt Widersacher dieses Unternehmens sind.

Also verleihen Allianzen uns die nötige Hebelkraft. Gleichzeitig sind sie aber auch teuer und schwierig zu managen. In der Regel sind zwei bis drei Partner pro Projekt optimal. Innerhalb dieses Teams braucht jeder Partner eine echte und herausfordernde Aufgabe, deren Erfüllung ihm auch einen angemessenen Gegenwert verschafft. Wenn diese Voraussetzungen erfüllt sind, ist es in der Regel immer besser, Allianzen einzugehen, anstatt sich zwischen Eigenfertigung und Kauf zu entscheiden.

4. *Wie war das noch gleich: Warum soll ich nicht alles für mich selbst behalten, wenn ich doch dazu die Möglichkeit habe?*

Wenn ein einzelner Anbieter allein das vollständige Produkt vertikal integriert, ist das anfangs ohne Frage für alle direkt Beteiligten positiv. Der Anbieter bekommt nicht nur den gesamten Einsatz der Kunden, sondern auch die Kunden erhalten eine bessere Gesamtlösung, weil der Anbieter eine das gesamte vollständige Produkt abdeckende Qualitätskontrolle leisten kann. Langfristig gesehen kann die Konsequenz einer solchen Entscheidung aber aus zwei Gründen negativ sein:

1. Der Markt zieht keine anderen Anbieter an, weil es nichts für sie zu holen gibt. Daher wächst der Markt auch nur so schnell wie der dominierende Anbieter, welcher wiederum nur in dem Maße wachsen kann, wie es ihm das schwächste Glied in seiner Produktionskette erlaubt. Wenn der Anbieter sich aber auf eine breite Basis von Verbündeten stützen kann, schaltet er diesen einschränkenden Faktor aus und wächst mehr und schneller.

2. Wie wir in der Diskussion um die Bowlingbahn gesehen haben, verführen saftige Gewinne aus Dienstleistungen dazu, sich länger auf der Bowlingbahn aufzuhalten, anstatt das vollständige Produkt für den Tornado fit zu machen. Der Anbieter wird damit im Endlauf durch einen Konkurrenten verwundbar, der nichts zu verlieren hat, da er auf dem aktuellen Markt bisher keine Gebiete abgesteckt hatte. Dieser Situation sehen sich derzeit Unix-Anbieter durch das Aufkommen von Microsoft NT ausgesetzt.

Es läuft darauf hinaus, daß auf dem Markt für offene Systeme die Bildung von Allianzen meistens die optimale Strategie ist, vorausgesetzt, Sie können eine klare Zielvorgabe für die Allianz aufrechterhalten. Letztendlich funktioniert das nur mit einer Sache: mit *Geld*. Und zwar nur mit dem Geld der Kunden. Der Marktführer ist dafür verantwortlich, seinen Partnern einen Markt zu schaffen. Bis wirklich Geld verdient wird, befindet sich die Allianz in einer Art Bereitschaftszustand und altert zusehends. Es ist so, als ob sich jemand zu Beginn der Partnerschaft mit einer Stoppuhr aufstellen würde. Um das Interesse der Beteiligten aufrechtzuerhalten, sollten sich möglichst pünktlich Ergebnisse einstellen.

Wenn Sie also vor der Wahl stehen, alles für sich selbst zu behalten oder aber einem Partner etwas abzugeben, sollten Sie sich fragen, ob es sich um eine strategische Allianz handelt. Wenn das nicht der Fall ist, behalten Sie unter allen Umständen alles in der eigenen Hand. Geld ist nun einmal Geld. Wenn die Allianz aber tatsächlich strategisch ist, ist das Abgeben an den richtigen strategischen Geschäftspartner die billigste und gleichzeitig rentabelste Investition, die Sie im Hinblick auf die Marktentwicklung tätigen können.

5. Wie tanze ich im Tornado mit dem Gorilla, ohne zertrampelt zu werden?

„Mögest du in interessanten Zeiten leben" lautet ein chinesischer Fluch. Interessant ist das Schicksal der Firmen, die die vom Gorillaprodukt geschaffenen untergeordneten Bedürfnisse befriedigen, in der Tat. Sie sind die Partner aus der Zweckverbindung für das etablierte vollständige Produkt, die jetzt „die Reise nach Jerusalem" spielen müssen, denn jetzt geht es darum, wer bei der weiteren Massenvermarktung des vollständigen Produkts im Spiel bleibt, und wer seinen Platz räumen muß. Auch hier lautet das strategische Prinzip: Sind wir nicht der Gorilla, so ist es auch nicht unser Markt, und über kurz oder lang werden wir hinausgeworfen. Deshalb müssen wir uns angemessen verhalten.

Zuallererst muß es uns klar sein, daß der Gorilla mit dem Abflauen des Tornados unseren Anteil am Geschäft als *seinen* Anteil betrachten wird und daß die Kunden, die ein immer stärker integriertes Produkt verlangen, den Gorilla bei seinen Bemühungen, uns hinauszuwerfen, unterstützen werden. Wir haben also nur eine zeitlich begrenzte Erlaubnis, unsere Produkte auf dem Territorium des Gorillas zu verkaufen. Bevor diese Erlaubnis ganz abläuft, müssen wir den Übergang auf ein neues, hoffentlich ähnliches Gebiet schaffen und das Feld dem Gorilla beziehungsweise den preiswerter anbietenden Nachahmern überlassen. Anstatt also den Microsofts, Intels, IBMs und Suns auf dieser Welt zu grollen, weil sie uns hinauswerfen, sollten wir so lange wie möglich von ihnen profitieren und dann dankend unseren Hut nehmen.

Warum verhalten sich die wenigsten Unternehmen so würdevoll? Das Problem besteht darin, daß im Tornado ein derart großes Geldvolumen geschaffen wird, daß wir uns schlecht vorstellen können, wie wir es jemals durch etwas anderes ersetzen könnten. Es freiwillig aus der Hand zu geben, erscheint uns grotesk, denn wer soll unseren Aktionären erklären, daß all die Erträge niemals wirklich uns gehört haben, daß wir lediglich die Pächter auf der Plantage des Gorillas waren und ihm einen Teil unserer Ernte zu zollen hatten? Leider gibt es keine gute Antwort auf diese Frage – denn genau so war es ja. Wenn unsere Investoren anderer Meinung gewesen sind, dann haben sie (und vielleicht auch wir selbst) unsere Anteilsrechte falsch bewertet.

Kurz- bis mittelfristig besteht der einzige gangbare Ausweg aus diesem Dilemma darin, ein ausreichendes Maß an laufender Innovation zu erhalten, die uns außerhalb der Reichweite des Gorillas hält. Langfristig müssen wir einen Platz finden, an dem wir der Gorilla sein können.

Die Rolle der Dienstleister in der Allianz

Bisher haben wir die Anforderungen an Allianzen aus der Sicht der Produktanbieter betrachtet, die zwecks Schaffung eines vollständigen Produkts kooperieren. Für die Fertigstellung vollständiger Produkte sind aber auch Dienstleister vonnöten, und auch für sie hat der Lebenszyklus eine Bedeutung. Aus der Sicht der Dienstleister sieht es so aus, wie in der Abbildung auf der nächsten Seite dargestellt.

Der Dienstleistungsanteil am vollständigen Produkt ist umgekehrt proportional zum Grad der Integration, die es bereits aufweist. Zu Beginn des Zyklus ist der Integrationsgrad gering, und der Dienstleistungsanbieter ist ein „Tiefseefisch", der große Gewinnspannen erzielt. Am Ende des Zyklus ist der Integrationsgrad hoch, was den Dienstleister zu einem „Flachwasserfisch" macht. Im Zuge der Abnahme der Gewinnspannen ist es an einem gewissen Punkt erforderlich, daß Dienstleister und Vertriebskanäle verschmelzen, weil kein Raum für mehr als ein Serviceunternehmen bleibt.

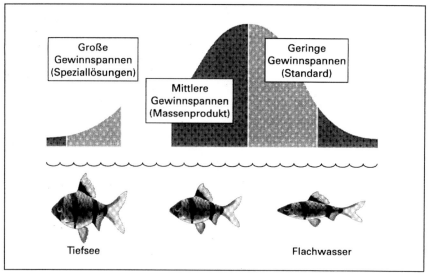

Dienstleister und der Lebenszyklus

Aber an jeder Stelle des Zyklus können Fische leben – sie müssen lediglich unterschiedliche Organisationsstrukturen entwickeln. Jeder dieser Dienstleister hat nämlich innerhalb des Entwicklungszyklus des vollständigen Produkts eine bevorzugte „Futterstelle", an der das Maß an erforderlicher Dienstleistung genau seinen Kapazitäten entspricht. Diese Futterstellen sind sowohl temporär als auch stationär: temporär in dem Sinne, daß der Strom der Evolution des vollständigen Produkts stetig von links nach rechts fließt, wodurch ihnen das vollständige Produkt entgegenkommt, durch sie hindurchfließt und schließlich von ihnen fortgetragen wird. Stationär sind die Stellen in der Hinsicht, daß jede Fischart versuchen sollte, so dicht wie möglich an ihrer Futterstelle zu bleiben.

Um überleben und prosperieren zu können, müssen Dienstleister gegen den Strom der Evolution des vollständigen Produkts schwimmen, dabei ihre relative Position zum Lebenszyklus konstant halten und sich nicht auf spezifische vollständige Produkte fixieren. Eine derartige Fixierung führt zum Desaster, weil mit jedem Jahr, mit dem das Produkt weiter nach rechts fließt, die Gewinnspannen für Dienstleistungen kleiner werden, bis der Fisch auf dem Trockenen liegt.

Das Verhältnis von Dienstleistern zu vollständigen Produkten ist immer vergänglich. Leider gefällt uns Menschen der Gedanke an die Vergänglichkeit nicht so besonders, schon gar nicht der an unsere eigene, und so haben wir eine Tendenz, sie zu leugnen und uns lieber an etwas zu klammern, als sei es unvergänglich. Das verleitet Dienstleister zu dem fatalen Fehler, die eigene Existenzberechtigung in bezug auf ein bestimmtes vollständiges Produkt zu definieren, beispielsweise Desktop Publishing, LAN, CAD oder MRP, und das mit dem Ziel, in alle Ewigkeit auf dem Markt zu bestehen. Diese Strategie kann aus den bereits besprochenen Gründen nicht funktionieren. Dienstleister müssen sich in erster Linie im Verhältnis zum Technologieakzeptanz-Lebenszyklus definieren.

Langzeitstabilität im Dienstleistungsgewerbe hängt mehr als alles andere von einem einzigen Erfolgsfaktor ab — nämlich der Fähigkeit, Jahr für Jahr dieselben Bruttogewinnspannen zu erzielen. Diese Bruttospannen entsprechen einem bestimmten Punkt im Lebenszyklus, nämlich der Futterstelle, das heißt, dem erforderlichen Maß an Integrationshilfe, das durch seinen Marktwert der Gewinnspanne entspricht, die der Dienstleister fordern muß. Systemintegratoren haben das sehr gut begriffen und halten sich daher dicht am Anfangspunkt des Lebenszyklus auf, um dort mit sehr großen Gewinnspannen zu kalkulieren. Auch die Supermärkte im Einzelhandel haben das verstanden und halten sich daher mit ihren Serviceverpflichtungen so weit wie möglich zurück, damit sie bei den niedrigen Verkaufspreisen immer noch ausreichende Gewinne erzielen. VARs und alle anderen Dienstleister „in der Mitte" kommen dagegen selten mit diesem System zurecht, was dazu führt, daß sie in der Regel nach einer Lebensdauer von vier bis sieben Jahren auf dem Markt wieder untergehen.

Aber auch die VARs können Stabilität erlangen, wenn sie zu der Erkenntnis gelangen, daß sie mit jedem Jahr die Quelle ihrer Wertschöpfung erneuern müssen. Daß bedeutet, daß jedes Jahr ein Teil des Services, den sie im Jahr zuvor angeboten haben, nicht mehr die Gewinnspanne wert ist, auf die sie angewiesen sind, so daß sie dieses Angebot aus dem Programm nehmen müssen. Gleichzeitig werden mit jedem Jahr solche Dienstleistungsangebote in ihre Reichweite geschwemmt, für die im Vorjahr ihr Fachwissen noch nicht ausreichte, so daß sie diese neuen Gelegenheiten wahrnehmen können. Wenn Dienstleister dieses Erneuerungsprinzip begreifen, können sie sogar einen größeren Stabilitätsgrad erreichen als die Produktanbieter, weil sie nie gezwungen sind, darauf zu setzen, daß sich ihr Produkt in der Zukunft durchsetzen wird. Sie können einfach darauf warten, daß der Markt ihnen kostenlos die Gewinner nennt, und sich dann mit der Integration des aktuellen vollständigen Produkts befassen.

Ein schönes Beispiel dafür, wie man diese Strategie anwendet, habe ich von John Addison bekommen, der in den späten 80er Jahren bei Sun als Manager für einen Teil des Wiederverkaufsgeschäftes zuständig war. Wenn 1987 ein Sun-VAR AutoCad liefern konnte, hat dies allein die erforderliche Gewinnspanne gewährleistet. Das lag daran, daß AutoCad ein auf SUN-Workstations portiertes DOS-Programm war, ohne einen gewissen Feinabgleich jedoch nicht problemlos lief. Gleichzeitig waren die AutoCad-Kunden ausschließlich PC-orientiert, und es bestand keine Unix-Kompatibilität. Damit gab es für den VAR viele Wege, sein Geld zu verdienen.

1988 erwartete man allerdings von den VARs, auch die AutoCad-Erweiterungen von Drittfirmen zu liefern. Und 1989 wurde erwartet, daß sie darüber hinaus eine Schnittstelle für Desktop-Publishing mit Frame oder Interleaf unterstützen sollten. Zu diesem Zeitpunkt waren die Anwender mit dieser Technologie schon so vertraut, daß sie ihren Kunden grafisch ansprechendere Zeichnungen vorlegen wollten. 1990 waren die Ansprüche noch weiter gestiegen und beinhalteten mittlerweile eine Datenbank für die Archivierung der aufeinanderfolgenden Zeichnungsversionen, um bei technischen Änderungen auf dem laufenden bleiben zu können. 1991 schließlich erwartete man relationale Datenbanken, mit denen aus den technischen Zeichnungen heraus Stücklistendaten an die Materialbedarfsplanung weitergegeben werden konnten. Mit jedem Jahr sah sich der VAR neuen Anforderungen gegenüber, um weiterhin die erforderlichen Gewinne hereinholen zu können. 1991 war der bloße Verkauf von AutoCad für Sun für VARs eine Aufgabe mit hohen Umsätzen und niedrigen Preisen, und VARs, die nur diesen Dienst anbieten konnten, erreichten längst nicht mehr die Gewinnspannen der früheren Jahre.

Das „Fischmodell" ist ein wichtiges Hilfsmittel für die Kommunikation zwischen Produktanbietern und Dienstleistern, insbesondere für indirekte Vertriebskanäle. Anstatt sich darüber zu streiten, warum die Gewinnspannen für die VARs immer ungünstiger werden, sollte die Diskussion auf folgenden wichtigen Punkten aufbauen:

1. Welche Bruttospanne muß der Dienstleistungs-Partner erreichen, um ein lohnendes Geschäft zu machen?

2. Einigen wir uns darauf, nur solche Geschäfte abzuschließen, bei denen diese Gewinnspannen erzielt werden.

Die Auswirkung dieser beiden prinzipiellen Punkte besteht darin, daß damit der Produktanbieter und der Dienstleister an derselben Seite des Tisches zu sitzen kommen, womit die Tendenz vermieden wird, daß ersterer den anderen an die Wand drückt. Beide müssen sich nun gemeinsam auf die Tatsache konzentrieren, daß die Evolution des vollständigen Produkts ihr derzeitiges Verhältnis zueinander verändern wird. Der konstruktivste Weg vorwärts orientiert sich an folgenden Markierungspunkten:

- Wenn man die für den Dienstleister nötigen Gewinnspannen als Konstante nimmt, welche vollständigen Produkte verlassen derzeit seinen Aktionsradius?
- Wie kann der Dienstleister kurzfristig noch ein oder zwei gute Jahre aus diesem Geschäft herausschlagen, indem er seine Erfahrung so „verpackt", daß ihm weniger Kosten entstehen?
- Welche neuen Gelegenheiten, die diese verlorenen Einnahmequellen ersetzen könnten, zeichnen sich am Horizont ab?
- Wie kann der Produktanbieter kurzfristig die Marktentwicklung dieser Gelegenheiten beschleunigen, um damit dem Dienstleister das Geschäft schneller zuzuspielen?

Es ist eine grundlegende Tatsache, daß Produktanbieter und Dienstleister, ähnlich wie ein Geschwisterpaar, auf lange Sicht aneinander gebunden sind, kurzfristig sich aber ständig zu streiten scheinen. Diese kurzfristigen Kabbeleien entstehen dadurch, daß vollständige Produkte mit dem Lebenszyklus fließen müssen, während Dienstleister sich relativ dazu an einem stationären Ort aufhalten müssen. Solange diese Dynamik nicht von allen akzeptiert wird, ist das Verhältnis durch Groll und Mißtrauen belastet. Sobald aber Einigkeit herrscht, können die Unternehmen ihre Zusammenarbeit auf der Grundlage von Gelegenheiten für vollständige Produkte beginnen, wobei das Ziel darin besteht, neue Gelegenheiten ausfindig zu machen, sobald eine andere sich außer Reichweite begibt.

Zusammenfassung

Bei der Unternehmensstrategie der offenen Systeme wird größter Wert auf Allianzen gelegt, um eine rasche Entwicklung der Märkte für neue Technologien zu gewährleisten. Gleichzeitig jedoch läßt die Evolution des vollständigen Produkts all diese Partnerschaften zu etwas Vergänglichem werden. Zu lernen, wie man Partnerschaften bildet, wie man Verpflichtungen eingeht und auch hält, ist in einer solchen Umgebung wahrscheinlich die zweitschwierigste Aufgabe, die sich den High-Tech-Managern heutzutage stellt.

Die schwierigste Aufgabe ist aber wohl noch immer zu lernen, sich in einer solchen Umgebung zu behaupten. Deswegen ist das nächste Kapitel, dem wir uns jetzt zuwenden wollen, so wichtig.

8 Wettbewerbsvorteile

Da der gesamte Wohlstand der High-Tech-Industrie aus Tornados stammt und da die Tornados den Wettbewerb am stärksten anheizen, wird in Silicon Valley über nichts so viel diskutiert wie über die Frage, wie man *Wettbewerbsvorteile* erringt. Den Kern dieser Diskussionen bilden drei Schlüsselvariablen, die von den Unternehmensberatern Michael Treacy und Fred Wiersema von CSC Index in ihrem Bestseller *Marktführerschaft* (Frankfurt 1995) als „Nutzenkategorien" bezeichnet werden:

1. Produktführerschaft
2. Kostenführerschaft
3. Kundenpartnerschaft

Wenn man sich auf einem dieser Gebiete die Überlegenheit sichern will, muß man in der Regel auf den anderen beiden Abstriche in Kauf nehmen. Daher argumentieren Treacy und Wiersema, daß kein Unternehmen erwarten kann, auf allen drei Gebieten an der Spitze zu liegen, und daß es bei der Wettbewerbsstrategie hauptsächlich darum geht herauszufinden, auf welchem dieser Gebiete die Stärke des eigenen Unternehmens liegt. Daraufhin kann man eine Strategie entwickeln, die sich darauf konzentriert, auf diesem einen Gebiet besondere Leistungen zu erbringen.

Als genereller Befürworter von Fokussierung halte ich dies für einen hervorragenden Gedanken, aber im Fall des High-Tech-Marketings wird man von der Dynamik des rasch fortschreitenden Lebenszyklus zu einem etwas komplexeren Ansatz gezwungen, wie die Abbildung auf der nächsten Seite verdeutlicht.

Dieses Diagramm besagt, daß der Lebenszyklus diktiert, welche der Variablen zu einem bestimmten Zeitpunkt wichtig sind, und daß Sie sich nach diesen Variablen richten müssen, wenn Sie die Wettbewerbe, mit denen Sie konfrontiert werden, gewinnen und das Recht erhalten wollen, zur nächsten Phase überzugehen. Betrachten wir also die Phasen des Lebenszyklus noch einmal unter diesem Gesichtspunkt.

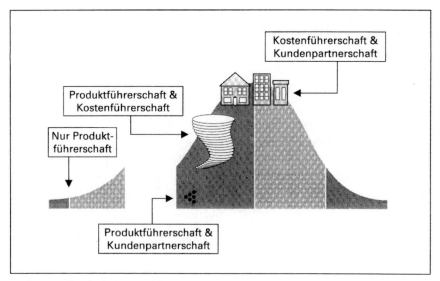

Nutzenkategorien im Lebenszyklus

Beginnen wir beim Einführungsmarkt, wo als einzige Variable die *Produktführerschaft* zählt. An diesem Punkt des Lebenszyklus besteht noch kein Wettbewerb zwischen mehreren alternativen Produkten – bei diskontinuierlichen Innovationen gibt es keine Alternativprodukte –, sondern zwischen *alternativen Durchbruchsvarianten*. Visionäre wollen dramatische Wettbewerbsvorteile gewinnen, indem sie etwas einsetzen, das außerhalb der Norm liegt. Der Wettbewerb findet dabei zwischen verschiedenen außerhalb der Norm liegenden Neuheiten statt, die um das Interesse und das Geld der Visionäre konkurrieren.

Dadurch entsteht ein Verkaufswettbewerb, bei dem charismatische Vertriebsleute mit unerhörten Versprechungen um die Aufmerksamkeit des Visionärs wetteifern. Heldenhafte Support-Spezialisten versuchen, diese Versprechungen mit mehr oder weniger improvisierten Demos zu unterstreichen, und F&E-Teams erklären sich, meist unter dem Einfluß von einem Übermaß an ansteckender Begeisterung und zuviel Koffein, dazu bereit, sie zu verwirklichen. All dies geschieht, um den Wettbewerb um die Unterstützung des Visionärs zu gewinnen.

In diesem Zusammenhang ist der Wettbewerbsvorteil von zwei Elementen abhängig:

1. Von der Fähigkeit zur Bewirkung radikaler Veränderungen durch völlige Beseitigung der Engpässe, die beim jetzigen Status quo den Fortschritt hemmen.
2. Von der Flexibiliät, die notwendig ist, um sich den Sonderwünschen des Visionärs anzupassen.

Der erste Faktor fällt in den Bereich der Produktführerschaft. Die Macht eines Paradigmenwandels liegt in der Zerschlagung des gordischen Knotens, der bisher alle dahingehenden Versuche verhindert hat. Die Lösung liegt immer in einer neuen Technologie, die einen völlig neuen Problemansatz ermöglicht, und dies erregt die Aufmerksamkeit der Visionäre.

Der zweite Schlüsselfaktor, die Flexibilität, liegt darin, daß das Produkt so neu ist, daß es noch durch keine bestimmten Anwendungen festgelegt ist. Es ist ein unbeschriebenes Blatt, auf dem der Visionär seine Pläne entwickeln kann. Da bisher noch kein vollständiges Produkt existiert, können die Kunden auf dem Einführungsmarkt das für sie geeignete Produkt entwerfen.

Jeder Verkaufsabschluß resultiert also letztendlich in der Verpflichtung, ein vollständiges Produkt genau nach den speziellen Anforderungen eines Kunden anzufertigen, was einen Arbeitsaufwand nach sich zieht, der mehr einem Kundendienstprojekt als einer Produktbestellung entspricht. Dadurch wiederum werden die Kräfte in Bewegung gesetzt, die das Ende des Einführungsmarktes herbeiführen:

1. Das Produkt wird durch immer mehr Verpflichtungen belastet und verliert seine Flexibilität.
2. Es stehen mit der Zeit keine Support-Mitarbeiter mehr zur Verfügung, die man neuen Spezialprojekten zuweisen könnte.

An diesem Punkt angelangt, müssen Sie den Abgrund überwinden, ob Sie wollen oder nicht.

Überwindung des Abgrunds und Wettbewerb auf der Bowlingbahn

Bei der Überwindung des Abgrunds überholen Sie die Konkurrenz mit denselben Methoden, die Sie auch auf der Bowlingbahn anwenden sollten, daher werden wir diese beiden Phasen hier zusammen betrachten. In beiden Fällen besteht das Ziel darin, die Marktführerschaft in einer genau umrissenen Nische zu erringen, denn dadurch erntet man die dem Marktführer gewährten wirtschaftlichen Vorteile und beweist gleichzeitig seine Glaubwürdigkeit als dauerhafter Marktteilnehmer. Der Schlüssel zum Wettbewerb auf der Bowlingbahn ist ein *differenziertes* vollständiges Produkt. Sobald dieses Produkt einsatzfähig ist, schart sich die Kundenbasis der Nische darum und läßt eine Konkurrenz durch ein anderes Paradigma nicht mehr zu.

Es gibt hier also zwei für den Erfolg wichtige Faktoren:

1. Sie müssen das *vollständige* Produkt liefern können, denn sonst scharen sich die Kunden nicht um Sie, und der Wettbewerb bleibt weiterhin offen.

2. Sie müssen der Erste sein, denn einen Trostpreis gibt es nicht.

Der Erfolg des vollständigen Produkts auf der Bowlingbahn ist von zwei Wettbewerbsfaktoren abhängig: von der *Produktführerschaft* und von der *Kundenpartnerschaft* beziehungsweise Kundennähe. Durch den ersten Faktor unterscheidet sich die vollständige neue Produktlösung von den vorhandenen Lösungen für das Problem des Kunden, und durch den zweiten unterscheidet sie sich von ähnlichen High-Tech-Angeboten, die die Anforderungen dieser speziellen Nische nicht genau erfüllen.

Betrachten wir als Beispiel die dominante Stellung von Silicon Graphics bei der Animation auf den Gebieten Unterhaltung und Multimedia. SGIs Erfindung bestand in der Verbindung von bildverarbeitender Software mit Prozessoren, mit denen man dreidimensionale Bilder in Echtzeit rotieren und bewegen kann. Dies war jedoch keine einmalige Kombination von SGI, denn es gab sie beispielsweise bereits bei Cray in Flugsimulatoren. Das Einmalige bei SGI war die ständige Herabsetzung der Kosten dieser Technologie, da das Unternehmen als visionäres Ziel eine neue Art von Produktivitätsverbesserung, nämlich die *Visualisierung*, vor Augen hatte. Leider gab – und gibt – es noch keinen Markt für Visualisierung, daher mußte sich SGI zur Überwindung des Abgrunds auf ein bestimmtes Segment konzentrieren. Es boten sich zahlreiche Möglichkeiten – Industriedesign, die Entwicklung von Medikamenten über Molekülmodelle, Animation und andere –, und SGI verkaufte an alle.

Aber erst als SGI die Kundennähe zum Unterhaltungsmarkt suchte und dessen eigene Mischung aus digitalen und analogen Technologien untersuchte, konnte ein vollständiges Produkt erstellt werden, das die gesamte Konkurrenz ausschloß. Der zwingende Kaufgrund war die Notwendigkeit,

Filmsequenzen, die mit herkömmlicher Technik nicht gefilmt werden konnten, in Vorführqualität zu erstellen und zu bearbeiten. Auch viele andere Workstations wären von ihrer Rechenleistung her dazu in der Lage gewesen, aber nur SGI nahm für dieses Kundensegment den Kampf gegen unzählige Hindernisse auf, bis das Produkt einsatzfähig war. Bis die letzte Hürde genommen war, konnte natürlich vom Ende dieser Wertekette kein Geld zurückfließen, und alles mußte als Pilotprojekt laufen. Aber sobald die letzte Hürde genommen war, floß das Geld in Strömen zurück – man denke nur an die Einspielergebnisse der Filme *Terminator 2* und *Jurassic Park* –, und SGI wurde berühmt.

Gegen wen mußte SGI nun konkurrieren? Auf der Achse der Kundennähe kam der Wettbewerb von seiten der Hersteller von Technologie zur analogen Aufzeichnung von Film und Ton, wie beispielsweise Ampex und Panavision. Diese Unternehmen hatten den Status quo durch ihre langwährende Kundennähe fest im Griff, während SGI durch die digitalisierte Bildverarbeitung als differenzierenden Faktor die Produktführerschaft innehatte. Auf der Achse der Produktführerschaft konkurrierten Sun, HP und IBM. Sie alle besaßen Workstations, die ebenfalls in der Lage waren, digitalisierte Bilder zu verarbeiten. Hier stellte das große Engagement von SGI für die Bearbeitungs- und Produktionsprobleme der Unterhaltungsindustrie den Differenzierungsfaktor dar.

Auf der Bowlingbahn müssen Sie sich in diesem Fall unbedingt die Konkurrenten auf dem Gebiet der Kundennähe als *Bezugskonkurrenten* auswählen, nicht die produktbezogenen Wettbewerber, denn Sie wollen schließlich die Aufmerksamkeit von Kunden erregen, die noch nie von Ihnen gehört haben. Dafür haben diese Kunden seit langem bestehende Investitionen in das alte Paradigma, und wenn Sie sich darauf beziehen, machen Sie sich diesen Leuten sofort verständlich. Zudem können Sie in diesem Rahmen den Wert Ihrer Lösung in Relation zu einem älteren, leistungsschwächeren Produkt festsetzen und dadurch dem Preiswettbewerb mit den Unternehmen entgehen, die ähnliche Produkte mit denselben technologischen Vorteilen anbieten. Apple hat beispielsweise beim Eintritt in den Desktop-Publishing-Markt nicht IBM-Computer als Bezugskonkurrenz gewählt, sondern Linotype-Drucksysteme, die etwa zehnmal mehr kosteten als ein Personal-Computer-System. Dadurch hielt Apple nicht nur IBM in Schach, sondern auch die Preise hoch.

Es ist eines der Hauptmerkmale des Wettbewerbs auf der Bowlingbahn, *daß Sie sich Ihre Konkurrenten aussuchen können* und müssen. Tun Sie das nicht, ergibt sich das Gegenteil der Vorteile, die wir soeben gepriesen haben. Firmen, die also glauben, sie müßten gegen Unternehmen mit ähnlichen Produkten konkurrieren, schrecken ihre Kunden eher ab, da die Kunden ja definitionsgemäß gegenwärtig keine High-Tech-Lösungen verwenden und daher zu den Themen der High-Tech-Industrie nur schwer einen Bezug herstellen können. Selbst wenn Sie dann dieses Befremden mit Hilfe einer teuren Informationskampagne überwinden und die Kunden die Produktkategorie kennen- und akzeptieren lernen, haben Sie den Kunden dadurch einen Bezugspreis in den Kopf gesetzt, der nur auf dem Gerät, nicht aber auf der Lösung beruht. Dieser Preis ist viel niedriger als der Wert, den Sie den Kunden liefern. So gehen die Gewinnspannen verloren, die eigentlich dazu verwendet werden sollten, ein nischenspezifisches vollständiges Produkt zusammenzustellen. Ohne diese Gewinnspannen kann sich der Anbieter dieser Aufgabe nicht stellen, und er kann aufgrund der mäßigen Verkaufsaussichten auch nicht die richtigen Partner für sich gewinnen. Auf diese Weise kommt nie ein vollständiges Produkt zustande, der Markt entsteht gar nicht erst, und der Anbieter hat sich das alles selbst zuzuschreiben.

Zuammenfassend läßt sich sagen, daß es ganz in der Hand des Anbieters liegt, ob er auf der Bowlingbahn Erfolg hat oder nicht. Wenn der Anbieter sich darauf konzentriert, das beste Produkt anzubieten und eine Partnerschaft mit den Kunden zu suchen, und wenn er es schafft, ein vollständiges Produkt auf den Markt zu bringen, das den Zielkunden einen zwingenden Kaufgrund liefert, kann er sich einen unschlagbaren Wettbewerbsvorteil verschaffen, den er während der gesamten Lebensdauer des neuen Paradigmas nicht mehr verliert. Da kein Markt jemals auf Paradigmenwandel drängt, kann es sich dabei um einen Zeitraum von mehr als zehn Jahren handeln (man denke an den Erfolg von Apple mit Desktop-Publishing oder an den Erfolg von Autodesk mit AutoCad). In einer Welt der schrumpfenden Produktlebenszyklen ist das Erringen der Marktführerschaft in einem Bowlingbahn-Segment ein großer finanzieller Erfolg, und dieser steht jeder Firma offen, die ein innovatives Produkt herausgebracht hat. Und wenn man erst einmal ein Brückenkopfsegment erobert hat, befindet man sich in einer bevorzugten Position, um mit der gleichen Bowlingbahn-Strategie dasselbe Ziel auch in anderen Segmenten zu erreichen.

Wenn man all dies bedenkt, kann man die Verzweiflung des Unternehmensberaters kaum überschätzen, die ihn angesichts der großen Zahl von Klienten befällt, die sich einfach weigern, auf Nischenmärkte einzugehen. In nahezu allen Fällen liegt der Grund darin, daß sie bereits den Tornado im Auge haben, daher wenden auch wir uns nun in diese Richtung.

Wettbewerb im Tornado

Die natürlichen Turbulenzen eines Tornados machen es schon schwer genug, Wettbewerbsstrategien zu bestimmen, denn es ist nicht leicht zu beurteilen, ob eine Reaktion des Marktes auf eine bestimmte Aktion von Ihnen zurückzuführen ist, oder ob sich einfach die Thermik bemerkbar macht. Aber es wird alles noch komplizierter, da die richtige Strategie auch davon abhängt, welchen Status Ihnen der Markt zuerkennt: den des Gorillas, den eines Schimpansen oder den einer Meerkatze. Wir betrachten hier jede dieser Alternativen der Reihe nach:

Wettbewerb als Gorilla

Für den Gorilla besteht das Ziel im Tornado darin, möglichst große Marktanteile zu gewinnen und gleichzeitig seine Privilegien bei der Preisgestaltung zu erhalten. Da er der Marktführer ist, kaufen viele Kunden seine Produkte ohne große Überzeugungsarbeit, und diesen Vorteil gegenüber der Konkurrenz muß der Gorilla nutzen. Mit anderen Worten, er muß möglichst schnell und möglichst viele Verkaufsabschlüsse erzielen.

Der Wettbewerb konzentriert sich also auf den Distributionskanal. Bei High-End-Produkten findet daher ein Wettbewerb um die kompetenteste Vertriebsorganisation statt – man muß präsent sein. Der Gewinner ist dabei die Firma, die die meisten und motiviertesten Mitarbeiter einstellen und die höchsten Gehaltszulagen bezahlen kann. Die Kräfte des Tornados schaukeln sich auf. Sobald eine Firma den Ruf eines Gorillas erhält, findet sie leichter hervorragend geeignete Mitarbeiter für den Kundenvertrieb, die dann wiederum dazu beitragen, daß die Firma sich einen unverhältnismäßig hohen Anteil der Verkaufsabschlüsse sichern kann, was ihren Status als Gorilla stärkt.

Für die Low-End-Produkte gibt es dagegen keine Vertriebsorganisation, sondern nur Verkaufsregale. Hier müssen Sie versuchen, sich möglichst viel Regalfläche zu sichern, damit die zukünftigen Kunden möglichst viele Ihrer Produkte vor Augen haben und weniger Platz für die Produkte der Konkurrenz bleibt. Die PC-Industrie entwickelte ihre Methoden der schnellen Distribution in den 80er Jahren, und die damaligen Gorillas waren diejenigen Unternehmen, die das Prinzip der indirekten Vertriebskanäle verstanden hatten und sie zu nutzen wußten. Unternehmen wie IBM oder DEC dagegen, die mit dem Status eines Gorillas mit direkter Vertriebsorganisation auf den Markt kamen, waren schlecht beraten, als sie mit diesem Medium nicht arbeiten wollten oder konnten. Jetzt, in den 90er Jahren, haben wieder neue Varianten der Distribution es Firmen wie Dell, Gateway und Packard Bell ermöglicht, um den Gorillastatus zu kämpfen.

Beim Kampf um die stärkste Position in den Distributionskanälen kommt es auf die beiden Faktoren der *Produktführerschaft* und der *Kostenführerschaft* an. Produktführerschaft führt beim Wettbewerb gegen Meerkatzen dazu, daß deren Produkte durch den neuen Standard vorübergehend veralten. Mit dieser fundamentalen Strategie hält sich Intel AMD, Cyrix und Nexgen vom Leibe und sichert sich die Kontrolle über die Mikroprozessorindustrie. Auf diese Weise schafft sich der Gorilla durch sein neues Produkt vorübergehend eine Monopolstellung und verwendet gleichzeitig sein altes Inventar für einen Kopf-an-Kopf-Preiswettbewerb gegen die aktuellen Produkte der Meerkatzen. Dieser Wettbewerb findet bei PC-Produkten hauptsächlich in Katalogen, über Großhändler und andere preiswerte Kanäle statt, die in einem Tornado aufgrund der Möglichkeit des erweiterten Zugriffs auf die Kunden strategisch wichtige Kampfarenen darstellen. Dort findet man Gorilla-Produkte zu unglaublich günstigen Preisen, jedoch in der Regel erst dann, wenn sie das Ende des Lebenszyklus erreicht haben.

Gegen Schimpansen muß der Gorilla im Kampf um die Produktführerschaft jedoch häufig eher ein Aufholrennen starten, besonders wenn der Tornado schon länger andauert. Die Dynamik der Kundenbasis des Gorillas hat zu diesem Zeitpunkt seine Fähigkeit zur Innovation bereits gelähmt. Einerseits sind die zu unterstützenden Kunden zu zahlreich und andererseits auch zu konservativ, als daß sie eine größere Veränderung zulassen würden. Daher reißen die Schimpansen, die eine kleinere Kundenbasis und folglich weniger zu verlieren haben, die Innovationsfähigkeit an sich. So fordern heute beispielsweise IBM, Apple und Motorola mit ihrem Power-PC-RISC-Chip Intel heraus. Bei jeder solchen Herausforderung wendet sich der Markt an den Gorilla und fragt: „Wann wirst du diese Funktionen bieten können?" Solange die Antwort lautet: „In der nächsten Version", ist die Vorherrschaft des Gorillas zwar weiterhin gesichert, die unbedingt nachzuholenden Funktionen bilden jedoch einen immer größeren Teil des Gesamtinhalts der neuen Version und schmälern dadurch die Innovationsfähigkeit in Zukunft noch stärker. Auf diese Weise verlieren die Produkte des Gorillas im Lauf der Zeit ihren technologischen Biß und handeln sich dadurch die Verachtung der Technologie-Enthusiasten, die Loyalität der Pragmatiker und die Treue der Aktionäre ein.

Wenn die Produktführerschaft immer schwerer aufrechtzuerhalten ist, wird es für Gorillas zunehmend wichtig, sich auf die *Kostenführerschaft* durch optimale Produktionsabläufe zu konzentrieren. Leistungsfähigkeit auf diesem Gebiet war von Anfang an ein Schlüsselfaktor für den Sieg in der Schlacht um den Status des Gorillas, denn im Tornado herrscht eine zügellose Nachfrage, und nur wer liefern kann, hat Erfolg. Schnitzer im Produktionsablauf können sich besonders bei Tornado-Geschwindigkeiten und -Mengen katastrophal auswirken, was die bereits erwähnten Qualitätsmängel bei Intel, Intuit und HP beweisen.

Kostenführerschaft und die damit verbundenen optimalen Produktionsabläufe sind für den Gorilla unabdingbar, damit er die Kontrolle über den Massengütermarkt im Tornado behält und sich so seine Größenvorteile sichert. Diese bilden wiederum seine stärkste Waffe im Kampf gegen die Meerkatzen, nämlich die aggressive Preisgestaltung, die die Meerkatzen dazu zwingt, die Preise noch tiefer zu senken, auch wenn sie dadurch negative Gewinnspannen in Kauf nehmen müssen. Auf der anderen Seite bedeutet diese Leistungsfähigkeit für den Gorilla einen Gewinnspannenvorteil vor den Schimpansen, so daß er mehr Geld für Investitionen im Bereich F&E zur Verfügung hat (das Verhältnis zwischen Intel und seinem größten Konkurrenten, Advanced Micro Devices, liegt derzeit bei unglaublichen 4:1).

Wenn dagegen ein Gorilla den Kampf um den Vertrieb seiner Low-End-Produkte mißachtet und sich statt dessen lieber ein Luxusdasein unter einem Baldachin aus hohen Preisen leistet und in seinen Gewinnen badet, wird er früher oder später von den Schimpansen und Meerkatzen angegriffen, die inzwischen die Kostenführerschaft übernommen haben. Dann bleibt dem Gorilla als einzig gangbarer Weg nur der langsame, aber unaufhaltsame Rückzug auf eine Strategie der Produktführerschaft im Bereich der exklusiven und teuren Anwendungen.

Wenn man sich nun in diesem Wettbewerbszenario die Frage stellt, wer der Hauptkonkurrent des Gorillas ist, lautet die Antwort: jedermann. Andy Grove drückt mit seiner These, daß nur die Paranoiden überleben, genau aus, wie sich ein Gorilla seinen Status erhält. Alle haben sich gegen ihn verbündet. Für die Positionierung ist es daher wichtig festzustellen, wer als *Bezugskonkurrent* des Gorillas fungiert. Dies ist eine interessante Frage, denn wenn man eine Firma zum Bezugskonkurrenten ernennt, mißt man ihr dadurch unverdienten Wert bei. Ganz ohne Positionierung ist es aber für den Markt praktisch unmöglich, ein Angebot richtig zu bewerten, und das gilt auch für ein Angebot des Gorillas.

Es hat sich herausgestellt, daß sich der Gorilla im Verlauf des Tornados am besten nacheinander auf drei verschiedene Konkurrententypen bezieht:

1. Gleich nach der Bowlingbahn, zu Beginn des Tornados, sollten sich Gorillas auf die ältere Technologie beziehen, die durch sie ersetzt wird. In dieser Phase stürzen sie sich noch nicht aggressiv auf ihre Rivalen, sondern machen mit ihnen gemeinsame Sache beim letzten Schlag gegen das alte Paradigma.

2. Sobald sich das alte Paradigma auf dem völligen Rückzug befindet, sollten die Gorillas sich auf die „Horde" beziehen, also auf alle anderen Unternehmen in ihrer Produktkategorie, ohne ein spezielles Unternehmen herauszugreifen. Nur wenn ein bestimmter Schimpanse ihn bedroht, muß er ihn beim Namen nennen und alle Kräfte darauf richten, ihn zu besiegen.

3. Schließlich, wenn die Herrschaft gesichert ist, sollten sich Gorillas überhaupt nicht mehr auf andere Unternehmen beziehen, sondern ihre eigenen Produkte als Bezugsgröße heranziehen. Intel positioniert den Pentium beispielsweise nicht gegen den Power PC, sondern gegen den eigenen 486er-Prozessor, und HP positioniert seine Farb-Laserdrucker nicht gegen Canon, sondern gegen die eigenen hochwertigen Farb-Tintenstrahldrucker.

Wettbewerb als Meerkatze

Am anderen Ende der Hackordnung spielen die Meerkatzen ein viel opportunistischeres Spiel. Ihnen fehlen das Kapital, die F&E, das Marketing-Budget, die Schlagkraft und alle anderen Vorteile des Gorillas, so daß sie keinesfalls um Marktanteile im Tornado konkurrieren können. Selbst wenn sie Anteile gewinnen würden, könnten sie sie mit ihren begrenzten Ressourcen nicht halten, also nützen sie ihnen ohnehin nichts. Ihr Ziel sollte sein, möglichst viel Geld zu verdienen und sich dann aus dem Staub zu machen. Sie sollten immer darauf bedacht sein, den größten Nutzen aus dem Geschäft zu ziehen und niemals Farbe bekennen. Betrachten wir die Gründe hierfür.

Tornados erzeugen äußerst hohe Ausgaben, und nicht einmal der gierigste Gorilla kann die Nachfrage alleine befriedigen. Die Distributionskanäle verlangen nach anderen Produkten, die sowohl unter dem Aspekt der Innovation als auch preislich konkurrieren können. In der Regel werden erstere von den Schimpansen bereitgestellt, während die Meerkatzen letztere bieten. Alle Kanäle brauchen preiswerte Einstiegsangebote, die die Meerkatzen liefern können, daher besteht auf jedem Markt ein struktureller Bedarf an der Mitwirkung der Meerkatzen. Dabei fällt für sie jedoch weder Markentreue noch Kundenloyalität ab, denn Meerkatzen gewinnen immer nur einen Verkaufsabschluß, niemals den Markt. Da sie mit ihren Produkten so offensichtlich den Gorilla nachahmen, gewinnen sie *nicht* mit jedem Verkaufsabschluß einen langfristigen Kunden. Ihre Verkaufsabschlüsse zeigen keine kumulative Wirkung. Die Kunden hätten keine zusätzlichen Kosten bei einem Markenwechsel, und daher gibt es für Meerkatzen keine Marktanteile. Meerkatzen gewinnen keinen anderen Vorteil als den Verkauf selbst.

Wie können sich die Meerkatzen dann im Geschäft halten? Sie konkurrieren durch ihre *Kostenführerschaft* auf der Grundlage von Einsparungen. Das Dasein als Meerkatze bietet ja auch Vorteile. Meerkatzen müssen nicht in F&E investieren, denn die technische Arbeit beschränkt sich auf das Nachahmen. Dies wird im Ausland mit billigen, aber hervorragend ausgebildeten Arbeitskräften erledigt. Sie müssen auch nicht in die Marktentwicklung investieren, denn ihr gesamtes Marketing besteht darin, im Windschatten des Gorillas dessen Marktentwicklungsmaßnahmen auszunutzen. Die Botschaft ist dabei immer dieselbe: „Wir sind genauso gut wie der Marktführer, aber zu sehr viel günstigeren Preisen." Außerdem müssen Meerkatzen auch kein Kapital in das Anlegen eines größeren Warenbestandes investieren, bevor sie ein neues Produkt herausbringen, denn sie bringen ja keine neuen Produkte heraus. Sie brauchen lediglich etwas Einstiegskapital, und anschließend muß der Cashflow ihr Wachstum finanzieren.

Innerhalb dieses Rahmens bildet immer das Produkt des Gorillas die Bezugsgröße, denn dadurch können die Meerkatzen die Marketingmaßnahmen des Gorillas ausnützen. Die wirkliche Konkurrenz kommt jedoch von seiten der anderen Meerkatzen. Wenn man einen vergleichbaren Kostenwettbewerb voraussetzt, hängen weitere Wettbewerbsvorteile hauptsächlich vom Zugang zu den Distributionskanälen ab. Wo dieser mehreren Firmen offensteht, wird die Fähigkeit, Kredite einzuräumen, zum wichtigsten Unterscheidungsmerkmal. Da aber das Einräumen von Krediten der Sparsamkeit der Meerkatzen-Strategie direkt zuwiderläuft, erkennen kluge Meerkatzen zu diesem Zeitpunkt, daß das Boot voll ist und suchen sich einen neuen Wirkungsbereich.

Meerkatzen, die die Regeln dieses Spiels beherrschen und in nichts investieren und auch nichts verteidigen, sind beinahe unschlagbar. Sie geraten erst dann in Schwierigkeiten, wenn sie nach einer Erfolgssträhne plötzlich meinen, es sei an der Zeit, erwachsen und selbst zum Gorilla zu werden und sich einen Namen zu machen. Dazu müssen diese Firmen in der Regel eine viel höhere Kostenstruktur ohne den nötigen Ausgleich an Wettbewerbsvorteilen in Kauf nehmen. Das Problem liegt darin, daß sie die Gesetze der Evolution durchbrechen wollen. Wenn sie sich in Bowlingbahn-Manier Nischenmärkte suchen würden, könnten sie sich zum Schimpansen entwickeln, und ein Schimpanse kann zum Gorilla werden, wenn eine seiner Nischen zum kommenden Tornado-Markt erblüht, aber Meerkatzen schaffen niemals direkt den Sprung zum Gorilla. Da sich jedoch die Meerkatzen einzig auf die Gorillas konzentrieren, nehmen sie die Schimpansen in ihrer Rolle überhaupt nicht wahr und lernen daher auch nicht, wie man diese Rolle spielt. Vielleicht ist daher der folgende Abschnitt ganz besonders hilfreich für sie.

Wettbewerb als Schimpanse

Die größte Herausforderung an strategisches Geschick ist die Rolle des Schimpansen im Tornado. Diese Rolle spielen beispielsweise Informix und Sybase gegenüber Oracle auf dem Gebiet der relationalen Datenbanken, Wellfleet (jetzt Bay Networks) gegenüber Cisco bei den Routers, Canon, Epson und Lexmark gegen HP bei den Druckern, Macintosh, Unixware und OS/2 gegen Windows bei den Betriebssystemen, Lotus und Novell gegen Microsoft bei den Office-Anwendungspaketen sowie Lawson, PeopleSoft und Oracle gegen SAP auf dem Client/Server-Finanzmarkt. Alle diese Unternehmen haben stark in eigene Technologien investiert, daher kann es sich keines leisten, die Rolle einer Meerkatze zu spielen. Auf der anderen Seite können sie sich aber auch nicht mit dem Gorilla auf eine Stufe stellen, da sie dabei den Kürzeren ziehen würden. Was sollen sie also tun?

Um Erfolge zu erzielen, müssen Schimpansen zunächst ganz klar festlegen, worauf ihr Wettbewerb abzielt, und wie bei allen Tornado-Märkten konkurrieren sie hauptsächlich um die Distribution. Es geht einfach darum, Zugang zur angestauten Kundennachfrage zu bekommen. Die wichtigste Frage dabei lautet, was der Gewinn von *Marktanteilen* für einen Schimpansen bedeutet.

Der Marktanteil spiegelt das Volumen wider, also gilt hier von Ihrem Standpunkt als Schimpanse aus die Maxime: je mehr desto besser. Vom Standpunkt Ihrer Partner und Verbündeten aus gilt dieselbe Maxime, da das Anwachsen Ihres Marktanteils auch ihnen einen größeren Markt beschert. Vom Gesichtspunkt des Marktes aus gesehen sollen Sie jedoch nur bis zu einer ganz bestimmten Größe wachsen, *und dann nicht weiter*. Die Pragmatiker, die den Mainstream-Markt dominieren, wünschen sich zusätzlich zum Marktführer noch einige Unternehmen, die genügend Marktanteile besitzen, um eine gewisse Bedeutung zu haben, damit bei Bedarf eine sichere Alternative zum Gorilla vorhanden ist. Diese Unternehmen dürfen jedoch nicht so groß werden, daß sie die Hackordnung, und damit die Autorität des Gorillas in puncto De-facto-Standars, gefährden. Vom Konsens über die De-facto-Standards hängt so viel ab – so viele Kaufentscheidungen, so viel Geld, so viele Pläne und Systemarchitekturen –, daß etwaige Umstellungskosten vom Standpunkt des gesamten Marktes her gesehen nicht tragbar sind. Daher muß ein Gorilla schon wiederholt selbstmörderisches Benehmen an den Tag legen oder ganz am Ende sein, damit sich der Markt von ihm abwendet und einen neuen Anführer wählt.

Es ist also der Markt, und nicht der Gorilla selbst, der Sie davon abhält, den Gorilla zu überholen und die Nummer Eins zu werden – *und Sie können nicht gegen einen Markt konkurrieren*. Apple Macintosh und IBM OS/2 dürfen also ihren Anteil auf dem Markt der Betriebssysteme von zehn Prozent auf zwölf oder 15 Prozent ausweiten, sie dürfen ihn jedoch *auf keinen Fall* auf 50 Prozent steigern. Daher sind die wiederholten Versuche von IBM, OS/2 als „Windows-95-Killer" zu positionieren, von Anfang an zum Scheitern verurteilt. Es ist schlicht unmöglich, aber das hat nichts mit der Qualität der jeweiligen Produkte zu tun, sondern hängt einfach mit der bereits vorhandenen Konzentration riesiger Geldbeträge und mit mächtigen Interessengruppen in den IT-Abteilungen der Unternehmen, mit ISVs, Hardwarehändlern und Distributionskanälen zusammen, die sich bereits im voraus festgelegt haben. Wenn sich das Kräfteverhältnis ändern würde, hätte dies katastrophale Folgen für zu viele Beteiligte, daher läßt der Markt etwas derartiges nicht zu.

Die erste Regel für den Wettbewerb um Marktanteile lautet für Schimpansen daher: Sei aggressiv, aber übertreibe es nicht. Es gibt auch noch einen anderen Grund dafür, die territoriale Erweiterung im Tornado zu begrenzen, denn wenn der Tornado abflaut, wird dieses Territorium immer schwieriger zu verteidigen. Wenn ein Schimpanse in der fortschreitenden Entwicklung seinen Marktanteil behalten will, müssen sich seine Produkte an die sich verändernden De-facto-Standards des Gorillas anpassen. Da der Gorilla jedoch die Kontrolle über diese Standards in Händen hält, fällt es ihm meist nicht schwer, Mittel und Wege zu finden, den Schimpansen abzuhängen.

In den kürzlich eingebrachten Kartellklagen gegen Microsoft, vor allem in einem darin enthaltenen Schriftsatz, der von fünf anonymen Softwareunternehmen im Zusammenhang mit dem nun gegenstandslos gewordenen Antrag auf den Aufkauf des Unternehmens Intuit eingereicht wurde, ist aufgeführt, wie Microsoft seine vorteilhafte Position ausgenützt hat, um einen fairen Wettbewerb zu verhindern.

Meiner Ansicht nach kann ein solches Benehmen zwar verurteilt, aber realistisch gesehen sicher nicht verhindert werden. Erstens ist es unmöglich, die Grenze zwischen dem Recht des Gorillas auf Weiterentwicklung einer Architektur nach eigenem Ermessen und der Verletzung dieses Rechts zu bestimmen, die darin besteht, bestimmte Elemente nur zum Zweck der Verunsicherung der Konkurrenz einzuführen. Und zweitens, was noch viel wichtiger ist, steht hinter diesem gesamten Szenario das abgesprochene Verhalten des Marktes, das sogar mächtiger ist als der Gorilla und unbedingt eine einheitliche Machtstruktur etablieren will, gleichgültig ob sie nun fair ist oder nicht. Dieses Verhalten ist in keiner Institution zentralisiert, es durchdringt alles, so daß es völlig unklar ist, wo man bei einer Korrektur ansetzen könnte.

Was soll ein Schimpanse also unternehmen? Sehen wir uns OS/2 als Beispiel an. Wie zahllose Berater IBM bereits empfohlen haben, sollte das Unternehmen zum jetzigen Zeitpunkt alle Gorilla-Ambitionen begraben und sich statt dessen darauf konzentrieren, einen dominierenden Anteil in einem genau umrissenen Untersegment des Marktes zu gewinnen, das von der Lösung des Marktführers nicht zufriedenstellend bedient wird. Schimpansen – wobei wir hier festhalten müssen, daß es für einen ehemaligen Gorilla äußerst ärgerlich ist, nun als Schimpanse bezeichnet zu werden – dürfen einen Gorilla nicht in seiner eigenen Wettkampfarena herausfordern. Das System ist manipuliert und der Schiedsrichter bestochen. Sie müssen sich neutrales Gebiet suchen, auf dem sie ihre Freiheit als Schimpanse ausnutzen können – die Fähigkeit, sich auf ein lokales Segment zu konzentrieren und dort innovative Lösungen zu entwickeln –, und auf diese Weise Territorium für sich gewinnen, das sich noch nicht dem Gorilla verschrieben hat.

Dies entspricht im wesentlichen einer Bowlingbahn-Strategie während des Tornados und läuft daher, gelinde gesagt, dem Gefühl etwas zuwider. Aus welchem Grund sollte ein Anbieter freiwillig seinen Gesamtabsatz vermindern, wenn dieser doch steigen könnte, da der Markt schneller wächst, als ihn irgend jemand bedienen kann? Denn darauf läuft die Konzentration auf ein Segment zumindest kurzfristig hinaus. Auf opportunistischem Weg kann man immer und überall mehr verkaufen als durch die Konzentration auf ein bestimmtes Segment, daher können wir nicht erwarten, Verbündete zu finden, wenn wir einen solchen Ansatz verfolgen. Warum sollte ihn auch jemand unterstützen?

Der Grund liegt darin, daß es auch ein Leben nach dem Tornado gibt. Wenn Sie als Schimpanse im Tornado ausschließlich auf opportunistischem Weg Verkäufe erzielen wollen und diese Zeit nicht gleichzeitig nutzen, um sich eine differenzierte Position zu schaffen, gibt es nach dem Tornado, wenn sich der Markt konsolidiert, keinen Ort, an den Sie sich zurückziehen können, und kein eigenes Territorium, von dem aus Sie weitere Marktentwicklung betreiben könnten. Dieses Schicksal mußte Ingres erleiden. Das Unternehmen war während des Tornados besessen vom Kampf gegen Oracle, und als es mit seinen Wachstumsziffern von Quartal zu Quartal immer weiter zurückfiel, konnte man sich trotz der Empfehlungen mehrerer Berater dort nicht vorstellen, sich nur auf ein Marktsegment zu konzentrieren, da dies bedeuten würde, daß zumindest kurzfristig das Absatzvolumen noch weiter sinken und man noch weiter hinter Oracle zurückfallen würde. Ingres versuchte weiter, Oracle zu übertrumpfen, obwohl jedem klar war, daß diese Strategie aussichtslos war.

Dann flaute der Tornado ab, und die Märkte konsolidierten sich um eine geringere Anzahl von Anbietern – natürlich um den Gorilla, auch um einige Meerkatzen, wenn auch um eine viel kleinere Zahl als in den glücklichen Tagen des Tornados, und um eine Handvoll Schimpansen, sofern sie ein differenziertes Wertangebot vorzuweisen hatten. Sybase war zum Beispiel willkommen, da das Unternehmen auf dem Gebiet der dezentralisierten Rechnersysteme technologisch führend war, und Informix war weiterhin Spitzenreiter bei den VARs, die den Low-End-Bereich des Unix-Server-Marktes bedienten. Im Fall von Ingres konnte der Markt dagegen kein derartiges unterscheidendes Wertangebot ausmachen. Die Existenzgrundlage der Firma wurde angegriffen, sie hatte kein Marktsegment, in das sie sich zurückziehen konnte, und ebenso keine zukünftige Vorherrschaft in Aussicht, auf die sich aufbauen ließ. Sie schleppte sich noch eine Weile dahin, und jetzt gibt es sie nicht mehr.

Zusammenfassend läßt sich also feststellen, daß aufgrund der Marktdynamik, die wir gerade analysiert haben, für den Schimpansen der Kampf gegen den Gorilla nicht nur von Anfang an verloren, sondern überhaupt der falsche Ansatz ist. Der Schimpanse muß am Rande der Domäne des Gorillas alles verfügbare Territorium für sich gewinnen, eine Operationsbasis aufbauen und Pläne für den nächsten Tornado schmieden. Gorillas machen sich viele Feinde, und falls sich eine Gelegenheit zur Rache ergibt, können Sie sicher sein, viele Verbündete zu finden. Dies funktioniert aber noch nicht im jetzigen Tornado, weil zu viele Leute zu viel zu verlieren haben und daher keinen Gegenangriff unterstützen können.

Wenn also die Schimpansen im Tornado zur Strategie der Bowlingbahn zurückkehren, sollten sie auf die beiden Nutzenkategorien Produktführerschaft und Kundenpartnerschaft zurückgreifen. Durch Produktführerschaft grenzen sie sich in der Konkurrenz um das Überschußgeschäft des Gorillas, das in der Regel einen wesentlichen Einkommensfluß gewährleistet, erfolgreich von den Meerkatzen ab. Durch Kundennähe, die sich auf ein bestimmtes Segment konzentriert, können sie sich innerhalb dieses Territoriums die Position des Marktführers sichern. Dieses Gebiet muß man jedoch mit einer gewissen Vorsicht betrachten. Die *undifferenzierte* Kundennähe erzeugt zwar viel positives Feedback, sie stellt aber weitgehend eine Verschwendung strategischer Ressourcen dar. Allgemeiner „guter Kundenservice" ruft also bei den Kunden immer großes Lob hervor, macht sich aber letztendlich weder durch größere Gewinnspannen noch durch erobertes Territorium bezahlt. Worauf es daher ankommt, ist Kundennähe in Form der segmentspezifischen vollständigen Produkte, durch die die Mauern errichtet werden, die zukünftige Invasionen eines markthungrigen Gorillas in den Zeiten nach dem Tornado abwehren.

Am Ende dieser Ausführungen über den Wettbewerb im Tornado bleibt festzuhalten, daß die Marktkräfte, die hier am Werk sind, viel mächtiger als jeder einzelne Anbieter sind, sogar mächtiger als der Gorilla. Um diese Kräfte muß man sich daher zuerst kümmern, nicht um irgendwelche anderen Mitspieler – denn es ist unmöglich, einen Tornado zu bekämpfen.

Wettbewerb auf der Mainstreet

Da beim Übergang vom Tornado auf die Mainstreet das Absatzvolumen aus den Zeiten des Hyperwachstums schrumpft, müssen sich die Wettbewerber umstellen und nicht mehr hauptsächlich neue Kunden gewinnen, sondern eher ihren Handel mit der vorhandenen Kundenbasis ausweiten und vertiefen. Das heißt nicht, daß es keine neuen Kunden mehr zu gewinnen gibt, es ist weiterhin wichtig, sich um sie zu bemühen, aber zu diesem Zeitpunkt ist mehr Geld mit dem Verkauf von Erweiterungsprodukten an den Kundenstamm zu erwirtschaften. Wenn wir unsere Unternehmensorganisation nicht so umstellen, daß wir diese Erträge ernten können, bleiben riesige Geldbeträge auf dem Tisch liegen, die uns bei der Finanzierung des Eintritts in den nächsten Tornado fehlen werden.

Die Frage lautet, wie wir unsere Energien am besten neu ausrichten, um Wettbewerbsvorteile zu erringen. Rufen wir uns die Erkenntnisse aus Kapitel 5 noch einmal ins Gedächtnis. Die Kunden geben auf der Mainstreet Geld hauptsächlich deswegen aus, um die während des Tornados eingerichtete Infrastruktur auszuweiten und zu optimieren. Sie fügen kompatible Systeme hinzu und rüsten ältere Systeme auf. In keinem dieser Fälle bestehen größere technologische Risiken, daher interessieren sich die technikorientierten Käufer der IT-Abteilungen nicht sonderlich für die Kaufentscheidungen auf der Mainstreet, solange die Unternehmensrichtlinien eingehalten werden. Ebensowenig interessieren sich die kostenorientierten Käufer der Anwendergemeinde für die Kaufentscheidungen auf der Mainstreet, solange der Jahreseinkauf das vorgesehene Budget nicht überschreitet. Infrastruktur ist Infrastruktur – es gibt keine strategischen Probleme, auf die sie ihr Augenmerk richten müßten.

Es bleiben also nur zwei interessierte Käufergruppen übrig: die Anwender und die Einkaufsleiter in den Unternehmen. Letztere wollen über ihre Einkaufsabteilung die Ausgaben so gering wie möglich halten, indem sie anstelle der teuren Markenprodukte preiswerte Produkte kaufen. Die Anwender wollen dagegen Produkte, die ihnen gesteigerten Wert bieten, sei es durch erhöhte Funktionalität oder durch größere persönliche Befriedigung. Wie Kinder an Weihnachten betteln sie so lange, bis sie bekommen, was sie sich wünschen.

Diese Spannung definiert die Marketingstrategie auf der Mainstreet. Wenn Sie eine Meerkatze sind, sollten Sie sich darauf spezialisieren, der preiswerte Anbieter für den Einkaufschef zu sein. Dabei können Sie Ihre *Kostenführerschaft* ausnutzen, die auf der Auslieferung von Massenware mit minimalen Gemeinkosten basiert. Als Schimpanse müssen Sie dagegen die Anwender dazu bewegen, Ihren zusätzlichen Wertfaktor zu honorieren. Diese Strategie basiert auf *Kundennähe* und auf Angeboten, die das vollständige Produkt +1 umfassen und die genau auf bestimmte Anwendungen abgestimmt sind.

Wenn Sie ein Gorilla sind, können Sie beides tun. Sie können den Massenmarkt mit einem preiswerten Angebot angreifen und gleichzeitig auf dem Qualitätsmarkt mit einer Reihe von +1-Nischenangeboten herauskommen. Aggressive Gorillas setzen auch ihre Innovationstätigkeiten fort, um die Meerkatzen aus dem Takt zu bringen. Mit anderen Worten, sie verschieben die De-facto-Standards ganz leicht und versorgen auf diese Weise ihre Kundenbasis mit leichtverdaulichen Erweiterungen, während sie die Nachahmer zu einer erneuten Runde zwingen. Bis sie dies geschafft haben, ist das Nachahmerprodukt nicht mehr perfekt und muß daher noch preiswerter angeboten werden, um überhaupt Absatz zu finden.

Die in diesem Prozeß gefangenen Schimpansen müssen große Vorsicht walten lassen. Sie können sich vorübergehende Vorteile erarbeiten, wenn sie einmal als Erster einen der vorgesehenen Punkte in der kontinuierlichen Entwicklung einer Kategorie erreichen. Canon hat beispielsweise den ersten Tintenstrahldrucker angeboten, der weniger als 300 Dollar kostete, und damit HP geschlagen, Brother hat ebenfalls HP besiegt, als die Firma als erste einen Laserdrucker unter 400 Dollar verkaufte, und Lexmark erreichte vor HP eine Druckauflösung von 1 200 dpi. Auch als Compaq noch darum kämpfte, die niedrigen Konkurrenzpreise der Unternehmen Dell und Gateway einzuholen, konnten diese beiden Firmen Compaq eine beachtliche Zahl Kunden abjagen. In jedem dieser Fälle konnten die Schimpansen ihre hinzugewonnenen Marktanteile jedoch nicht mehr halten, sobald der Gorilla sie eingeholt hatte.

Die wichtigste Lektion der Mainstreet lautet demnach, daß die Erfolgsfaktoren hier *Kostenführerschaft* und *Kundenpartnerschaft* sind, und daß es nicht auf *Produktführerschaft* ankommt. Durch Kostenführerschaft können Sie preiswerte Angebote liefern, durch Kundennähe können Sie +1-Marktentwicklung betreiben. Wenn Sie das beste Produkt anbieten, haben Sie dagegen oft nur vorübergehende Zugewinne an Marktanteilen, die meist hohe Investitionen erforderten, aber keine langfristigen Wettbewerbsvorteile bringen. Daher lohnt sich die Investition meist nicht, und es wäre besser, sie in +1-Nischenmarketing zu stecken, durch das Sie sich die Kunden langfristig erhalten, oder in Vorbereitung auf den nächsten Paradigmenwandel in neue F&E zu investieren.

Die dem Wettbewerb auf der Mainstreet zugrundeliegende Dynamik wird nicht vom Gorilla, sondern von den Meerkatzen definiert, die das Nachahmerprodukt anbieten. Die Meerkatzen bestimmen den Einsatz, indem sie den niedrigsten Preis festsetzen, der auf der Mainstreet als Bezugspreis gilt. Wenn kein Konkurrent darauf reagiert, und wenn die Anwender bei der Entscheidung kein Mitspracherecht erhalten, gewinnen die Meerkatzen zusammen mit den Einkaufsleitern und Einkäufern der Unternehmen. Wenn die Schimpansen die Meerkatzen schlagen wollen, müssen sie zusätzliche Anforderungen und Spezifikationen in die Kaufentscheidung einfließen lassen und dadurch den Wettbewerbsbereich verschieben. Einkäufer können solche zusätzlichen Werte hervorragend ignorieren, oder sie können darauf bestehen, daß sie kostenlos angeboten werden. Daher müssen Schimpansen es schaffen, die Anwender dazu zu bringen, sie beim Kaufprozeß zu unterstützen.

Auf der Bowlingbahn kam die Unterstützung von seiten des kostenorientierten Käufers, da die Kaufentscheidung wesentliche wirtschaftliche Gesichtspunkte berührte, die über die Problematik der neuen Technologie hinausgingen. Auf der Mainstreet wird diesen Problemen nicht mehr so viel Aufmerksamkeit gewidmet, und die Anbieter können sich auch die Distributionskanäle nicht mehr leisten, die erneut die Aufmerksamkeit der kostenorientierten Käufer erregen würden. Sie müssen sich statt dessen immer mehr auf indirekte Kommunikation verlassen, um ihre Botschaften zu vermitteln – auf Werbung, Produktgestaltung und Versandbroschüren oder -kataloge –, und diese sollten direkt die Anwender erreichen.

Kundennähe über preiswerte, indirekte Kommunikationskanäle zu erzielen, ist die wichtigste Fähigkeit für den Erfolg auf den Märkten der Mainstreet. Oberflächlich betrachtet scheint dies ein Widerspruch in sich zu sein. Wie kann Kundennähe entstehen, wenn niemals ein direkter Kontakt stattfindet? Künstler aller Jahrhunderte kannten die Antwort, ebenso wie das Marketing für abgepackte Konsumgüter in unserem Jahrhundert – sie lautet: *durch gemeinsame Phantasien*.

Diesen Mechanismus erkennt man am leichtesten bei Unternehmen, die mit Erfolg Massenprodukte zu hohen Preisen verkaufen – Getränke, Zahnpasta, Cornflakes, Deodorants, Füllfederhalter, Jogging-Schuhe oder Zigaretten. Die Werbekampagnen konzentrieren sich nur äußerst selten auf den Nützlichkeitswert des Produkts (einige Produkte besitzen überhaupt keinen Nützlichkeitswert), sondern verpacken ihre Botschaft in allerlei schmückendes Beiwerk – wunderschöne Landschaften, attraktive Menschen, raffiniert konstruierte kurze Spielhandlungen, auffallende Bilder –, um Nischenkunden anzuwerben, die sich mit dieser Darstellung identifizieren. Kunden, die diese Produkte kaufen, erhalten natürlich den Vorteil aus der zugrundeliegenden Ware, sie werden aber gleichzeitig in ihrer Identität bestätigt und teilen sich selbst und der Welt dadurch mit, welchen Werten sie anhängen und welcher sozialen Schicht sie sich zugehörig fühlen.

Dies alles ist schon längst bekannt. Die Frage ist, welche Bedeutung es für die High-Tech-Industrie hat. Vor der Mainstreet äußerst wenig, denn zu dieser Zeit kümmern sich die Kunden viel zu sehr um die Nützlichkeitsaspekte wie Zuverlässigkeit, Kompatibilität, Anwenderfreundlichkeit oder Rentabilität, als daß sie Zeit für Phantasien hätten. Aber auf der Mainstreet, wenn alle Standards feststehen und das vollständige Produkt wirklich zur Massenware geworden ist, bietet sich diese Gelegenheit. Und genau an dieser Stelle steht die PC-Industrie, und ganz besonders die Softwareindustrie zum heutigen Zeitpunkt.

Wie wir nun weiter vorgehen, ist noch nicht klar. Die gemeinsamen Phantasien sind vom Konsumgüter-Marketing bereits derart ausgiebig mißbraucht worden, daß sie die Kunden nicht mehr so stark ansprechen wie früher. Gebildete Käufer blenden die Werbung einfach aus und durchschauen deren Versuche, sie zu manipulieren. Auf der anderen Seite macht die Überlegung, ein Produkt vorteilhaft einsetzen zu können, immer einen Teil der Kaufentscheidung aus, und wir alle erwarten, daß uns der Anbieter bei dieser Überlegung mit gutem Rat zur Seite steht. Da High-Tech-Produkte so abstrakt sein können, sind bekannte Vorstellungen häufig der Schlüssel zur Orientierung der Anwender, was die Schreibtisch-Metapher bei Macintosh und die Posteingangs-Metapher bei der elektronischen Post beweisen. Dabei handelt es sich auch um eine Art gemeinsamer Phantasie, und ohne ihre Hilfe könnten wir High-Tech-Lösungen nicht verbreiten.

Zusammenfassend läßt sich also sagen, daß die Anpassung der Erfahrungen aus dem Konsumgüter-Marketing fruchtbaren Boden für innovative Marketingstrategien im High-Tech-Bereich bietet, da diese uns lehren, wie man die Kundennähe zu den Anwendern über indirekt übermittelte gemeinsame Phantasien herstellt. Unternehmen, die diese Anpassung bewerkstelligen, werden aufgrund ihres überlegenen Marketingmaterials anfängliche – und wahrscheinlich auch dauerhafte – Wettbewerbsvorteile auf der Mainstreet erringen.

Wenn man dies im Licht unseres traditionellen produktbasierenden Wettbewerbs betrachtet, wirft sich die interessante Frage auf, wer in diesem Marketingmaterial als Bezugskonkurrent dienen soll? Soll man sich hier überhaupt auf einen Konkurrenten beziehen? Der wirkliche Konkurrent, die Meerkatze, verdient es nicht, beim Namen genannt zu werden – warum sollten wir ihren Namen nennen, wenn sie sich selbst keinen Namen machen kann? Wenn Sie andererseits den Gorilla oder andere Schimpansen nennen, öffnen Sie Ihre Kundenbasis erneut der Konkurrenz, die Sie bereits verdrängt hatten, und das ergibt auch keinen Sinn. Daraus folgt, *daß auf der Mainstreet Sie selbst Ihr bester Konkurrent sind.* Sie sollten sich in Ihren Marketingaktionen immer auf Ihre älteren Produktserien beziehen, die Sie in Ihren Vergleichen zwar loben, aber dennoch zeigen, wie sehr Ihre neuen Angebote deren Vorzüge noch übertreffen. Falls sich dann ein Konkurrent einschleicht, muß er Sie in einer Wettkampfarena herausfordern, die nur von Ihrer eigenen vergangenen und gegenwärtigen Architektur bestimmt wird.

Übersteigertes Wettbewerbsdenken

Unser Überblick über die Strategien zum Erreichen von Wettbewerbsvorteilen in den verschiedenen Phasen des Technologieakzeptanz-Lebenszyklus ist somit am Ende angelangt. Wie wir gesehen haben, verändern sich die für den Erfolg wichtigen Faktoren – die Nutzenkategorien, wie Treacy und Wiersema sie nennen – jeweils dramatisch bei den Übergängen von der Bowlingbahn in den Tornado und vom Tornado auf die Mainstreet. Dies ruft sowohl innerhalb des Marktes als auch innerhalb unserer Unternehmen Kommunikationsprobleme hervor, denen wir uns in Kapitel 9 und 10 widmen wollen.

Bevor wir aber weitergehen, gibt es noch einen letzten Aspekt des Wettbewerbs zu besprechen, nämlich den Aspekt der Übertreibung. Die passende Bezeichnung hierfür ist *Hyper-Wettbewerb.*

In der mittelalterlichen Literatur wimmelt es nur so von Geschichten, in denen sich Ritter bis zum Tod um die Hand einer schönen Dame streiten. Dies ist wahrer Wettbewerb. Auf den ersten Blick erscheint uns dies als ein außerordentlicher Ausdruck der Liebe zu dieser Frau, aber je näher man diese Geschichten betrachtet, desto deutlicher wird es, daß sich die Ritter viel mehr füreinander interessieren als für die Dame. Seite um Seite werden ihre Ausrüstung, ihre Pferde, ihr Kampf und ihre Gespräche beschrieben, während am Ende nur zwei Zeilen vom „Glück bis an ihr Lebensende" mit der Dame künden. Sie dient nur als Ausrede für ihre Lieblingsbeschäftigung, die darin besteht, sich gegenseitig die Köpfe einzuschlagen.

Leider wiederholen wir dieses Verhaltensmuster auch oft in unseren Marketingbemühungen. Wir sagen, wir seien auf unsere Kunden bezogen, doch in Wirklichkeit handeln wir wettbewerbsbezogen. In unserer Werbung geht es viel eher darum, auf welche Weise wir die anderen übertreffen, als darum, auf welche Weise wir die Bedürfnisse unserer Kunden erfüllen. Die Produkte, die wir herausbringen, orientieren sich weniger an den Anforderungen der Zielkunden als an den Funktionen, die das Konkurrenzprodukt bietet (oder ankündigt). Wir werben um Partner, nicht weil unsere Zielkunden sie brauchen, sondern weil die Konkurrenz sie uns wegschnappen könnte. All dies führt dazu, daß wir unsere Konkurrenten viel besser kennen als unsere Kunden, und diese Tatsache spiegelt sich in unserer Sprache und in unseren Gedanken wider.

Warum zeigen wir dieses selbstzerstörerische Verhalten? Wie kommt es, daß die Notwendigkeit, die Konkurrenz zu besiegen, immer wieder stärker ist als das Ziel des Dienstes am Kunden? In der Regel entsteht dieses Verhalten einfach aus einer übersteigerten Angst vor der Niederlage, die so weit geht, daß sie alle anderen Ziele verblassen läßt, und dies führt dann zum übersteigerten Wettbewerbsdenken. Eine bestimmte Art von Marketing hat diesen Zustand sogar zu ihrem Ziel erkoren, und in den verkaufsbezogenen Anstrengungen eines Tornados können damit auch dramatische Erfolge erzielt werden. Zu anderen Zeitpunkten und in anderen Situationen wirft er die Unternehmen aber aus dem Gleis und sollte tunlichst vermieden werden. Wie man ihn erfolgreich vermeidet, hängt davon ab, welcher Teil des Unternehmens davon betroffen ist.

Hyperkompetitiver Vertrieb

In Vertriebsorganisationen erkennt man die Hyper-Wettbewerbsorientierung daran, daß jeder Abschluß um jeden Preis gewonnen werden muß. Die Prioritäten hängen vollkommen von dem gerade anstehenden Verkaufsabschluß ab, und daraus resultieren häufige „Brandlöschübungen" und eine Aufsplitterung der Ressourcen. Auf diese Weise kann man langfristig nicht gewinnen. Man muß statt dessen zwischen strategischen und opportunistischen Kunden unterscheiden, und dann die Investitionen zum Gewinn der letzteren einschränken, um für den Gewinn der ersteren mehr Geld zur Verfügung zu haben. Der gesamte Sinn der Marketingstrategie liegt darin, bei bestimmten Gruppen von Kunden durch Investitionen und genaue Zielbestimmung Marktanteile zu gewinnen.

Hyperkompetitive Vertriebsorganisationen weigern sich jedoch, solche Strategien zu unterstützen. Sie bestehen darauf, in jeder Schlacht zu kämpfen, und beschweren sich anschließend beim Marketing, daß es ihnen nicht die nötigen Waffen zur Verfügung gestellt hat. Kein Unternehmen kann es sich jedoch leisten, den Vertrieb für alle Schlachten auszurüsten. Die Konkurrenz kann uns die Wurst vom Brot nehmen, weil wir zu ihren Bedingungen und mit den von ihr gewählten Waffen kämpfen.

Hier kommt man nur weiter, wenn man neue Marketinginitiativen vorantreibt, die neue Gelegenheiten eröffnen, bei denen wir unsere Wettkampfarena selbst definieren können. Dies sollte dem Vertrieb nicht als „Entweder-Oder"-, sondern zunächst als „Sowohl-Als-auch"-Vorschlag unterbreitet werden. Der Fokus des Marketings sollte sich darauf richten, den Vorteil des vollständigen Produkts für den Zielmarkt zu sichern, und der Vertrieb sollte den Zeitpunkt seines Einstiegs in diese Party selbst wählen. Wenn dann immer mehr Verkaufsabschlüsse „unserer" Art in die Pipeline fließen, und nicht die der Konkurrenz, werden die Vertriebsmitarbeiter ihre Anstrengungen von selbst und mit gutem Gewissen in die neue Wettkampfarena lenken. Doch bis dahin müssen wir die Schrecken empörter Voice-Mails erdulden.

Hyperkompetitive Entwicklungsingenieure

Bei den Ingenieuren richtet sich die Hyper-Wettbewerbsorientierung darauf, das Produkt der Konkurrenz in allen Punkten zu übertreffen, unabhängig davon, ob die Zielkunden die zusätzlichen Funktionen überhaupt benötigen. Mit dieser Strategie kann man ebenfalls langfristig nicht gewinnen. Der richtige Ansatz ist hier, in die Zufriedenheit der Kunden zu investieren, auch wenn dies äußerst langweilige Aufgaben nach sich zieht und die Ingenieure beispielsweise ein vollständiges Treiber-Set schreiben müssen, damit Ihre Internet-Software mit einer Schnittstelle für jedes Fax/Modem auf dem Markt ausgestattet ist. Ebenso kann es grundsätzlich uninteressante Aufgaben nach sich ziehen, wie beispielsweise das Herausnehmen vorhandener Funktionen, damit das Produkt billiger und weniger kompliziert wird.

Um derartigen Aufgaben aus dem Weg zu gehen, verbünden sich hyperkompetitive Ingenieure mit den hyperkompetitiven Vertriebsmitarbeitern, die sich beklagen, daß wir nicht verkaufen können, weil das Konkurrenzprodukt eine Funktion besitzt, die unser Produkt nicht bietet. Dies treibt eine neue Runde von Entwicklung und neuen Produktversionen an, und wenn diese das Interesse der Kunden wieder nicht erregen können, kann man die Schuld nur noch auf die Marketing-Abteilung schieben, die es offensichtlich nicht geschafft hat, die Angebote im richtigen Licht zu präsentieren.

Dieses Problem läßt sich beheben, indem wir die Ingenieure in den Marketingprozeß einbinden und einen funktionsübergreifenden Konsens darüber herstellen, an welchem Punkt des Lebenszyklus sich unser Produkt befindet und welche Prioritäten wir daher setzen müssen. Ingenieure sind in Systemanalysen geschult, und wenn wir daher die Marktmöglichkeiten in einem Systemzusammenhang präsentieren, was ja das Ziel all dieser Modelle ist, können diese funktionsübergreifenden Bemühungen sehr produktiv sein.

Hyperkompetitives Marketing

Auch Marketingorganisationen können im Umgang mit Partnern und Verbündeten, bei der Distribution, der Preisgestaltung oder der Positionierung hyperkompetitiv sein. In diesem Zusammenhang verstärkt sich das Prinzip des „wir zuerst" immer in irgendeiner Weise zu einem „wir allein". Dies zeigt sich in der Regel bei Verhandlungen über Preise und Gewinnspannen, die häufig scheitern, da der eine oder andere Partner mit dem Angebot einfach nicht leben kann.

Offene Marktsysteme bestrafen dieses Verhalten, denn der egozentrische Anbieter kann einen notwendigen Partner oder Verbündeten, der sich zurückzieht, nicht einfach durch vertikale Integration in der eigenen Firma ersetzen. Der Markt besteht darauf, das Beste auf jedem Gebiet auswählen zu können, und lehnt somit proprietäre Alternativen ab. Natürlich kann sich der Anbieter einen anderen Partner suchen, und wenn er aus dem vorhergehenden Fehlschlag gelernt hat, ist alles vergeben und vergessen. Wenn er jedoch an seinem hyperkompetitiven Verhalten festhält, wird der Markt diesen Anbieter isolieren, *selbst wenn er der Gorilla sein sollte.*

Erinnern wir uns an einige in diesem Buch bereits genannte Beispiele von Unternehmen, die versucht haben, einen Tornado zu steuern – Sony mit Betamax, IBM mit MicroChannel, Adobe mit Level 3 PostScript. In jedem dieser Fälle hat der Markt diese Anbieter isoliert, bis sie entweder ganz ausgeschlossen wurden oder reumütig von ihrem hohen Roß heruntergestiegen. Diese Fehler erwiesen sich als extrem kostspielig und waren ausschließlich auf hyperkompetitives Marketing zurückzuführen.

Zusammenfassung

Das Thema „Wettbewerbsvorteil" wird vom Management so stark beachtet, ist aber im Zusammenhang mit Hyperwachstumsmärkten so schwer faßbar, daß es eine Zusammenfassung verdient. Der wichtigste Punkt ist, daß der Lebenszyklus in seinen verschiedenen Phasen nach unterschiedlichen Faktoren verlangt:

Bowlingbahn: Produktführerschaft, Kundenpartnerschaft

Tornado: Produktführerschaft, Kostenführerschaft

Mainstreet: Kostenführerschaft, Kundenpartnerschaft

- Auf der **Bowlingbahn** muß man sich durch technologische Besonderheiten vom Status quo differenzieren (Produktführerschaft). Von ähnlichen technischen Produkten muß man sich durch Fokussierung auf ein bestimmtes Segment unterscheiden (Kundenpartnerschaft).

- Im **Tornado** hängt die Wettbewerbsstrategie davon ab, ob Sie ein Gorilla, ein Schimpanse oder eine Meerkatze sind.

  - Gorillas nutzen ihre Kostenführerschaft und optimalen Produktionsabläufe, um hohe Absatzzahlen zu erreichen und so die maximale Anzahl neuer Kunden zu gewinnen und ihre Stückkosten zu senken. Diesen Vorteil können sie entweder zur Gewinnspanne rechnen oder an ihre Kunden weitergeben und so noch größere Marktanteile gewinnen. Sie nutzen weiterhin einen Strom neuer Produkte (Produktführerschaft), um die Kunden in Atem zu halten und ihre Konkurrenz aus dem Gleichgewicht zu bringen.

  - Meerkatzen konkurrieren auf der Grundlage der niedrigsten Preise. Ihre Art der Kostenführerschaft reduziert die allgemeinen Geschäftskosten auf ein absolutes Minimum. Sie konkurrieren nicht um die Produktführerschaft, denn ihre grundlegende technische Kompetenz besteht in schneller und exakter Nachahmung.

  - Schimpansen konkurrieren gegen den Gorilla auf der Basis ihrer eigenen Version der Produktführerschaft. Dies allein ergibt jedoch noch keinen langfristigen Wettbewerbsvorteil, da der Markt die Produktzusammenstellung des Gorillas definitionsgemäß als De-facto-Standard favorisiert. Um langfristige Vorteile zu gewinnen, müssen Schimpansen zur Bowlingbahn-Strategie zurückkehren und sich durch Kundenpartnerschaft in Nischen die Marktführerschaft erkämpfen, indem sie auch inmitten des Tornados segmentspezifische vollständige Produkte entwickeln.

- Auf der **Mainstreet** gibt es zwei vertretbare Positionen für langfristige Wettbewerbsvorteile: die Rolle des preiswerten Lieferanten von Massenwaren und die Rolle des Lieferanten von nischenspezifischen Qualitätsprodukten. Für die erste Rolle sind Meerkatzen gut geeignet, während Schimpansen die zweite Funktion erfüllen müssen. Gorillas können und müssen beides tun.

- **Hyperkompetitives Verhalten** richtet genausoviel Schaden an wie überhaupt kein wettbewerbsorientiertes Verhalten. Die Strategie soll uns helfen, das Spiel zu gewinnen, nicht die Konkurrenz zu schlagen. Diese beiden Ziele sind einzig und allein im Tornado identisch.

Alles dreht sich um die Machtverteilung im Zusammenhang mit Wettbewerbsvorteilen. Im vorhergehenden Kapitel haben wir uns mit der Machtverteilung in Allianzen beschäftigt, und im folgenden Kapitel werden wir untersuchen, wie diese „Machtpositionen" auf dem Markt ausgehandelt und angezeigt werden. Dies ist die wahre Bedeutung der *Positionierung*, der wir uns nun zuwenden wollen.

9 Positionierung

Die Positionierung ist eines der am häufigsten mißverstandenen Elemente der Unternehmensstrategie. Dafür gibt es zahlreiche Gründe, von denen manche fest verwurzelt, andere dagegen nur oberflächlich sind. Meiner Meinung nach ist der wichtigste Grund, daß wir immer noch denken, die Positionierung stelle ein *Werturteil über uns* dar. Das ist nicht wahr, denn sie gibt nur an, *welchen Platz wir in zwei miteinander in Wechselwirkung stehenden Systemen einnehmen*. Beide Systeme haben bereits vor uns existiert, und beide können ebensogut ohne uns weiterbestehen:

1. das System der Angebote, zwischen denen ein Kunde wählen kann,
2. das System der Unternehmen, die durch ihr Zusammenwirken einen Markt bilden.

Es gibt bereits zahlreiche Bücher über die Positionierung innerhalb des ersten dieser beiden Systeme, daher beschränke ich mich hier ausschließlich auf die Positionierung innerhalb des Systems der Unternehmen, die zusammen einen Markt bilden.

Dabei dient das zweite System als Zugang zum ersten, denn wenn wir keinen Platz im Kreise der Unternehmen finden, die den Markt bilden, können wir auch die Kunden nicht erreichen. Wir müssen also zuerst Beziehungen zu den marktbildenden Unternehmen aufnehmen, um uns die nötigen Finanzierungsmittel, den Zugang zum Distributionssystem und die Kooperation von Partnern und Verbündeten zur Zusammenstellung des vollständigen Produkts zu sichern. Was brauchen wir, um hier erfolgreich zu sein?

Zunächst müssen wir erkennen, daß die marktbildenden Unternehmen keine geheime Elite sind, sondern einfach nur Firmen, die auf dem Markt bereits Erfolge gesammelt haben. Diese Firmen sind gegenwärtig durch bestimmte Versorgungs- oder Wertketten verbunden, durch die sie den Kunden vollständige Produkte liefern, und damit verdienen sie ihr Geld. Sie werden von unseren Angeboten direkt betroffen, denn durch unsere

Gegenwart auf dem Markt können vorhandene Ketten erweitert oder neue Ketten gebildet werden. In beiden Fällen entstehen auf natürliche Weise Allianzen zwischen uns und anderen Kettengliedern. Andererseits können wir auch vorhandene Ketten entweder durch direkte Konkurrenz oder durch eine neue Kette bedrohen und uns dadurch Feinde schaffen.

Da es einer Firma alleine unmöglich ist, einen Markt zu schaffen oder zu versorgen, müssen wir uns die Kooperation von zumindest einigen marktbildenden Unternehmen sichern, damit wir einsteigen und anschließend mit Erfolg fortbestehen können. Wir stehen also vor einer Machtstruktur, und das erste Ziel der Positionierung besteht darin, sich in dieser Struktur einen Platz zu verschaffen.

Welche Positionen stehen in der typischen Machtstruktur eines Marktes zur Verfügung? Sie lassen sich in einem Raster darstellen, das jedem strategischen Planer ein vertrautes Bild sein sollte:

	Etabliertes Produkt	Neues Produkt
Neuer Markt	Imperialisten gegen Eingeborene	Forscher und Goldgräber
Etablierter Markt	Alte Garde: – Gorillas – Schimpansen – Meerkatzen	Barbaren gegen Bürgertum

Der Markt aus der Sicht eines marktbildenden Unternehmens

Mit Hilfe eines solchen Rasters für Produkte und Märkte, alt gegen neu, werden üblicherweise ein strategisch günstiger Einstieg organisiert und Entscheidungen über Investitionen getroffen. Da die Kräfte, die auf diese Entscheidungen einwirken, auch die Positionierung beeinflussen, lassen sich die grundlegenden Rollen in der Machtstruktur eines freien Marktes auch auf die folgende Weise darstellen.

Die alte Garde

Im linken unteren Quadranten werden etablierte Märkte von den etablierten Produkten der alten Garde dominiert. Dabei handelt es sich um eine Hierarchie aus mehreren Unternehmen, deren Hackordnung durch ihre Marktanteile festgelegt ist, also durch die Einsatzregeln, die im vorhergehenden Kapitel besprochen wurden. Die Hackordnung entsteht während eines Tornados, und sie bleibt während der gesamten Mainstreet-Phase bestehen.

Da sich der größte Teil der gesamten Geldmenge immer in diesem Quadranten des Marktes konzentriert, sind die dortigen Machtverhältnisse äußerst bedeutsam, und alle Veränderungen werden genau beobachtet. Die dortigen Unternehmen kontrollieren auch die Mundpropagandakanäle zum Markt, daher besitzt ihre Meinung voneinander und von Neueinsteigern großen Einfluß. Ihre Versorgungs- und Wertketten sind seit langem etabliert, daher werden Neueinsteiger in der Regel als Konkurrenten betrachtet, und nicht als Verbündete. Neue Firmen werden in diesem Zusammenhang nach ihrer Größe beurteilt, und diese bestimmt die Reaktion der alten Garde.

Ein willkommener Einsteiger in diesem Quadranten könnte beispielsweise eine Meerkatze sein, die die Preise des aktuellen Marktes mit ihren nachgeahmten Produkten unterbieten will. Die Low-End-Distributionskanäle am unteren Ende suchen ständig nach immer preiswerteren Alternativen, denn diese locken die Kunden in ihren Laden, wo man dann hofft, sie zum Kauf eines teureren Produkts aus dem gleichen Regal bewegen zu können. Gorillas und Schimpansen fühlen sich nicht bedroht, da den Meerkatzen nur ein bestimmter Anteil der Regalfläche gewährt wird, und die neue Meerkatze nur eine alte Meerkatze ersetzt, was sie weiter nicht berührt.

Ein weitaus gefährlicheres Ereignis bedeutet das Eindringen eines Gorillas aus einem benachbarten Markt in diesen Quadranten, der den lokalen Gorilla in seiner eigenen Wettkampfarena angreift. Ein solcher Vorfall gefährdet alle Machtpositionen der Mitglieder der alten Garde. Wenn der neue Gorilla gewinnt, verschwindet dadurch der alte ja nicht, so daß jeder in der Hackordnung um eine Stufe nach unten rücken muß, um Platz zu machen. Dabei wird häufig der kleinste Schimpanse eliminiert, da er sich nicht in eine Meerkatze verwandeln kann. Dies ist auf dem Markt für ECAD-Software passiert, als Cadence Mentor herausforderte – Unternehmen wie Daisy und Valid wurden nach unten geschoben und verschwanden schließlich, Valid wurde sogar von Cadence geschluckt. Für die meisten Firmen ist es daher besser, wenn der neue Gorilla verliert, denn er wird in den meisten Fällen nicht zum Schimpansen, sondern zieht sich wieder ganz zurück. So erging es beispielsweise Compaq zur großen Erleichterung aller Schimpansen auf dem Druckermarkt – Canon, Lexmark und Epson –, als das Unternehmen vergeblich versuchte, HP auf diesem Markt anzugreifen. Wenn Compaq sich zum Ausharren entschlossen hätte, hätten sie alle Einschränkungen ihrer Regalflächen hinnehmen müssen.

Der Wettbewerb um die Positionen im Quadranten der alten Garde läuft daher immer auf ein Nullsummenspiel hinaus. Da der Markt hier nur eine begrenzte Anzahl von Positionen unterstützt, kann ein Unternehmen nur eindringen oder aufsteigen, wenn ein anderes Unternehmen dafür verschwindet oder absteigt. Jeder Wechsel wirkt sich in der Regel negativ aus, daher ist die alte Garde ihrem Wesen nach eher konservativ.

Forscher und Goldgräber

Im rechten oberen Quadranten befinden sich dagegen die Einsteiger in den Einführungsmarkt. Sie stellen für die alte Garde weder eine Bedrohung noch eine Hilfe dar und werden mit Neugier und Belustigung beobachtet, da sie wahrscheinlich im Abgrund bankrott gehen werden. Dennoch ziehen sie auch ein gewisses Interesse auf sich, da einer unter ihnen ja auch den großen Gewinn erzielen könnte. Der Markt unterscheidet auf diesem Gebiet zwei Typen: die Forscher, deren Antriebskraft technologisches Interesse ist, und die Goldgräber, deren Ziel nur der Gewinn ist. Keiner wird zum gegenwärtigen Zeitpunkt als mächtig angesehen, aber falls einer der Goldgräber mit ein paar Nuggets zurückkehrt und eine Karte zur Mine besitzt, ändert sich dies sehr rasch.

Die Firma Visioneer befindet sich jetzt, während ich diese Zeilen schreibe, gerade in diesem Quadranten. Sie stellt einen Scanner in der Größe eines Zigarrenkästchens her, der auf dem Schreibtisch zwischen Tastatur und Computer Platz hat. Wenn Sie ein Papierdokument in eine Datei einfügen wollen, brauchen Sie das Blatt nur in den Kasten zu stecken, dann erscheint es als Bitmap-Bild auf dem Bildschirm. Von dort aus können Sie es per Fax oder als E-Mail versenden, es als Anhang in ein Dokument aus einem Textverarbeitungsprogramm kopieren oder es mit Hilfe einer Software zur optischen Zeichenerkennung in einen editierbaren Text verwandeln, den Sie am Computer bearbeiten können. Dieses Gerät stellt für jeden, der häufig über den PC kommuniziert, eine hervorragende Brücke zwischen Papier und Bildschirm dar.

Aufgrund seiner Form ist Visioneer ein neues Produkt, und da es die täglichen PC-Anwender anspricht, wandert es auf einen neuen Markt. Das Unternehmen befindet sich also in der Position eines Goldgräbers, der mit ein paar Nuggets in die Stadt zurückgekehrt ist. Alle anderen Anbieter von Scannern beobachten zum jetzigen Zeitpunkt nur das Geschehen, denn so reagiert der Mainstream-Markt immer auf Veränderungen im Einführungsmarkt. Sie warten auf das definitive Ergebnis der Analyse der Nuggets – gibt es Gold in diesen Bergen oder nicht? Falls die ersten Ergebnisse positiv ausfallen, versucht die alte Garde einzusteigen. In diesem Stadium ist Visioneer in Gefahr, denn dieses Unternehmen besitzt weniger Schutz gegen Eindringlinge als die meisten anderen Firmen auf dem Einführungsmarkt – die verwendete Hardwaretechnologie ist bereits überall verbreitet, und den Rest des vollständigen Produkts, mit Ausnahme der Software, gibt es bereits im Laden zu kaufen. Die Karte zur Goldmine ist also die Software. Nun lautet die Frage, ob die Konkurrenz, nachdem sie die Software in Funktion gesehen hat, versuchen kann und will, sie zu kopieren und die Goldmine vor Visioneer abzubauen. Visioneer muß seinen Anspruch schnell geltend machen, um diese Möglichkeit auszuschließen.

Daraus erkennen wir, daß die Machtpositionen im Quadranten des Einführungsmarktes vollständig von der Kontrolle über die bisher unbekannten und noch von niemandem beanspruchten Reichtumsquellen abhängen. Diese Positionen werden von technologisch führenden Unternehmen mit Gespür für den Markt besetzt, wobei zwei Fragen offen bleiben:

1. Haben sie auch wirklich das richtige Gespür für den Markt?
2. Wenn ja, können sie daraus Kapital schlagen, bevor die alte Garde ihre Goldmine beschlagnahmt?

Der Neueinsteiger kann sich in der Regel um so sicherer fühlen, je weiter sein Territorium von der Grenze der alten Garde entfernt ist. Lotus Notes wurde beispielsweise eine sehr lange Reifeperiode zuteil, da keines der bis dahin gebräuchlichen Produkte ihm auch nur im entferntesten ähnelte. Es hat sich inzwischen herausgestellt, daß Ray Ozzies Gespür richtig war, und die Frage lautet nun, ob Lotus (heute IBM) diese Arena erfolgreich gegen Novell und Microsoft verteidigen kann. Lotus kann dieses Spiel nur dann verlieren, wenn ein Fehler gemacht wird, und das war bisher nicht der Fall. Meiner Ansicht nach ist das einzige ungelöste Problem nur noch die Komplexität der Notes-Anwendungen. Um einen echten Tornado auszulösen und sich durch ihn zu neuen Höhen aufzuschwingen, muß noch an der Vereinfachung des vollständigen Produkts gearbeitet werden. Dabei handelt es sich jedoch um eine klare Aufgabe, die sicher nicht außer Reichweite liegt, daher würde ich behaupten, daß die Machtposition von Lotus ziemlich stabil ist.

Die Positionen in den beiden anderen Quadranten sind dagegen von Natur aus instabil, da es sich bei ihnen um Auswüchse von Konflikten am Rand der etablierten Machtstruktur handelt. Entweder dringen etablierte Produkte in neue Märkte vor, oder neue Produkte kommen auf etablierte Märkte. In beiden Fällen ist die alte Garde von Anfang an direkt betroffen. Getreu ihrer kapitalistisch-imperialistischen Wurzeln sieht diese Gruppe ihre eigene Expansion in neue Märkte als unweigerliches Schicksal an – Imperialisten gegen Eingeborene –, während sie jedes Eindringen eines anderen in ihr Territorium als Angriff auf die Tugend selbst wertet – Barbaren gegen Bürgertum.

Imperialisten gegen Eingeborene

Im Fall des Imperialismus auf neuen Märkten werden die Machtverhältnisse in der Neuen Welt durch dasjenige Mitglied der alten Garde festgelegt, das zuerst auf dem neuen Markt ankommt und ein ausreichendes Maß an Marktführerschaft und Marktdurchdringung erreicht, um ihn für sich zu beanspruchen. Auf dem Markt der relationalen Datenbanken erfreut sich Informix derzeit in Mitteleuropa großen Wachstums, da das Unternehmen sich auf seine starke Position in Deutschland stützen kann, die auf einer langjährigen Beziehung mit Siemens beruht. In Japan dagegen konnte Informix keinen bedeutenden Marktanteil gewinnen, obwohl das Unternehmen dort auf dem Einführungsmarkt der Marktführer war. Es wurde von Oracle entthront, da sich diese Firma über eine Beziehung mit Nippon Steel den Zutritt erzwang.

Wenn Unternehmen der alten Garde auf neuen Märkten Gebiete abstecken können, wandern sie in der bestehenden Hierarchie nach oben und übernehmen den Platz von Firmen, die keine neuen Geldquellen erschließen konnten. In der PC-Industrie war die traditionelle alte Garde, das heißt

IBM, Compaq und Apple, äußerst überrascht, als sie 1994 entdecken mußte, daß Packard Bell, ein etablierter Anbieter absolut unscheinbarer Nachahmerprodukte, zweifellos eine Meerkatze oder höchstens ein junger Schimpanse, plötzlich *die Nummer Vier auf ihrem Markt* war. Schlimmer noch, diese Firma sprang im ersten Halbjahr 1995 gemessen am Gesamtabsatz sogar auf Platz Eins. Eine Unverschämtheit! Woher kam der Eindringling überhaupt? Nun, während andere Firmen einen Bogen um Billigkanäle wie zum Beispiel Costco schlugen, ging Packard Bell auf sie zu. Das Unternehmen konzentrierte sich intensiv auf Kostenführerschaft und optimale Produktionsabläufe, um auffallend niedrige Preise bei guter Qualität zu ermöglichen. Auf diese Weise konnten sie einen „neuen Markt" für sich gewinnen, der hauptsächlich aus späten Adaptoren bestand, die für zu Hause oder für ihr kleines Büro den ersten PC kauften.

Da die alte Garde die Machtverhältnisse auf dem jeweils aktuellen Markt beherrscht, kann sie in der Regel auch ihren Willen durchsetzen, wenn sie in neue Märkte vordringt. Manchmal leisten die Eingeborenen jedoch vernichtenden Widerstand. Wenn Sie eine Fallstudie zu einem derartigen Widerstand hätten beobachten wollen, hätten Sie keine bessere Gelegenheit erhalten können, als sich im Verlauf des Debakels bei Intel aufgrund der Rechenfehler des Pentium ins Internet einzuschalten. Intel behandelte die Eingeborenen des Internets damals sehr von oben herab und handelte sich damit deren Zorn ein. Sie schlugen mit großer Schadenfreude zurück und machten Intel derart die Hölle heiß, daß am Ende sogar der sture Mr. Grove einlenken mußte. Alle Firmen, die das Internet „zivilisieren" und es in eine Super-Datenautobahn verwandeln und dafür Seitenstreifen, Raststätten, Parkplätze oder ähnliches bauen wollen, sollten sich das Beispiel Intel zu Herzen nehmen, sonst könnten sie selbst unruhige Zeiten erleben.

Barbaren gegen Bürgertum

Erfolgreich oder nicht, die Machtverhältnisse, die aus dem imperialistischen Quadranten erwachsen, rufen in der Regel keine abrupten, sondern schrittweise Veränderungen des Status quo der alten Garde hervor. Im Falle des vierten Quadranten, in dem neue Produkte in etablierte Märkte eindringen – Barbaren gegen Bürgertum –, ist dies ganz anders. Einem solchen Angriff sahen sich die Anbieter der Mainframe-Rechner durch die Revolution der Minicomputer der frühen 80er Jahre ausgesetzt, ebenso erlebten ihn die gewerblich eingesetzten Minicomputer in der Mitte der 80er Jahre von seiten der PCs, und die traditionellen Anwendungen erleben ihn jetzt in den 90er Jahren von seiten der Client/Server-Anwendungen. In allen Fällen trifft das neue Produkt direkt ins Herz eines etablierten Marktes, wirft die alte Garde aus dem Gleichgewicht und stürzt alle vorhandenen Machtverhältnisse ins Chaos. Dies sind die zerstörerischen Auswirkungen eines kommenden Tornados.

Denken Sie nur an das Chaos, das durch den Angriff der PCs auf die Büroautomation ausgelöst wurde. Erinnert sich noch irgend jemand an Smith Corona, Olympia, Remington, Olivetti oder die IBM Selectric? Dies waren einst die stolzen Aushängeschilder eines gut ausgerüsteten Büros, und jetzt sind sie dazu verurteilt, Versandetiketten oder Durchschlagformulare auszufüllen. Gibt es bei Wang, Lanier, NBI und Four-Phase etwa noch Textverarbeitungsprogramme? Was ist mit PROFS von IBM, mit All-in-One von DEC, CEO von Prime oder Desk von HP? Ist E-Mail heute nicht vom PC aus möglich? Was geschah mit den beiden wichtigsten Distributionskanälen für Büros, mit NOPA (National Office Products Association) und NOMDA (National Office Machinery Distributor Association)? Haben deren Vertreter angesichts von Office Depot und anderen großen Büromittelketten nicht alle aufgegeben? Hat jemand in letzter Zeit Tipp-Ex gesehen? Und was ist aus dem Kohlepapier oder den guten alten Vervielfältigungsapparaten geworden?

Überlegen Sie einmal, welche Geldmengen von den alten auf die neuen Anbieter übergewechselt sind – und das Gemetzel ist noch nicht vorüber. Heute stehen das Fax-Geschäft (über zehn Milliarden Dollar pro Jahr) und das Geschäft mit Kopierern unter Beschuß, ebenso, in unterschiedlichem Ausmaß, die Post, Kleinbilddias und die Firmen, die die Dias für Diapräsentationen herstellen, sowie Firmen, die Geschäftsformulare drucken.

In jedem neuen Tornado werden riesige Geldmengen verschoben, wenn sich die Wert- und Versorgungsketten neu konfigurieren und neu gruppieren. Diese Machtveränderungen sind die dramatischsten in der ganzen Geschäftswelt, und in diesen Zeiten entscheidet die Positionierung über Gedeih und Verderb, Vermögen oder Bankrott.

Es ist jedoch keineswegs so, daß die alte Garde aus diesen Kämpfen nie als Sieger hervorgeht. Als Intel Ende der 80er Jahre die Herausforderung durch den Motorola 68000 abgewehrt hatte, wurde das Unternehmen gleich wieder von einer Horde barbarischer RISC-Mikroprozessoren belagert – MIPS mit dem R3000, Sun mit dem SPARC, HP mit dem PA/RISC,

IBM mit dem Power PC und Motorola mit dem 88000. Trotz massiver Angriffe von allen Seiten konnte Intel sich behaupten. Wie war das möglich? Solange das vollständige Produkt gesund ist, solange jede neue Version den Abstand zwischen dem Vorteil der Invasoren und dem Status quo der alten Garde verringert, bleiben die bestehenden Machtpositionen erhalten. Die alte Garde kann sich ein weiteres Jahr von ihren satten Einnahmen nähren, und die Angreifer müssen so gut es geht die Reste einsammeln. Intel besaß alle Anwendungen und war in der Lage, den Paradigmenwandel soweit mitzutragen, daß er seine Schrecken verlor.

Positionierung innerhalb der marktbildenden Unternehmen

Zusammenfassend läßt sich sagen, daß es innerhalb einer Marktstruktur verschiedene Positionen gibt, deren Maßstäbe von der alten Garde, den etablierten Spielern auf dem etablierten Markt, festgelegt werden. Alle Positionen hängen von der gegenwärtigen Finanzkraft und den Zukunftsaussichten ab. Zudem spielt es auch eine Rolle, ob man das gegenwärtige Establishment bedroht oder unterstützt. Wenn eine neue Firma auf dem Markt auftaucht, wird sofort versucht, sie in einen der Quadranten und dort wiederum in eine der beschriebenen Rollen einzuordnen. Sobald eine Position feststeht, wissen alle anderen Spieler auf dem Markt, wie der neue Teilnehmer zu behandeln ist, und es kehren wieder überschaubare Marktbeziehungen ein.

Nachdem wir die verschiedenen innerhalb einer Marktstruktur zur Verfügung stehenden Positionen kennengelernt haben, werden wir jetzt die Positionierung erneut ergründen. Zuerst müssen wir feststellen, was unser Ziel ist, anschließend müssen wir herausfinden, wie wir unsere Signale so setzen, daß wir es erreichen.

Das Ziel der Positionierung innerhalb einer Marktstruktur ist es, seinen rechtmäßigen Platz einzunehmen, und keinen anderen. Dieser Platz hängt von unserer Fähigkeit ab, Wertketten zu schaffen oder zu erweitern, oder einer anderen Firma ihren derzeitigen Platz in einer dieser Ketten streitig zu machen. Märkte sind ebenso kooperations- wie wettbewerbsorientiert, das bedeutet, sie halten fortwährend nach Gelegenheiten Ausschau, um die gegenwärtigen Geschäftsprozesse noch effizienter auszurichten. Gleichzeitig suchen sie nach immer neuen Einnahmequellen. Wenn Sie als Neueinsteiger eine dieser Anforderungen erfüllen, erregen Sie positives Interesse. Wenn nicht, bleibt nur noch die Frage, ob Sie eine Bedrohung darstellen, und wenn ja, in welchem Ausmaß.

Ihre Position ist also abhängig von dem Geldfluß, den Sie bewirken. Sie ist der Platz, den Ihnen die anderen Mitglieder des Marktes zuweisen, die entscheiden, wohin Sie am besten passen. Diese Entscheidung wird wiederum von dem beeinflußt, was Sie behaupten, und anhand Ihrer tatsächlichen Handlungen überprüft. Skepsis ist an der Tagesordnung, und Ihr wichtigster Pluspunkt ist Glaubwürdigkeit. Hier dürfen Sie also nicht übertreiben – wenn Sie etwas nicht können, dürfen Sie es auch nicht behaupten.

Wenn man diese Prinzipien in tatsächliche Aktionen übersetzt, müssen Sie zuerst entscheiden, in welchen Quadranten Sie am besten passen. Entspricht es Ihren aktuellen und zukünftigen Aussichten also, wenn man Sie als Mitglied der alten Garde einschätzt, sei es nun als Gorilla, Schimpanse oder Meerkatze, oder betrachten Sie sich eher als Imperialist, als Eingeborenen, als Barbar, Bürger, Forscher oder Goldgräber? Jede Rolle impliziert andere Machtbeziehungen, braucht andere Verbündete und richtet sich gegen andere Wettbewerber, daher wollen alle anderen Bescheid wissen. Und wenn Sie sich als nichts von alledem betrachten, sollten Sie eine starke Alternativposition anzubieten haben, denn sonst werden Sie lediglich als eine weitere namenlose Firma abgestempelt, die einfach ignoriert werden kann, da sie ohnehin nicht lange existieren wird. (Diese Prophezeiung erfüllt sich ganz von selbst, denn um langfristig am Leben zu bleiben, brauchen Sie aus irgendeiner Richtung ein wenig Unterstützung.)

Sobald Sie sich mit einer Rolle identifiziert haben, werden Sie überrascht sein zu sehen, wieviele Ihrer Mitteilungen bereits vorherbestimmt sind. Die Marktbeziehungen wirken in diesem Zusammenhang ein wenig wie altmodische Melodramen – „Die Miete muß bezahlt werden!" „Ich kann die Miete nicht bezahlen!" – die Rollen sind bekannt, der Text sitzt perfekt, und es gibt kaum Variationen. Rufen Sie sich also alle stereotypen Filme ins Gedächtnis, und wählen Sie aus den folgenden kurzen Beschreibungen die für Sie am besten geeignete Rolle aus:

Die Darsteller
(in der Reihenfolge ihres Auftretens)

Der Gorilla

Sie sind ein Diktator, und die einzige Frage lautet, ob Sie gütig oder grausam herrschen. Als gütiger Diktator werden Sie dafür verehrt, daß Sie die Standards festsetzen, durch die ein gesamter Marktsektor reich werden konnte, und Ihre fortgesetzten Investitionen aus gewaltigen Gewinnen werden auch zukünftigen Generationen noch zum Vorteil gereichen. Als grausamer Diktator verlangen Sie von Ihren Partnern unbedingte Unterwerfung, während Sie tun und lassen, was Sie wollen. Sie erzeugen Furcht, Haß und Abneigung bei einigen Mitspielern, verhelfen anderen jedoch immer noch zu Reichtum, wenn auch völlig zufällig und nur für gewisse Zeit, so daß sogar Ihre schlimmsten Feinde zugeben müssen, daß alles läuft wie am Schnürchen. Jede dieser Rollen ist akzeptabel und stabil. Das einzig nicht Akzeptable wäre der Verdacht, daß Ihnen die Zügel aus der Hand gleiten.

Zum Gorilla passen die Rollen eines Imperialisten und eines Bürgers. Erstere zeigt, daß Sie nicht nur stark genug sind, an der Macht zu bleiben, sondern sie sogar noch ausweiten können, letztere zeigt, daß Sie die aktuellen Spieler auf dem Markt davor bewahren, ihre Privilegien an das nächste Paradigma zu verlieren. Wenn Sie dagegen einfach stagnieren, rufen Sie Verwirrung hervor, da Sie dadurch eine ideale Zielscheibe für alle möglichen Verschwörungen bieten. Diese Sorge bewegt den Markt gerade im Fall von Novell, dem gegenwärtigen Gorilla auf dem LAN-Markt.

Der Schimpanse

Sie spielen die instabilste Rolle von allen und müssen ständig in Bewegung bleiben. Sie sind ein Schimpanse geworden, weil Sie auf dem letzten Tornado-Markt ein Gorillakandidat waren, aber nicht gewählt wurden. Das macht Sie zu einer ständigen Bedrohung für den Gorilla und zu einem geeigneten Angriffsziel für Meerkatzen. Gleichzeitig besitzen Sie eine echte Machtbasis auf dem etablierten Markt, die Sie nicht aufgeben dürfen. Statt dessen müssen Sie folgendermaßen handeln:

1. Sichern Sie sich Ihre Machtbasis, indem Sie sich in einen Subsektor des gesamten Marktes zurückziehen und dort mit Hilfe des vollständigen Produkts einen genügend großen Vorteil aufbauen, den selbst der

Gorilla nicht einholen kann. Dabei müssen sie allen anderen zu verstehen geben, daß Sie:
– A. nicht an weiterer Expansion im etablierten Markt interessiert sind, aber
– B. bereit sind, Ihre Wettkampfarena bis auf das Messer zu verteidigen.

2. Stecken Sie entweder als Imperialist oder als Goldgräber ein neues Gebiet ab, damit Sie aus der dem gegenwärtigen Gorilla untergeordneten Stellung entkommen. Die Firmen, die Sie unterstützen, halten im gegenwärtigen Markt zu Ihnen, wenn sie damit rechnen können, daß Sie im zukünftigen Markt der Gorilla sein werden. Setzen Sie sich unbedingt ein Ziel, das der jetzige Gorilla Ihnen nicht so leicht wegschnappen kann, denn eigentlich liegt es im Interesse des Gorillas, Sie jetzt zu bekämpfen.

3. Beschäftigen Sie den Gorilla, indem Sie andere Konkurrenten auf ihn ansetzen. Phil White von Informix hat diese Taktik sehr erfolgreich praktiziert, indem er zuerst Ingres und dann Sybase gegen Oracle einsetzte, um dieses Unternehmen in Atem zu halten und Larry Ellisons Aufmerksamkeit von sich abzulenken.

Wenn Sie für diese Rolle noch einige Vorbilder benötigen und etwas Zeit haben, sehen Sie sich die historischen Theaterstücke von Shakespeare an. In ihnen dreht sich alles um die Machenschaften von Schimpansen, die versuchen, der kommende Gorilla zu werden.

Die Meerkatze

Diese Rolle ist leicht zu spielen, solange Sie nicht versuchen, etwas anderes zu sein. Ihr wichtigstes Publikum sind der Distributionskanal und die Einkaufsleiter, die beide weniger von den Forderungen der Gorillas und Schimpansen, als vielmehr von einer um einen oder zwei Prozentpunkte höheren Gewinnspanne beeindruckt sind. Verschwenden Sie keinen Teil des Marketing-Budgets für PR oder Werbung, denn dies ist die Sache der Gorillas und Schimpansen, die Beziehungen zu den Anwender-Kunden und Investoren aufbauen müssen. Beschränken Sie sich strikt auf Ihre Funktion als Mittelsmann.

Ihr Ziel ist es, der billigste Anbieter zu sein, mit dem am einfachsten Geschäfte gemacht werden können. Sie müssen sich von Anfang an der Tatsache bewußt sein, daß Sie selbst und Ihr Status vergänglich sind. Wenn

Sie herausgefordert werden, fliehen Sie sofort auf den höchsten Baum. Entfernt sich der Angreifer dann gelangweilt, kommen Sie zurück und setzen Ihre Geschäfte fort. Als Ermutigung bleibt Ihnen immer die Gewißheit, daß Sie von allen Primaten am längsten leben.

Der Forscher

Sie spielen im Drama des Marktes eine Nebenrolle, die nur aufgrund der Informationen interessant ist, die sie ans Tageslicht bringt. Ansonsten sind Sie ein unbeschriebenes Blatt, weil Sie nicht durch unmittelbare Gewinne motiviert sind. Wenn dies Ihre hauptsächliche Identität ist, handelt es sich um eine verwirrende Rolle, die beispielsweise von nicht gewinnorientierten Industriekonsortien wie Sematech, der CAD Framework Initiative oder der Open Systems Foundation gespielt wird. Die anderen Marktteilnehmer können einfach nicht beurteilen, wie ernst sie die Standards nehmen sollen, die diese Gruppen neu verbreiten, und viele Entwicklungszyklen sind eigentlich umsonst.

Die Rolle des Forschers wird viel interessanter, wenn ein Gorilla oder Schimpanse sie spielt, denn diese sind in der Lage, Expeditionen zu finanzieren, die sich die Suche nach der Nordwest-Passage beziehungsweise ihrem wirtschaftlichen Gegenstück zum Ziel gesetzt haben, und sich anschließend als Goldgräber zu entpuppen.

Der Goldgräber

Ihre Rolle ist die charakteristischste Rolle für den High-Tech-Markt, die diesen von allen anderen Märkten unterscheidet. Sie behaupten, Gold gefunden zu haben, und zielen jetzt darauf ab, die richtigen Verbündeten zu finden, mit denen Sie den Abgrund überwinden und die Mine ausbeuten können. Sie führen dieses Team an, denn Sie sind der einzige, der die genaue Lage der Mine kennt. Sie können als einziger die Zielanwendung und das vollständige Produkt definieren. Außerdem besitzen Sie mindestens ein Schlüsselelement der Wertkette und haben die Kontrolle darüber.

Es ist nicht einfach, andere davon zu überzeugen, daß sie Ihnen folgen sollen, daher sollten Sie sich von einer charismatischen Führerpersönlichkeit repräsentieren lassen, der die Leute Glauben schenken. Dieser Führer muß ein so deutliches Bild von der Zukunft zeichnen können, daß ansonsten vorsichtige Menschen ihre derzeitige Sicherheit für diese neue Suche aufgeben. Da keine historischen Beweise angeführt werden können, müssen die Argumente elegant, zusammenhängend und logisch vorgetragen werden, damit sie glaubwürdig sind. Und wenn Sie daran gehen, Ihr Team über den Abgrund zu führen, müssen Sie Ihre eigene Glaubwürdigkeit stärken, indem Sie sich auf einen bestimmten Zielkunden mit zwingendem Kaufgrund konzentrieren und das Produkt absolut passend für diese eine Anwendung gestalten.

Der Imperialist

Diese Rolle steht jedem Mitglied der alten Garde offen, das in der Lage ist, den Markt für seine etablierten Produkte zu erweitern, sei es durch geographische Expansion oder dadurch, daß man als erster auf eine neue Plattform portiert, oder auch durch tiefere vertikale Marktdurchdringung. Dabei stützt man sich auf die Annahme, daß die vorhandene Infrastruktur, das heißt die Eingeborenen in diesen neuen Märkten, nichts besitzen, was sie der von Ihnen vorgestellten neuen Technologie entgegensetzen könnten.

Unabhängig davon, ob dies so ist, werden Sie feststellen, daß die wahre Macht der Eingeborenen in ihrer Kontrolle des Zugangs zu den Distributions- und Kommunikationskanälen besteht. Sie müssen eventuell etwas von Ihrer imperialistischen Arroganz ablegen, sich den örtlichen Gegebenheiten unterwerfen und gegenseitig vorteilhafte Allianzen bilden, um erfolgreich zu sein. Wenn Sie dies bewerkstelligen, werden Sie sich eine starke Position auf dem neuen Markt sichern, die Sie auch gegen den stärksten Konkurrenten verteidigen können.

Eine imperialistische Entwicklung ist der Schlüssel zur Erhaltung der Lebensfähigkeit der alten Garde, denn wenn die marktbildenden Unternehmen langsam an die Grenzen der gegenwärtigen Märkte stoßen, müssen sie wissen, in welche Richtung es von nun an für alle weitergeht. In dieser Situation wandern unflexible Unternehmen, die sich nicht von der Stelle bewegen können, in der Hackordnung nach unten, da sie sich gegenüber expandierenden Neuankömmlingen nicht durchsetzen können, deren Koffer mit den Reichtümern der Neuen Welt gefüllt sind.

Der Eingeborene

Diese Rolle ist genau gegengleich zu der des Imperialisten. Sie haben nicht die neue Technologie, sondern die vorhandenen Beziehungen, und Sie können die Ankunft des Imperialisten entweder unterstützen oder sich ihr widersetzen, je nach dem, welche Vorgehensweise Ihnen größere Vorteile verspricht. Es wäre allerdings falsch, sich passiv zu verhalten und nichts zu unternehmen.

Die Rolle ist dieselbe, ob Sie sich nun widersetzen oder unterstützen. Sie müssen sich als gut plaziertes Mitglied der bestehenden Marktinfrastruktur positionieren und die Schachzüge des Imperialisten aus dieser Position heraus beobachten. Es kommt darauf an, die Fähigkeiten des Imperialisten und ihre Bedeutung als erster zu erkennen und einzuschätzen und diese Erkenntnisse dann zu verwenden, um sich als kompetenter Sprecher zu positionieren. In jedem Fall kann dies für eine bisher unbeachtete Firma die Möglichkeit zum Durchbruch bedeuten.

Als beispielsweise IBM beschloß, mit einer umfassenden Architektur unter dem Namen AD/Cycle in den CASE-Markt (Computer Aided Software Engineering) einzudringen, wurde damit eine bis dahin wenig bekannte Firma namens Bachman ins Rampenlicht katapultiert, die über Nacht das Insiderwissen über speicherbasierende Anwendungsentwicklung besaß. Bachman positionierte sich als Sprecher des bestehenden Marktes. Leider stellte sich heraus, daß IBM seine Vision nicht verwirklichen konnte, so daß Bachman durch diese Allianz eher Schaden erlitt, doch dies schmälert nicht die Brillanz dieses Schachzugs. Bachman reagierte hervorragend in der Rolle des Eingeborenen.

Der Barbar

Diese Rolle ist die aggressivste auf dem Markt, denn sobald Sie sie übernommen haben, gibt es kein Zurück mehr. Das Gute daran ist, daß Sie den etablierten Markt der alten Garde in der Regel erst angreifen, wenn Sie bereits an anderen Stellen den nötigen Schwung gewonnen haben, daher können Sie den Zeitpunkt der Kriegserklärung selbst bestimmen. Die erfolgreichste Strategie besteht sogar darin, überhaupt keinen Krieg zu erklären, sondern sich am Rand des etablierten Marktes vorzuarbeiten und ihn Stück für Stück zu erodieren.

Früher oder später wird bei der alten Garde jedoch Alarm ausgelöst, und dann müssen Sie eine Horde von Invasoren um sich scharen – nämlich die marktbildenden Unternehmen des neuen Tornados –, um Ihre Ansprüche auf einen Teil des Marktterritoriums durchzusetzen. Um Erfolg zu haben, müssen Sie sich bewußt sein, daß der Krieg sehr lange dauern wird. Die alte Garde wird nicht weichen, da sie sich nirgendwohin zurückziehen kann, daher müssen Sie den Angriff sorgfältig planen und durchführen.

Microsoft spielt beim Angriff auf die Welt der server-zentrierten Datenverarbeitung mit dem Betriebssystem Windows NT die Rolle des Barbaren. Das geeignetste Anfangsziel sind die LANs, bei denen Microsoft in direkten Konflikt mit Novell gerät. Wenn Microsoft hier den Sieg davonträgt, wird es sich schrittweise nach oben arbeiten, zuerst den preisgünstigen Unix-Markt attackieren und von dort aus die High-End-Server einkreisen, in der gleichen Art und Weise wie die Unix-Barbaren unter der Führung von HP dabei sind, die IBM-Mainframes zu umzingeln. Doch sogar Microsoft muß bei dieser Strategie Vorsicht walten lassen, denn dem örtlichen Bürgertum stehen ebenfalls schlagkräftige Waffen zur Verfügung.

Das Bürgertum

Wie können Sie sich verteidigen, wenn Ihre wichtigsten Märkte von einer furchterregenden Horde wilder Barbaren unter der Führung eines rücksichtslosen, wenn auch bebrillten Führers mit Topffrisur angegriffen werden? Als erstes müssen Sie Alarm schlagen und damit die Invasoren zwingen, sich offen zu zeigen, damit deren Strategie der langsamen Erosion nicht mehr wirkt. Dann müssen Sie Ihre eigenen marktbildenden Verbündeten zur Verteidigung sammeln.

Sie dürfen keinen Gegenangriff starten, sondern müssen einen Zermürbungskrieg um die Fertigstellung des vollständigen Produkts führen. Sie müssen sich als Sprecher der alten Garde positionieren und als solcher höchsten Respekt vor der neuen Technologie bekunden, gleichzeitig aber auch Ihre Vorbehalte ausdrücken, da diese keine vollständige Lösung für Ihren Markt bieten kann. Bedauern Sie das Fehlen von Hilfsprogrammen, Standards, Prozeduren und aller anderen praktischen Elemente, die eine voll ausgereifte Bedienungsumgebung ausmachen. Da die Barbaren definitionsgemäß in Ihrer Wettkampfarena gegen Sie antreten müssen, können Sie ihnen eine Reihe solcher Hürden in den Weg stellen, die ihnen Zeit und Ressourcen rauben und ihre Verbündeten entmutigen. Gleichzeitig tun Sie alles, was in Ihrer Macht steht, um eine Rebellion im Heimatmarkt der Invasoren auszulösen. Dazu können Sie auf unbeteiligte Schimpansen zurückgreifen, die Sie dazu anstiften, die Machtbasis des Gorilla-Barbaren zu unterminieren.

Dadurch gewinnen Sie Zeit für die endgültige Reaktion, die aus einer Gegenoffensive besteht, bei der Sie selbst neue Technologie ins Spiel bringen. Auf diese Weise rücken Sie die Schlacht endgültig aus der Reichweite des Barbaren. IBM praktiziert diesen Ansatz gerade auf der

Grundlage seiner preiswerteren, aber qualitativ hochwertigen Prozessoren auf dem Mainframe-Markt, und wir werden sehen, ob das Unternehmen die von Wirtschaftsanalysten wie der Gartner Group vorhergesagte Wiederauferstehung der zentralisierten Datenverarbeitung erfolgreich anführen kann.

Damit sind wir am Ende unserer Charakterisierung der Darsteller der Seifenoper *Alltag im High-Tech-Tal*. Sollten die Charakterisierungen vielleicht etwas zu überspitzt sein, so ist die zugrundeliegende Tatsache dennoch äußerst wichtig: die marktbildenden Unternehmen verstehen ihre Gegenwart auf dem Markt gegenseitig durch eben dieses Rollenspiel in verschiedenen Szenarien. Um sich daher glaubwürdig auf dem Markt zu präsentieren, müssen Sie eine bekannte Rolle in einem vertrauten Spiel übernehmen. Dies ist das einzige Ziel der Positionierung innerhalb der Infrastruktur des Marktes.

Viele Positionierungen schlagen aus einem von zwei Gründen fehl. Am häufigsten geschieht es, daß die betreffende Firma sich zu hoch einschätzt, da sie die ihr angemessene Rolle nicht akzeptieren will. Sie will die Hauptrolle an sich reißen. Derartige Firmen werden vom Markt einfach als naiv und dumm abgelehnt. Mitunter geschieht es aber auch, daß an sich gute Firmen mit hohem marktbildendem Potential nicht in der Lage sind, dem Markt ihre Absichten deutlich zu signalisieren, weil sie statt dessen fortwährend von ihren Produkten sprechen. Marktbildende Unternehmen interessieren sich aber nicht für die Produkte anderer Firmen, sie interessieren sich nur für den Markt für ihre eigenen Produkte. Bei Ihrer Positionierung auf einem Markt geht es eigentlich nicht um Sie selbst, sondern nur um Ihre Auswirkung auf den Gewinn der anderen Marktteilnehmer.

Es fällt den Menschen sehr schwer zu erkennen, daß sie mit ihren Aussagen zur Positionierung keine wertenden Urteile über sich selbst fällen, aber an dieser Erkenntnis führt kein Weg vorbei, wenn sie die Mechanismen des Marktes zu ihrem Vorteil ausnützen wollen. Diese Schwierigkeit stellt jedoch nur einen kleinen Teil einer ganzen Reihe von Hindernissen dar, denen sich Unternehmen beim Wettbewerb um einen Platz in einem Hyperwachstumsmarkt gegenüber sehen. Insgesamt gesehen besteht die Herausforderung darin, stetig neue Taktiken zu verwenden, die oft das genaue Gegenteil der bisher erfolgreichen Strategie darstellen, um mit den Anforderungen der nächsten Phase des Lebenszyklus Schritt zu halten. Letztendlich bedeutet dies, daß Sie niemals zur Ruhe kommen und niemals gewohnte Verhaltensweisen beibehalten dürfen.

In dem nächsten und gleichzeitig letzten Kapitel dieses Buches soll es nun darum gehen, wie Sie unter diesen Bedingungen Teams leiten und so stabilisieren, daß sie inmitten dieser verwirrenden Veränderungen den Weg nicht aus den Augen verlieren.

10 Betriebsführung

Nachdem wir das letzte Kapitel dieses Buches erreicht haben, wollen wir uns noch einmal vor Augen führen, wie weit wir bisher gekommen sind.

In Kapitel 2 haben wir den Technologieakzeptanz-Lebenszyklus von Anfang bis Ende betrachtet und dabei sechs Wendepunkte herausgearbeitet, an denen sich die Marktkräfte umkehren, so daß sich Strategien entsprechend dramatisch ändern müssen. Drei dieser Wendepunkte haben wir ausgiebig diskutiert: die Bowlingbahn (Kapitel 3), den Tornado (Kapitel 4) und die Mainstreet (Kapitel 5). Wir haben die Kräfte identifiziert, die „draußen" den Markt bestimmen, und dann die gewonnenen Erkenntnisse mit in unser Unternehmen genommen, um mit ihrer Hilfe strategische Prioritäten zu setzen. Wir haben immer wieder gesehen, daß sich diese Prioritäten nicht nur verlagern, sondern sogar in ihr Gegenteil verkehren, und daran erkannt, wie wichtig es ist, den eigenen Standort im Lebenszyklus korrekt zu bestimmen. Die Werkzeuge, die uns hierfür zur Verfügung stehen, haben wir in Kapitel 6 besprochen.

Im zweiten Teil haben wir untersucht, welche Auswirkungen die sich rasch ändernden Kräfte des Lebenszyklus auf die Verteilung der Macht auf dem Markt und auf den Umgang mit dieser Macht haben.

In Kapitel 7 („Strategische Allianzen") haben wir uns mit der Auswirkung der Marktkräfte auf unser Verhältnis zu unseren Partnern beschäftigt und in Kapitel 8 („Wettbewerbsvorteile") mit ihrer Auswirkung auf unser Verhältnis zu unseren Konkurrenten. In Kaptiel 9 („Positionierung") haben wir gesehen, wie beide zusammenspielen, und uns eingehend damit beschäftigt, wie wir unseren Platz innerhalb des Gesamtsystems der marktbildenden Unternehmen, also innerhalb der Partner und der Konkurrenten, finden.

In jeder Phase haben wir betont, wie wichtig es ist, jeweils die Rolle zu spielen, die der Markt diktiert, flink von einer Rolle in die andere zu schlüpfen, überholte Verhaltensweisen über Bord zu werfen und sich neue anzugewöhnen, die bislang verpönt waren. Jetzt ist nur noch eine Frage offen: Wie, um alles in der Welt, soll man das alles schaffen?

Die ganze Welt ist Bühne

Wir Menschen sind nicht wie Legosteine. Weder können wir uns leicht aus festen Strukturen lösen und uns beliebig neu zusammensetzen, noch mögen wir es, wenn uns solche „Umbaumaßnahmen" von anderen aufgezwungen werden. Unsere Organisationsstrukturen funktionieren nicht effizient, wenn sie ständig neu entworfen und anders definiert werden. Doch genau das ist es, was für einen dauerhaften Erfolg auf Hyperwachstumsmärkten erforderlich ist.

Um in diesem Kontext gute Teamführer und Manager sein zu können, müssen wir dafür sorgen, daß all diese Wandlungen auf einer stabilen Basis stattfinden. Erfreulicherweise gibt es eine Institution, von der wir lernen können, da sie das Spiel mit schnell wechselnden Rollen perfektioniert hat. Ich denke dabei an eine Truppe von Schauspielern. Sie mögen über diesen Vergleich lachen, aber ganz an den Haaren herbeigezogen ist er nicht.

Fangen wir mit dem Spielplan an. Am Dienstag spielt das Ensemble *Othello*, und alle wissen, daß Herman ein phantastischer Jago ist. Am Freitag aber, wenn *My Fair Lady* auf dem Spielplan steht, hilft Herman hinter der Bühne, weil er nicht einen Ton singen kann. Gibt es jemanden, der das nicht versteht? Gibt es jemanden, dem die Vorgehensweise der Truppe oder die Rolle, die Herman in diesem Gefüge spielt, seltsam vorkommt? Wohl kaum. Diese Gruppe hat *keine Probleme* damit, sich neu zu strukturieren, sie nimmt Änderungen *nicht* übel, und sie hat *Spaß* daran, immer wieder neue Aufgaben und Anweisungen zu erhalten.

Die stabilisierenden Faktoren dieser Gruppe sind das *Textbuch*, die *Rollen*, die *Regieanweisungen* und die *Rollenbesetzung*. Wir können jeden dieser Faktoren auf unsere Situation übertragen und daraus ein effektives Organisationsmodell für Hyperwachstumsmärkte machen. Lassen Sie uns mit den Textbüchern oder, wie man am Theater sagt, den Szenarien beginnen.

Mein Buch kann als die Ausarbeitung von drei Szenarien aufgefaßt werden, die „Auf der Bowlingbahn", „Im Innern des Tornados" und „Auf der Mainstreet" heißen. Diese Geschichten werden von den sonderbarsten Gestalten bevölkert: Da haben wir Gorillas, Meerkatzen und Goldgräber, Imperialisten, Barbaren und Schimpansen. Wir haben diese Rollen nicht allzu ernst genommen, und das war auch nicht der Sinn der Sache, aber es *sind* Rollen, und als solche haben wir sie verstanden.

Die Bedeutung von Strategien

So stellt sich die Frage: Wenn wir all dies tatsächlich ernst nehmen würden, wie weit können wir diese Idee ausspinnen? Hier ist Vorsicht geboten. Das wirkliche Leben hat mit Literatur nichts gemein. Nichts steht von vornherein fest. Wir benutzen Drehbücher und Rollen, um uns zurechtzufinden, aber das Leben kommt einem Stegreifstück näher als einem festgelegten Theaterstück. Solange wir uns einen lockeren Zugang zu diesem Vergleich bewahren, können wir ihn weiter anwenden. Sobald wir aber ungeschickt und plump mit ihm umgehen, ist er zum Scheitern verurteilt.

Mit diesem Vorbehalt im Hinterkopf können wir uns jetzt wieder der Schauspielertruppe zuwenden, genauer gesagt einem Ensemble, dessen Spezialität Stegreifstücke sind. Der Umgang der Schauspieler mit Fragen der *Rollenbesetzung* und der *Regie* wirft Licht auf die Probleme, die sich dem Management eines Industrieunternehmens stellen. In der Tat ist dieses Konzept gar nicht so weit von dem Modell entfernt, das vor einigen Jahren aktuell war und den Manager mit einem Dirigenten verglich. Beiden gemein ist die Vorstellung, daß verschiedene Talente gemeinsam dafür eingesetzt werden, aus einer Gruppe ein Höchstmaß an Leistung herauszuholen. Es gibt aber auch einige bezeichnende Unterschiede:

- Beim Stegreiftheater führen die Schauspieler selbst „Regie", sie ergibt sich spontan, sobald klar ist, worauf eine Situation hinausläuft. Der Dirigent dagegen ist nur die freundlichere Umschreibung eines Führungsstils, der auf der Grundlage von Befehl und Kontrolle funktioniert.

- Daraus ergibt sich, daß im Stegreiftheater die Rolle des Regisseurs „zirkuliert". Im Unterschied zum Dirigentenposten ist diese Aufgabe nicht an eine bestimmte Person gebunden, sondern eher eine Funktion, die von demjenigen ausgeübt wird, der zuerst erkennt, wie sich die Geschichte entwickeln wird.

- Und während die Orchestermusiker alle ihre angestammten Instrumente spielen, übernehmen die Mitglieder der Stegreiftruppe Rollen ebenso schnell, wie sie sie wieder abgeben. Die Akteure sind nicht mit den von ihnen dargestellten Figuren verwachsen, der Text ist nie bis ins letzte ausgefeilt, und das Ziel besteht darin, aus jeder Situation das Beste zu machen und dann fortzufahren.

Ich werde noch auf weitere Aspekte dieses Vergleichs eingehen, insbesondere darauf, daß dem Größenwachstum der Stegreiftruppe Grenzen gesetzt sind, aber vorerst wollen wir uns wieder den Hyperwachstumsmärkten zuwenden.

Organisation des Hyperwachstums

Für das Hyperwachstumsmanagement hat das bereichsübergreifende Team die Schlüsselfunktion inne. Dieses Team wird durch die Entwicklung einer neuen Produktkategorie ins Leben gerufen. Den zentralen Platz nimmt ein Produktmanager ein, bei ihm laufen alle Fäden zusammen. Seine Aufgabe ist es, das Produkt erst auf den Einführungsmarkt zu bringen und es dann den Abgrund überwinden zu lassen. Unterstützt wird das Team von den Standardinstitutionen des funktionellen Linienmanagements, also den Bereichen Technik, Marketing, Produktion, Absatz und Finanzen. Dies sind die Bereiche, aus denen die einzelnen Teammitglieder kommen.

Die erste Aufgabe des Teams ist es, ein marktorientiertes Szenario, also ein Textbuch, auszuarbeiten, in dem festgehalten wird, wie sich der Markt unter Berücksichtigung der aktuellen „Spieler", der wechselnden Bedürfnisse und des Eintritts der neuen Produktkategorie entwickeln könnte. Die Teammitglieder, die aus ihrer eigenen Erfahrung schöpfen, alle Recherchequellen nutzen, derer sie habhaft werden können, und sich auf Modelle aus Büchern wie diesem stützen, entwerfen eine mögliche Zukunft und machen entsprechende Pläne. Jeder vertretene Bereich kommuniziert mit jedem anderen, um sich über die jeweiligen Prognosen auf dem laufenden zu halten und aufkommende Probleme im Keim zu ersticken. Dies ist sozusagen die Probenarbeit für das Team. Das Spiel beginnt, und schon bald wird klar, daß es sich um eine Improvisation handelt. Nichts läuft nach Plan, viele Prognosen erweisen sich als falsch, aber das Team läßt sich in seinem Vorwärtsdrang nicht aufhalten, und, so Gott will, zeichnen sich die ersten zarten Anfänge eines Marktes ab. Diese werden gehegt und gepflegt, und diese Form der Organisation bleibt so lange stabil, bis eines Tages die ersten Tornado-Warnungen vernommen werden.

Innerhalb dieser Stabilität stehen im Laufe der ersten Hälfte des Technologieakzeptanz-Lebenszyklus immer wieder andere Akteure im Rampenlicht. Zu Zeiten des Einführungsmarktes stehen F&E-Ingenieure, Sales-Support-Ingenieure, Missionare und charismatische Vertriebsmitarbeiter in der vordersten Reihe. Wenn sich der Abgrund bemerkbar macht, kündigt das Team eine kurze Pause an, schart sich um die Marketing- und Finanzleute und beginnt dann mit dem zweiten Akt, in dem Manager für vertikale Märkte, für Allianzen zuständige Manager und marktorientierte Vertriebsteams die Hauptrollen spielen. Die ganze Zeit über arbeiten Produktion, Einkauf, Qualitätssicherung und Personalabteilung fleißig hinter den Kulissen.

All dies ändert sich aber, sobald der Tornado dräut, und die Zielvorgabe der *Kundennähe* durch die der *Kostenführerschaft* ersetzt wird. Jetzt müssen sich die genannten Linienfunktionen mit vollem Elan einsetzen. Jeder Bereich arbeitet dabei relativ unabhängig und nach seinem eigenen Rhythmus, um optimale Effizienz zu erzielen. Alle Aktionen, die bisher hinter der Bühne stattgefunden haben, stehen jetzt im vollen Rampenlicht, denn alle betrieblichen Prozesse laufen auf Hochtouren, um die Nachfrage im Tornado befriedigen zu können.

An diesem Punkt ist die Versuchung groß, das ursprüngliche Team aufzulösen. Seine informelle Arbeitsweise wird angesichts der Massen von eingesetzten Ressourcen für unangemessen gehalten, und die Teammitglieder bekleiden scheinbar zu niedrige Ränge angesichts der außerordentlichen Auswirkungen, die die Entscheidungen des Managements in finanzieller Hinsicht haben. Beide Vorbehalte sind gerechtfertigt, aber die Auflösung des Teams ist es nicht. Anstelle dessen sollte das Team von einem Einsatzkommando zu einem Produktmarketing-Rat umgebildet werden, dessen Aufgabe es wird, die Kommunikation unter den Fachabteilungen aufrechtzuerhalten und Problemlösungen zu gewährleisten. Denn wenn man die Linienfunktionen sich selbst überläßt, werden diese lediglich die Optimierung der Bereiche im Auge haben, die sie selbst betreffen und damit kaum ein optimales Gesamtresultat erzielen.

Erst wenn sich der Markt auf die Mainstreet verlagert hat und die Strategie der *Produktführerschaft* durch die wiederauflebende *Kundennähe* ersetzt worden ist, kann dieser Rat gefahrlos aufgelöst werden. Wenn dieser Übergang geschafft ist, sind die Kräfte des Hyperwachstums abgeebbt, und die Unternehmen können sich an traditionellen Mainstreet-Modellen ausrichten. Schlüsselrollen spielen jetzt das Produktmarketing und die Marketingkommunikation, die Gelegenheiten für +1-Angebote mit großen Gewinnspannen finden müssen, sowie das Produktmanagement, das die Allgemeinkosten weiter verringern muß. Keine dieser Rollen verlangt jedoch für ihre Ausführung eine spezielle Organisation.

Management für Hyperwachstum

Jede Phase des Theaterstücks vom Hyperwachstum stellt spezielle Anforderungen an Fähigkeiten und Fachwissen. Die Organisationsstruktur der Stegreiftruppe schafft Flexibilität, so daß diejenigen mit den erforderlichen

Fähigkeiten je nach Bedarf ins Spiel kommen können. Dennoch muß jemand hinter den Kulissen stehen, der ein hohes Maß an Führungs- und Managerqualitäten besitzt und der das lokale Team innerhalb der größeren Strukturen, also innerhalb des Unternehmens und der Allianzen sowie gegenüber den Investoren usw., unterstützt und anleitet. Welche Eigenschaften muß man haben, um in dieser Rolle erfolgreich zu sein?

An dieser Stelle macht sich die ganze Kraft der Veränderungen bemerkbar, die das Hyperwachstum verursacht. Auf den folgenden Seiten werden wir sehen, daß es sehr unwahrscheinlich ist, daß eine Person alleine in allen drei Phasen der Entscheidung des Mainstream-Marktes gleich effektiv sein kann. Die Konsequenzen aus dieser Erkenntnis werden wir am Ende dieses Kapitels diskutieren. Vorerst wollen wir den für jede Phase idealen Kandidaten charakterisieren.

Um das besser angehen zu können, führen wir uns noch einmal die Regel vor Augen, daß jedes Stadium der Mainstream-Phase zwei Nutzenkategorien in den Vordergrund rückt und die jeweils dritte in den Hintergrund treten läßt. Dies läßt sich sehr schön mit folgendem Diagramm veranschaulichen:

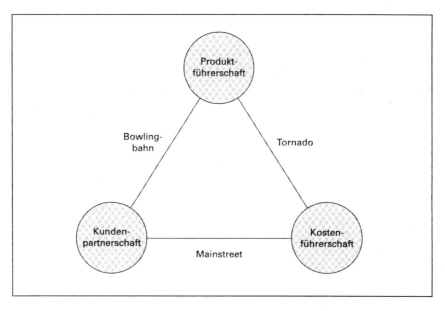

Organisatorische Anforderungen

Indem wir uns an diesem Dreieck orientieren, können wir die Anforderungen, die an das Management gestellt werden, für jede Phase des Lebenszyklus zusammenfassen.

Management auf der Bowlingbahn

Das Ziel der Bowlingbahn-Strategie ist es, daß eine diskontinuierliche Innovation von Mainstreamkunden akzeptiert wird, bevor es zur Akzeptanz auf einem breitgefächerten Markt kommt. Die empfohlene Strategie hierfür besteht in der Konzentration auf vertikale Marktsegmente, die zwingende Bedürfnisse aufweisen. Dabei ist besonders darauf zu achten, daß ein komplettes vollständiges Produkt geschaffen wird, das die kostenorientierten Käufer unter dem Aspekt ihrer Kapitalrendite befriedigt.

Durch die Vermarktung dieser diskontinuierlichen Innovation erreichen wir automatisch Produktführerschaft auf diesem Markt. Unsere Strategie zeichnet sich dadurch aus, daß wir Produktführerschaft und Kundennähe koppeln. Das ist es, was unsere Bindung an ein segmentspezifisches vollständiges Produkt ausmacht, und es ist nur durch profunde Kenntnis der Anwendung des Kunden zu erreichen. Bei der Erfüllung dieser Verpflichtung muß etwas anderes vernachlässigt werden, und in diesem Fall ist es die Kostenführerschaft. Die Bowlingbahn ist nicht der richtige Zeitpunkt, um Systeme zur Steuerung und Optimierung der Arbeitsabläufe einzuführen. Unser Arbeitsablauf besitzt weder das nötige Volumen noch die nötige Reproduzierbarkeit, um eine Investition in die Kostenführerschaft profitabel zu machen. Es ist vielmehr geboten, dem Kunden und nicht uns selbst zu dienen, mehr Zeit in seinem Unternehmen als in unserem zu verbringen und uns mehr mit seiner Anwendung als mit unseren Abläufen zu beschäftigen. Das Wissen, das auf der Bowlingbahn am meisten gefragt ist, ist eine genaue *Kenntnis* des vertikalen Marktes. Das vollständige Produkt muß Kapitalrendite abwerfen, und um das zu erreichen, muß es geplant von jemandem werden, der sich wirklich mit der Betriebsdynamik des Kunden auskennt. High-Tech-Firmen wissen, wie sehr ihre Kunden von den von ihnen gelieferten Systemen abhängig sind, und daher ärgert es sie, daß sie nicht mehr darüber wissen, wie die Betriebe ihrer Kunden tatsächlich funktionieren. Auf der Bowlingbahn wächst sich dieser Verdruß in regelrechte Angst aus, wenn es nämlich den Führungsteams klar wird, daß sie eine Bowlingkegelstrategie anwenden müssen, die auf genau dieser Art von Fachwissen basiert.

Sowie ein Zielsegment ausgewählt worden ist, ist folgendes am meisten gefragt: Fachwissen im Bereich der *Anwendungstechnik* sowie die Fähigkeit, segmentspezifische Lösungen vor Ort zu optimieren, eine ganze Kundenklasse in Schwung zu bringen und damit zu beginnen, ein zuverlässiges und reproduzierbares vollständiges Produkt zu etablieren. Hierfür ist eine besondere Mischung aus Disziplin und Phantasie erforderlich, die himmelweit von der F&E-Brillanz und den heroischen Speziallösungen entfernt ist, die uns in den Anfangstagen den Sieg bescherten. Auf der Bowlingbahn gründet sich Kundennähe nicht auf die Bindung an einen einzelnen aussichtsreichen Kandidaten unter den Visionären, sondern vielmehr auf eine Verinnerlichung und ein Reagieren auf die Themen, die das ganze Segment zusammenschweißen.

Beim Durchlaufen dieser Entwicklungsstufen muß das Management nicht prozeß- sondern *ereignisorientiert* sein. Der kritische Faktor auf der Bowlingbahn ist nicht Effizienz, sondern Zeit. Wir marschieren in Richtung Tornado. Je mehr Marktsegmente wir für uns gewinnen können, bevor der Tornado loslegt, desto besser ist unsere Startposition. Der Drang, sich jeder Gelegenheit zu widmen, muß mit einem Gespür für die Dringlichkeit der Angelegenheit einhergehen. Dies ist nicht die Zeit, einzelne Gelegenheiten zugunsten der Masse zu opfern, es gilt vielmehr, viele Einzelgelegenheiten zu großen Bündeln zusammenzuschnüren.

Die Bowlingbahn ist ebenfalls die Zeit, in der es gilt, neue Mitarbeiter einzustellen. Hierbei kommt es darauf an, Mitarbeiter mit Fachwissen *zu rekrutieren*. Diese neuen Mitarbeiter sollen nicht nur den Standard für künftige Mitarbeiter bestimmen, sondern auch die Meßlatte für diejenigen höher setzen, die schon von Anbeginn an dem Unternehmen angehören. Vor der Phase des Mainstreams stellen Unternehmen neue Mitarbeiter dann ein, wenn sich gerade die Gelegenheit ergibt, und sind bei der Stellenbesetzung oft achtlos, was dazu führt, daß sie sehr unterschiedlich befähigte Mitarbeiter haben. Es darf den weniger brillanten Mitarbeitern nicht gestattet sein, Leute einzustellen, die für sie keine Bedrohung darstellen. Ganz im Gegenteil, sie müssen von den Neueingestellten angespornt werden, selber auf- oder ganz auszusteigen.

Aus finanzieller Sicht schließlich ist das oberste Erfolgsmaß auf der Bowlingbahn der *Umsatz innerhalb von Zielsegmenten*. Er ist sogar noch wichtiger als der Gesamtumsatz, da dieser durch Geschäfte mit Visionären aufgebläht werden kann, die letztendlich das Unternehmen bremsen. Die größte Gefahr bei der Analyse der Erträge aus den Segmenten besteht in der nachträglichen Revidierung der Zielgruppe, was ich „Zielscheiben-Marketing" nennen möchte: dabei zeichnet man *hinterher* eine Zielscheibe um alles, was getroffen worden ist. Das Management muß clever genug sein, so etwas zu vermeiden, und zwar in der Regel dadurch, daß man von vornherein eine Liste von Unternehmen innerhalb des Zielsegments aufstellt. Die Gehaltszulagen aller Teammitglieder hängen dann davon ab, ob innerhalb des Segments das Plansoll an Umsätzen erreicht wird.

Das Produkt all dieser Faktoren ergibt das Profil eines Managers mit straffem Führungsstil, der mehr Zeit mit dem Kunden und „bei den Truppen" verbringt als damit, Geschäftsberichte zu lesen oder Punkte bei der obersten Führungsebene zu sammeln. Wer diese Rolle spielt, muß ein Teamführer sein. Er muß nicht unbedingt einen hohen Rang bekleiden, sollte sich aber sehr zielstrebig und diszipliniert auf die gesteckten Ziele konzentrieren können. Er muß einen ausgeprägten Sinn für Qualitätssicherung haben, der aber auf Kundenzufriedenheit, nicht auf die Betriebsabläufe im eigenen Unternehmen gerichtet ist. Er muß charismatisch und Kollegen und Kunden gleichermaßen sympathisch sein. Vor allem muß er das Ziel fest im Auge behalten und dabei hinsichtlich der Wege, auf denen das Ziel erreicht werden kann, äußerst flexibel bleiben.

Schauen wir uns im Vergleich hierzu den Führungsstil an, den der Tornado erfordert.

Management im Tornado

Das Ziel der Tornado-Strategie ist es, in der relativ kurzen Zeit der Aufregung des Infrastrukturwandels so viele „Kunden auf Lebenszeit" wie möglich zu gewinnen. Die empfohlene Strategie hierfür besteht darin, die Anwender und die kostenorientierten Kunden zu ignorieren und sich anstatt dessen auf Infrastrukturkäufer und die Vertriebswege, auf denen diese zu erreichen sind, zu konzentrieren. Das gesamte Wertangebot beruht darauf, einen raschen, risikoarmen Übergang zum neuen Paradigma anbieten zu können.

Die Tatsache, daß es sich um ein neues Paradigma handelt, bedeutet, daß wir uns noch immer in der Domäne der Produktführerschaft bewegen. Im Laufe des Tornados wird der Wettbewerbsdruck alle Anbieter zwingen, ihre Angebote ständig durch häufige Einführung neuer Produkte aufzuwerten und dabei jedesmal die Schraube des kritischen Preis-Leistungs-Verhältnisses stärker anzuziehen. Diese Phase unterscheidet sich von der Bowlingbahn durch die Homogenisierung anstelle der Individualisierung des vollständigen Produkts sowie durch den Wunsch nach einer allgemeinen, globalen Infrastruktur anstelle einer segmentspezifischen Lösung. Dieses Erfordernis zwingt die Anbieter, sich dem Massenmarkt anzupassen, wobei es auf Kostenführerschaft ankommt, um „liefern, liefern, liefern" zu können, ohne Warenrücksendungen zu erhalten.

Es gibt jetzt nichts Schlimmeres, als sich Zeit zu nehmen, um eine Lösung an spezielle Kundenwünsche anzupassen, denn das bremst den Tornado und birgt das Risiko einer Störung des Produktionsablaufs. Kundennähe muß daher vorerst hintangestellt werden. Das Ziel lautet: erst etablieren, dann standardisieren, dann den Massenmarkt beliefern.

Die am meisten gefragte Fähigkeit im Tornado ist *System-Sachkenntnis*. Das gilt sowohl für interne als auch für externe Systeme. Extern benötigen die Kunden Hilfe bei der Verflechtung des alten Paradigmas mit dem neuen, um daraus eine Betriebsinfrastruktur zu machen, die die geforderten Leistungsmerkmale aufweist. Einfacher ausgedrückt heißt das, daß sie keine andere Wahl haben, als diese Systeme zum Laufen zu bringen. Alle möglichen undurchsichtigen technischen Details verstellen hier den Weg, und die Anbieter, die mit der erforderlichen Expertise aufwarten können, damit ihre Kunden schnell in Schwung kommen, können sich sofort wieder daranmachen, weitere Kunden zu suchen. Gleichzeitig muß das Unternehmen auch den Blick nach innen richten und seine eigenen internen Systeme beschleunigen, damit die jetzt hereinstürzende Auftragsflut bewältigt werden kann.

Zusätzlich zum profunden Fachwissen über System-Engineering brauchen Unternehmen im Tornado eine starke *Vertriebsleitung*. Im Tornado geht es nicht darum, *ein* Geschäft abzuschließen, sondern *viele*. Eine undisziplinierte Vertriebsabteilung pickt sich aus dem Marktkuchen nur die Rosinen heraus und wacht eifersüchtig über die Größe ihres Territoriums, um sich diese bequeme Vorgehensweise zu erhalten. Die Vertriebsleitung muß kontinuierlich den Ertrag pro Hektar steigern, wenn das Unternehmen aus der Tornado-Schlacht als Sieger hervorgehen soll.

Dieses Erfordernis der Ertragssteigerung ist nur eine der vielen Herausforderungen, die nach einem *ablauforientierten* Führungsstil verlangen. Im Tornado muß das Einzelne immer der Masse untergeordnet sein, und die Masse darf nicht als eine Serie von Einzelereignissen betrachtet werden, sondern als ein kontinuierlicher Ablauf. Es ist außerordentlich wichtig, alles gleich beim ersten Mal richtig zu machen, denn damit werden Präzedenzfälle für das hundertste und das tausendste Mal geschaffen. Ein weiteres Muß ist die Einrichtung eines Bewertungssystems, anhand dessen sich die Betriebsabläufe in Echtzeit selbst korrigieren können, denn bei der rapiden Zunahme des Volumens im Tornado wird Qualitätssicherung auf der Grundlage von Vollprüfung unmöglich. Unternehmen, die noch immer auf „Brandlöschübungen" zurückgreifen müssen, haben ihr Bowlingbahn-Verhalten einfach noch nicht abgelegt. Auch wenn Einzelereignisse locken – im Tornado lohnt sich nur der kontinuierliche Fluß.

In dieser Periode der raschen Expansion kommt es zu Neueinstellungen in Hülle und Fülle. Hier ist Erfahrung im *Umgang mit neuen Mitarbeitern* gefragt, genauer, die Kunst, den neuen Mitarbeitern eine vernünftige Startbasis zu geben. Das Ziel besteht darin, die Grundwerte, auf denen die Unternehmenskultur fußt, zu vermitteln und den Neuen fundierte Richtlinien an die Hand zu geben, mit denen sie sich im Gewirr der Abermillionen von Entscheidungssituationen zurechtfinden können, die der Tornado hervorbringt, ohne daß sie jedesmal eine Erlaubnis einholen, um Begutachtung nachsuchen oder um Verzeihung bitten müssen. Das Kommunikationsmedium hierfür kann weder ein Handbuch noch eine Schulung und auch kein Video sein. Die Grundwerte müssen durch persönlichen Kontakt vermittelt werden. Angesichts des Volumens muß dies ein steter Prozeß sein, der aber nicht als ein solcher erkennbar sein darf – darin besteht die Schwierigkeit.

Unter dem finanziellen Aspekt ist der kritische Faktor das *Cash-flow-Management*. Im Tornado schießen die Umsätze in den Himmel, lassen die Forderungen anwachsen und ziehen dem Unternehmen das verfügbare Kapital aus der Tasche. Die meisten Tornado-Unternehmen machen wenigstens eine Cash-Krise durch, in der sie trotz kometenhafter Erfolge nur knapp daran vorbeischlittern, keine Gehälter auszahlen zu können. Und auch hier ist wieder die Disziplin hinsichtlich der Betriebsabläufe die Grundvoraussetzung.

Aus dem Gesagten können wir ein Managerprofil ableiten, das im krassen Gegensatz zu dem von der Bowlingbahn steht. Wo wir uns vorher Manager mit straffem Führungsstil wünschten, die die Ärmel hochkrempeln und anpacken, brauchen wir jetzt Führungskräfte, die sich aus dem Getümmel heraushalten, die nicht vor lauter Bäumen den Wald aus dem Blick verlieren und die keine Brände löschen, sondern diese von vornherein verhüten. Hierzu braucht es einen erfahrenen und kampferprobten Profi, der schon einmal einen Tornado erlebt hat und der nicht nur den Wert von Betriebsabläufen kennt, sondern auch weiß, wie sie zu Zeiten großen Drucks einzusetzen sind.

Unser Wunschkandidat ist eher unerschrocken als charismatisch und eher diszipliniert als sympathisch; er kümmert sich mehr um Prioritäten als um Details, und er behält den Kopf oben und die Abläufe im Blick, während alle anderen die Orientierung verlieren.

So sehen sie aus, die unerschütterlichen Steuermänner, die das Schiff im tosenden Tornado auf Kurs halten – und es unweigerlich auf Grund setzen, wenn sie auch auf der Mainstreet am Ruder bleiben.

Mainstreet-Management

Das Ziel der Mainstreet-Strategie besteht darin, aus den beiden Gelegenheiten zur Marktentwicklung Nutzen zu ziehen, die jeder neuen Infrastruktur innewohnen. Das ist zum einen der fortgesetzte Einsatz des Kernprodukts an den Außengrenzen des Marktes durch ein Vordringen in angrenzende Bereiche und zum anderen eine noch größere Marktdurchdringung im Zentrum durch den Einsatz von sekundären Anwendungen. Die empfohlene Strategie hierfür besteht im fortgesetzten Vertrieb des zugrundeliegenden vollständigen Produkts auf dem Massenmarkt und in der gleichzeitigen Aufstockung desselben mit +1-Angeboten für Nischenmärkte. Da die erste Strategie, die weiterhin auf die Infrastrukturkäufer abzielt, immer geringere Gewinnspannen entstehen läßt, ist in diesem Kontext die +1-Strategie, die den individuellen Anwenderbedürfnissen Rechnung trägt, von vorrangiger Bedeutung.

Da wir es noch immer mit einem Massenmarkt zu tun haben, ist die Kostenführerschaft weiterhin ein wichtiger Faktor. Die aktuelle Strategie unterscheidet sich insofern vom Tornado, als daß sich weitere F&E-Investitionen nicht mehr angemessen in den Basisfaktoren für das Preis-Leistungs-Verhältnis niederschlagen. Daraus folgt, daß zum ersten Mal im Lebenszyklus Produktführerschaft eine zweitrangige Stellung unter den Erfolgsfaktoren einnimmt und von einem wiedererwachenden Interesse an Kundennähe verdrängt wird. Diese Kundennähe ist jedoch himmelweit von dem entfernt, was wir von der Bowlingbahn her kennen. Dort basierte sie auf einem profunden Verständnis des Wunsches der kostenorientierten Käufer nach Kapitalrendite in ihren jeweiligen Segmenten. Hier basiert die Kundennähe auf den Erwartungen der *Anwender* hinsichtlich ihrer eigenen

Leistung, wobei das Ziel darin besteht, die Produktivität oder die persönliche Zufriedenheit oder sogar beides zu steigern. Eben diese Anwender wollen wir bedienen. Von ihnen erwarten wir, daß sie unsere +1-Angebote schätzen, durch die wir höhere Gewinnspannen erzielen können.

Da wir nicht erwarten können, daß ein Programm allein das Rennen macht, verlangt die Mainstreet-Strategie von uns, mit einem steten Strom von +1-Angeboten aufzuwarten. Deshalb müssen wir uns auch in diesem Fall auf den Prozeßablauf und nicht auf Einzelereignisse konzentrieren. Im Gegensatz zur Orientierung im Tornado, die sich hauptsächlich auf interne Abläufe konzentriert, um die Lieferfähigkeit zu gewährleisten, konzentrieren sich Mainstreet-Prozesse extern auf die Schaffung zusätzlichen Bedarfs auf der Grundlage eines profunderen Verständnisses des Verhaltens der Anwender und der Bedürfnisse der Vertriebskanäle.

Das in dieser Phase erforderliche Wissen wird typischerweise mit erfolgreichem Marketing für Güter des täglichen Bedarfs assoziiert; ich schlage allerdings vor, daß wir diese Disziplin *Komfortoptimierung* nennen. Die +1-Angebote müssen eine echte Wertsteigerung beinhalten, dürfen allerdings nur sehr geringe Extrakosten verursachen. Um dies zu erreichen, müssen sie entweder ein bisheriges Ärgernis des aktuellen Paradigmas ausmerzen oder aber eine bisher nur umständlich zu nutzende Eigenschaft der Anwendung produktiven Zwecken zuführen. Keine dieser beiden Aufgaben erfordert bedeutende zusätzliche Investitionen in die Produktführerschaft.

Vielmehr müssen wir lernen, das Anwenderverhalten zu analysieren und uns in Ergonomie und in der Psychologie der persönlichen Zufriedenheit kundig machen. Gleichzeitig ist im Bereich der Vertriebskanäle eine andere Art von Komfortoptimierung gefragt, um +1-Angebote unübersehbar, aber kosteneffizient und nicht zu abrupt in die Verkaufsregale zu bringen.

Da sich viel von dem, was +1-Programme bieten, in den Köpfen der Anwender ereignet, das heißt eher subjektiven als objektiven Wert hat, ist jetzt *Marketingkommunikation* das Wichtigste. Was bisher als Taktik gegolten hat, wird jetzt zur Definition des Wertes herangezogen und wird zum Schauplatz, an dem Anbieter mit Anwendern kommunizieren. Der Wert unseres Produkts errechnet sich immer weniger anhand seiner physischen Merkmale, sondern immer mehr anhand der Erfahrung des Anwenders. Für die +1-Strategie sind ein Gespür für die Faktoren, die diese Erfahrung formen, sowie die Fähigkeit, diese Faktoren zu beeinflussen, wichtig. Gleichzeitig wird Marketingkommunikation zum wichtigsten Element im

Bereich der Vertriebskanäle, weil durch sie in einer Produktkategorie, die bereits auf dem Massenmarkt angeboten wird, Bedarf an speziellen Produkten mit dringend erforderlicher hoher Gewinnspanne geschaffen wird.

Alles bisher Gesagte spricht für eine umfassende Umgruppierung der Teams, und zwar einerseits durch eine Verringerung des Personalbestandes, um die Preise weiter senken zu können, und andererseits durch eine Verlagerung der Gewichtung von den „Mannschaftssportarten" (vertikale Marktentwicklung, Management der Versorgungsketten im Tornado) auf Einzeldisziplinen (Produktmanagement, Management für Vertriebskanäle). Es ist eine Zeit der Umbesetzung und Erneuerung, in der es außerordentlich wichtig ist, daß sich die Mitarbeiter gut in die neuen Aufgaben einfinden können. Einer der großen Vorteile der flexiblen Teamstrukturen ist die Gelegenheit, diese Umbesetzungen zur *Personalentwicklung* zu nutzen.

Während dieses Prozesses ist die vorrangige finanzielle Disziplin die Gewinnspannenoptimierung, denn das Ziel auf der Mainstreet besteht ja darin, dort Geld zu machen. Investitionen in F&E sollten zwar nicht ganz eingestellt, aber doch ausgedünnt werden, und neue Versionen sollten seltener und in größeren Abständen herausgebracht werden. Die Kostenüberwachung in Produktion und Logistik muß weiterhin dazu beitragen, die Preise zu senken. Größere Ausgaben für Marketingprogramme, mit denen +1-Kunden gewonnen werden sollen, dürfen nur dann getätigt werden, wenn eine Gewinnspannenvergrößerung gegenüber dem undifferenzierten Massenprodukt beobachtet werden kann. Es versteht sich von selbst, daß sich die Gehaltszulagen jetzt am tatsächlichen Gewinn und nicht an Umsatz beziehungsweise Wachstum orientieren müssen.

Das Profil des Mainstreet-Managers zeigt im Gegensatz zum Tornado-Manager einen offenen Menschen, der sich auf Kundenzufriedenheit und Personalentwicklung konzentriert. Im Gegensatz zum Bowlingbahn-Manager, der sich auf Tätigkeitsanalysen auf dem vertikalen Markt konzentriert, um dadurch den kostenorientierten Käufern zur objektiv meßbaren Kapitalrendite zu verhelfen, muß der Mainstreet-Manager ein Gespür für die subjektiven Werte von Anwendern aus unterschiedlichen demographischen Segmenten haben. Dies erfordert ein außerordentlich starkes Ego, da effektive Kommunikationsprogramme von der Betriebsführung verlangen, daß sie sich von ihren eigenen Vorstellungen löst und statt dessen sagt, was der Kunde hören möchte. Ebenso hängt bei der Personalentwicklung der Erfolg eher davon ab, ob man die Menschen mit ihren persönlichen Zügen akzeptieren kann, anstatt sie nach den eigenen Vorstellungen formen zu wollen. Und schließlich müssen Mainstreet-Manager in ausreichendem Maß prozeßorientiert sein, um einen konstanten Fluß von Projekten und Aufgaben aufrechtzuerhalten, und dabei immer das Ohr am Puls der Zielgruppe haben, um Vielfalt und Zufriedenheit zu gewährleisten.

Die Lenkung des Hyperwachstums

Die Herausforderung, die das Hyperwachstum für die Führungsspitze bedeutet, läßt sich durch eine Gegenüberstellung der verschiedenen Führungsstile verdeutlichen:

Bowlingbahn	Tornado	Mainstreet
Kostenorientierte Käufer	Infrastrukturkäufer	Anwender
Vertikale Märkte	Horizontale Märkte	Sekundäre Märkte
Produktführerschaft + Kundennähe	Produktführerschaft + Kostenführerschaft	Kostenführerschaft + Kundennähe
Keine Kostenführerschaft	Keine Kundennähe	Keine Produktführerschaft
Ereignisorientiert (extern/intern)	Prozeßorientiert (intern)	Prozeßorientiert (extern)
Wichtigste Faktoren:	Wichtigste Faktoren:	Wichtigste Faktoren:
Kenntnis von betrieblichen Abläufen	System-Engineering	Komfortoptimierung
Anwendungsentwicklung	Vertriebsleitung	Marketingkommunikation
Rekrutierung/ Anwerbung	Orientierung auf neueingestellte Mitarbeiter	Personalentwicklung
Einnahmen innerhalb der Zielgruppe	Cash-flow	Gewinnspannenoptimierung

Vielleicht gibt es jemanden, der der Herausforderung gewachsen ist, ein Unternehmen in allen diesen drei Phasen zu leiten, doch für die meisten von uns ist das unrealistisch. Lassen Sie uns also versuchen, das Problem erst persönlich und dann unter organisatorischen Gesichtspunkten zu lösen.

Wir erinnern uns, daß Treacy und Wiersema empfehlen, sich auf eine einzige Disziplin zu konzentrieren, um dadurch die Grundlage für Bestleistungen zu schaffen. Wenn wir als Unternehmen diesen Rat nicht befolgen können, hindert uns dennoch nichts daran, es als Einzelperson zu tun. Welche der drei Disziplinen reizt uns also am meisten? Wenn wir uns für Produktführerschaft entscheiden, können wir sicher sein, daß uns der große Wurf nicht auf der Mainstreet gelingen wird. Wir sollten uns eher darum bemühen, entweder auf der Bowlingbahn oder im Tornado unser Bestes zu geben – auf der Bowlingbahn, wenn wir uns zu anwendungsspezifischen Lösungen hingezogen fühlen, im Tornado, wenn wir Systeme für allgemeine Zwecke bevorzugen.

Wenn Kostenführerschaft unsere starke Seite ist, sollten wir die Bowlingbahn anderen überlassen und uns einschalten, sobald Geschäftsabschlüsse in hoher Zahl getätigt werden, das heißt also entweder im Tornado oder auf der Mainstreet. Der Tornado ist etwas für Leute, die gerne in relativ chaotischen Zeiten Abläufe organisieren. Auf der Mainstreet werden sich diejenigen wohl fühlen, die sich lieber mit dem menschlichen Faktor beschäftigen, sobald sich der Staub gelegt hat.

Und wenn wir uns für Cracks in Sachen Kundennähe halten, müssen wir uns im Tornado geduldig zurückhalten, denn dann heißt es „Kunden ignorieren". Wir behaupten uns entweder frühzeitig auf der Bowlingbahn, oder später, wenn der Markt sich auf die Mainstreet verlagert hat. Die Bowlingbahn ist besser für Leute geeignet, die gerne mit Hilfe der Systemanalyse dazu beitragen, die Lücke zwischen Technologieprodukten und Unternehmenszielen zu überbrücken, die Mainstreet bietet sich denjenigen an, die einfallsreich im Bereich der Erfahrungen der Anwender mitwirken und die subjektive Wahrnehmung kreativ formen können.

All dies ist lediglich als ein Ansatz zur Selbstanalyse gedacht, der durch Feedback von Gleichrangigen und Beratung von außen ergänzt werden sollte. Richtig angewandt kann diese Übung erhellende Diskussionen auslösen und dem Einzelnen die Augen über sich selbst und andere öffnen. Dies ist die Art von Teambildung, aus der echte Teams hervorgehen.

Trotz alledem müssen wir aber immer wieder auf die Frage nach der Macht zurückkommen: wie können wir die Führungsverantwortung frei umschichten, ohne dabei die Menschen zu entwurzeln, ihre Position zu bedrohen und das Unternehmen zu polarisieren? In diesem Kontext können uns Modelle zwar helfen, diejenigen Personen zu benennen, die wir gerne auf den entsprechenden Positionen sehen würden, aber nur eine etablierte Unternehmensdisziplin kann es in der Praxis ermöglichen, daß sich die Macht je nach Situation von selbst verlagert. Sie fragen: Ist eine solche Disziplin möglich? Und selbst wenn sie sich – örtlich begrenzt im Kontext eines einzelnen Projekts oder Teams – als möglich erweisen sollte, wie um alles in der Welt soll so etwas auf globaler Ebene funktionieren?

Das Beispiel HP

Im Laufe der letzten Jahre habe ich tatsächlich eine solche erfolgreiche globale Disziplin bei Hewlett-Packard miterleben können, und zwar im Unternehmensbereich für Konsumgüter, in dem alle PCs und Drucker hergestellt werden. Sowohl der Bereich für Laserdrucker als auch der für Tintenstrahldrucker haben diverse Tornados mitgemacht, in deren Verlauf ich beobachten konnte, daß erstaunlich viele Mitarbeiter aus unterschiedlichen Bereichen abwechselnd in den Mittelpunkt gerückt sind, ihren Beitrag geleistet und sich dann wieder ins Gesamtgefüge des Unternehmens integriert haben. Durch die Unternehmenskultur von HP gibt es eine relativ reibungslose Umverteilung von Macht und Einfluß – zumindest im Vergleich zu anderen globalen Unternehmen. Allerdings glaube ich, daß dieser Erfolg nicht ausschließlich geplant ist. Ich glaube vielmehr, daß er ein Nebenprodukt der konsequenten Entscheidung des Unternehmens für einen *konsensorientierten Führungsstil* und *Dezentralisation* ist.

Der konsensorientierte Führungsstil wird in der Regel dafür gepriesen, daß er Beiträgen von weniger aggressiven Teammitgliedern Durchsetzungsvermögen verleiht, daß man durch ihn aufgrund vollständigerer und ausgewogenerer Planung und Revision bessere Ergebnisse erzielt und daß Unterstützung für wichtige Initiativen gewährleistet ist. Dieser Stil wird aber auch dafür kritisiert, daß schnelle Reaktionen auf kurzfristige Gelegenheiten nicht möglich sind und daß unkonventionelle Projekte keine Unterstützung finden. Im Kontext der Hyperwachstumsmärkte bedeutet das Stärke auf der Bowlingbahn und im Tornado und Schwäche auf der Mainstreet; es ist also eine gute Sache für die High-Tech-Industrie mit ihren häufigen Tornados und ihren verkürzten Mainstreets.

Es gibt aber noch eine weitere Eigenschaft des konsensorientierten Führungsstils, die in der Regel übersehen wird. Bei den ständigen, manchmal endlos scheinenden Team-Meetings verschieben sich Führungspositionen, Macht und Einfluß reibungslos, ohne die Führungshierarchie zu beeinträchtigen. Entscheidungsträger werden eher nach ihren Kenntnissen ausgewählt, und nicht so sehr nach ihrem Rang, ohne daß dabei Autorität eingebüßt wird. So können die Produkt- und Kunden-Champions auf der Bowlingbahn, und die System-Champions im Tornado in den Vordergrund treten, und die Gruppe als Ganzes meistert alle Veränderungen, die von den Strategien für den Hyperwachstumsmarkt hevorgerufen werden.

Vergleichen Sie dieses System mit einem traditionelleren Führungsstil mit Befehl und Kontrolle. Da wird jede Frage an die zuständige Autoritätsperson weitergeleitet, wobei alle Personen dazwischen als Informationsgeber und Berater oder einfach nur als Vermittler dienen. Bei diesem System müssen Entscheidungen an der richtigen Position getroffen werden und sonst nirgendwo. Das führt dazu, daß Kostenführerschaft-Champions Entscheidungen für den Bereich Kundennähe treffen, daß Champions in der Kundennähe Entscheidungen für Produktführerschaft treffen und so fort. Wenn allerdings die Erfordernisse des Marktes und die Fähigkeiten der Manager miteinander im Einklang sind, erweist sich dieses System als außerordentlich effektiv, und da es sich auch leicht erweitern läßt, stellt es für globale Unternehmen, die langfristig stabile Mainstreet-Märkte bedienen, die erste Wahl dar. Es eignet sich allerdings nicht für die High-Tech-Industrie oder andere Industrien mit Hyperwachstum.

Wie läßt sich ein konsensorientierter Führungsstil auf globaler Ebene ausweiten? Nur durch systematische Dezentralisierung. Lange Zeit galt bei HP die Regel, daß ein Unternehmensbereich, sobald sein Umsatz 100 Millionen Dollar erreichte, geteilt wurde. Heute, bei zehnmal höheren Umsatzzahlen, gibt es sechs unabhängige Bereiche für Tintenstrahldrucker und vier Bereiche für Laserdrucker.

Um den Wettbewerbsvorteil dezentral organisierter Unternehmen gegenüber zentralisierten zu verstehen, denken Sie an das Verhältnis zwischen der Oberfläche und dem Volumen einer Kugel. Nehmen wir an, daß die Oberfläche all diejenigen Mitarbeiter repräsentiert, die direkten Kontakt mit den Kunden und dem Markt haben. Das Volumen soll die Gesamtheit aller Unternehmensangehörigen sein. Wenn das Volumen der Kugel verdoppelt wird, also die Gesamtzahl der Mitarbeiter, dann vergrößert sich die Oberfläche lediglich um 70 Prozent. Der Rest der neuen Mitarbeiter wird nur mit anderen Mitarbeitern zu tun haben. Wenn man aber zuerst die

Kugel halbiert und dann das Volumen verdoppelt, verdoppelt sich auch die Oberfläche – das heißt, 30 Prozent mehr neue Mitarbeiter können direkt den Markt bearbeiten. Je öfter man teilt, desto größer wird der Anteil der Oberfläche im Verhältnis zum Volumen – so einfach ist das.

In Umgebungen wie den Hyperwachstumsmärkten, die schnellen Änderungen unterworfen sind, erhöht eine Maximierung des Anteils der Mitarbeiter, die direkten Zugang zur „Außenwelt" haben, die Chancen, frühzeitig Marktwissen zu erlangen – sei es nun über Kunden, Partner oder Konkurrenten. Die Erfolgschancen des Unternehmens erhöhen sich damit auf der ganzen Linie. Natürlich erfordert die Dezentralisierung ein gewisses Maß an Redundanz in internen Funktionen, die sich nachteilig auf den Größenvorteil auswirkt, aber es hat sich herausgestellt, daß auf schnell veränderlichen Märkten Abläufe nicht lange genug konstant bleiben, als daß sich der Größenvorteil niederschlagen könnte. Im Gegenteil – große Systeme sind ständig entweder in der Start- oder in der Abbruchphase und durch die ständige Umorganisation nie in der Lage, ihre wahre Kraft voll zu entfalten.

Oft wird nicht bedacht, welche Unterstützung der konsensorientierte Führungsstil durch die Dezentralisation erhält. Dies wurde bei HP Ende der 80er Jahre klar, als Hewlett und Packard selber eingriffen, um zentralisierte Komitees aufzulösen, denen die Überwachung der Matrixorganisation der Unternehmensressourcen oblag. Sie erkannten, daß solche Strukturen das Konzept von HP gefährdeten und daß der konsensorientierte Führungsstil sich von einem Vorteil in eine Belastung zu verwandeln drohte. Das schleppende Tempo, mit dem Entscheidungen getroffen wurden, war schon frustrierend genug – das ganze auch noch zu zentralisieren und zu bürokratisieren wäre jedoch ein Alptraum geworden.

Was dem HP-Konzept zugrunde liegt, wofür Hewlett und Packard eintraten und was von Leuten wie Dick Hackborn und Lew Platt weitergeführt wurde, ist das unerschütterliche Vertrauen in den HP-Mitarbeiter. Es gibt aus den frühen Tagen die berühmte Geschichte, wie Bill Hewlett mit einer Brandaxt die verschlossene Tür zum Materiallager einschlug, weil einige Mitarbeiter, die am Wochenende arbeiteten, Material brauchten. „Wenn wir unseren Mitarbeitern bei Entscheidungen für die Firma vertrauen, dann sollten wir ihnen verdammt noch mal auch beim Material vertrauen", schien Hewlett damit zu sagen. Und tatsächlich nimmt der Satz „Wir vertrauen unseren Mitarbeitern" eine vorrangige Position in der Unternehmensphilosophie von HP ein. Ich habe diesen Grundsatz bisher in keiner anderen Firma entdecken können.

Betriebsführung

Dieses Vertrauen ist unentbehrlich, wenn die Strategie des konsensorientierten Führungsstils und der dezentralisierten Abläufe funktionieren soll. Das Problem besteht darin, daß sich bisher die allgemeine Unternehmenskultur nicht viel mit diesem Gedanken befaßt hat. Wenn, dann lief es meistens auf eine Fixierung auf das Gegenteil hinaus: Wie vermeide ich, über's Ohr gehauen zu werden. Sobald solche Gedanken ihre kleinen häßlichen Gesichter zeigen, können Überwachungsmechanismen, Befehlsstrukturen und Zentralisation nicht mehr weit sein. Aber was soll man tun? Die Welt ist voller Unehrlichkeit, Betrug und Mißgunst – mit blindem Vertrauen steht man *wirklich* auf verlorenem Posten. Was also ist zu tun?

Hier können Führungskräfte, die mit gutem Beispiel vorangehen, den größten Einfluß haben. Es beginnt schon mit dem Einstellungsprozeß, der wiederum damit anfängt, daß zuerst ein Profil von dem Wunschkandidaten entworfen wird. Microsoft stellt Intelligenz ein, Oracle Intelligenz und Ehrgeiz, Intel Streitbarkeit, die gut zum konfrontationsorientierten Konzept des Unternehmens paßt. HP achtet auf *Vertrauenswürdigkeit*. Arroganz und Respektlosigkeit können sich in jedem der anderen Unternehmen breitmachen, aber nicht bei HP. Es ist eine Frage der Werte und der Prioritäten.

Letztendlich reicht die Wertschätzung der Vertrauenswürdigkeit an sich natürlich nicht aus. Auch wer es gut meint, kann sich immer noch erheblich irren, selbst wenn es einen Konsens gegeben hat (oder vielleicht gerade deshalb). Wir brauchen Informationssysteme und andere Feedback-Mechanismen, um rechtzeitig Kurskorrekturen einleiten zu können. Die Frage ist, wem diese Informationssysteme zuerst dienen werden – Ihnen oder den anderen? Leitungsfunktion ist an ein Schema von Befehl und Kontrolle gebunden. Keiner wird Ihnen einen Vorwurf daraus machen, wenn Sie sich der Feedback-Mechanismen und anderer Informationssysteme bedienen, um zu gewährleisten, daß Sie so frühzeitig wie möglich Ihre Informationen bekommen, und niemand wird Ihnen deshalb Mißtrauen unterstellen. Es zeigt sich, daß Vertrauen eine komplizierte und schwierige Sache ist – das gilt fürs Geschäft und für die Familie und die Ehe gleichermaßen. Wie bei allen anderen Themen, die wir in diesem Buch besprochen haben, geht es auch hier letztendlich um Macht. Das Paradoxe am Vertrauen ist, daß man durch das kluge Delegieren von Macht diese um ein Vielfaches gesteigert zurückbekommt. Sobald man seine persönlichen Grenzen erreicht hat, ist dies das einzige, was helfen kann. Und weil Hyperwachstumsmärkte Sie schneller an Ihre persönlichen Grenzen führen werden als die andere Herausforderungen, möchte ich mit diesem Gedanken schließen.

Stichwortverzeichnis

A

Abgrund 28–33
– Kurzbeschreibung 28 ff., 35
– Überwindung, und was danach kommt 23 ff.
Achtung, Los, Fertig 128
Adaptoren, frühe 23, 25 f.
Addison, John 184
Adobe Systems 100
Aldus 49
Allianzen
– im Tornado 94 ff.
– strategische; siehe Strategische Allianzen
Alpha- und Betarisiken 75
AMD 79, 194
Animation 190
Anwender 147 ff., 242
Apollo 52, 80, 166
Apple 79, 105 ff., 145, 199
ArcInfo 67
Ashton-Tate 96, 101, 117, 172
ASK Computers 157
Atari 13, 117
AT&T 52
AutoCad 184, 192
Autodesk 192

B

Baby Bells 152
Bachman 227
Back Office 98
Barbaren 219 ff., 227 f.
Bay Networks 13, 61, 198
Betamax 99 ff.
Betriebsführung 231 ff.
– auf der Bowlingbahn 237 ff.
– auf der Mainstreet 242 ff.

– im Tornado 239 ff.
– Management für Hyperwachstum 235 ff.
– Organisation des Hyperwachstums 234 f.
– Vertrauenswürdigkeit und 250
Bezugskonkurrent 191 f., 195 ff.
Bilanzierungspraktiken, fragwürdige 113
Bowlingbahn 35, 37 ff.
– Apple 48
– Argumente dagegen 64 ff.
– Belohnungen der Strategie 60 ff.
– Bowlingmodell 48
– Firma gleicher Größe aussuchen 54 ff.
– Kurzbeschreibung 35
– Management auf der 237 ff.
– Mangel an Engagement 64 f.
– Nischenmarketing nur für Erfolglose 64
– Strategie, exemplarische 54 ff.
– Tornado aus den Augen verlieren 65 ff.
– Unterstützung der kostenorientierten Käufer 57 ff.
– Verbrauchermärkte, Struktur der 68 ff.
– Vergleich mit Tornado 108 ff.
Brother 207
BSG 137
Bürgertum 219 ff., 228 ff.
Büroautomation 97, 220
Businessland 103

C

Cabletron 61
CAD Framework Initiative 225
Cadence 215
Cambridge Technology Partners 139
Canon 192, 198, 204, 215
Cash-flow-Management 241

Casio 145
CD-ROM 70, 96
Cincom 137, 139
Cisco Systems 13, 61, 172, 198
Client/Server-Anwendungen 43 ff., 82, 89, 137
Club, der 172 f.
Compaq 13, 39, 83, 132, 134, 172, 215
Computer Aided Design (CAD) 52
Computer Aided New Drug Approval (CANDA) 32 ff., 50
Computer Aided Software Engineering (CASE) 52, 227
Computer Associates 138 f.
Computerland 102
Computer Science Company 33
Computerworld 47, 89
Conner Peripherals 13, 96, 175
Cook, Scott 125
Cray 117
Crossing the Chasm 20
Cullinet 87, 116, 138
Cyrix 79, 194

D

Daheney, Kevin 156
Daisy 215
Dangermond, Jack 66
Data General 84, 116
Datenbanken, objektorientierte 40, 146, 151
Davidow, Bill 29
dBase 96, 102
DEC 38, 52, 83 ff., 137, 165
Dell 83, 91, 117, 132
Desktop Publishing 48
Dezentralisation 84, 247 ff.
Dienstleistungsunternehmen 181 ff.
Dirksen, Everett 61
Documentum 171
Dokumentation 34 ff.
DOS 64, 96, 149, 172
3DO 70
Dun & Bradstreet 172
Durchbruch einer Anwendung 147 ff.

E

ECAD 52, 215
Eclipse 84
Eigenfertigung oder Kauf 178 f.
Einführungsmarkt 26, 35, 188, 215
Eingeborene 226 f.
Einzelhandel 19, 160
Elimination 34
Ellison, Larry 85, 87
E-Mail 147
Energieversorgungsunternehmen 18
Entwicklungsingenieure 209 f.
Epson 198, 215
Excel 97

F

F&E 125
Farbdrucker 146, 152 ff.
Faxgeräte 146
Feedback-Mechanismen 251
Finanzwesen 18
Ford, Henry 88
Forscher 216 ff., 225
Frame 184
Frankenberg, Bob 59
Führungssttil
– ablauforientierter 240
– konsensorientierter 247 ff.
– Vergleich 245
Fujitsu 137

G

Gartner Group 229
Gassée, Jean-Louis 98
Gates, Bill 64
Gateway 132
Geduld 62
Gesundheitswesen 18
Go Corporation 61
Goethe, Johann Wolfgang von 114
Goldener Käfig, Fluch 137
Goldgräber 216 ff., 225
Gorillas 78 ff.
– Positionierung 213 ff.
– Wettbewerbsvorteile 193 ff.
Grafiker, professionelle 49
Grove, Andy 95, 195, 219
Gyration 170

H
Hackborn, Dick 91, 250
Hawkins, Trip 70
Heimcomputer, Markt für 107 f.
Hewlett, Bill 250
Hewlett-Packard 14, 52, 70, 82, 122, 137, 145, 172, 247 ff.
High Tech Marketing, Kampf um den Kunden (Davidow) 31
High-Tech-Markt, Wachstumsmodell 116
Hitachi 107, 137

I
IBM 52, 79, 82, 100, 102, 132, 137, 165, 172, 199
Imperialisten 226
Informationstechnologie (IT) 41
Informix 157, 198, 201, 218
Ingres 87 f.
Innovationen, diskontinuierliche 14, 15, 23 ff., 50, 101 f.
Innovatoren 23 f.
Insignia 53
Integrierte Schaltkreise auf Halbleiterbasis 114
Intel 39, 83, 95 ff., 115, 172
Interleaf 184
Intelligenz, künstliche 14, 61
Internet 147
Internetworking 61
Intuit 122, 125

J
Jobs, Steve 59
Joy, Bill 52

K
Käufer
– infrastrukturorientierte 74
– kostenorientierte 74, 119
– produktorientierte 74
Kaufgrund, zwingender 31
Komfortoptimierung 243
Konservative 25, 149
Konvergenz, digitale 154 f.
Kopierdrucker 154 f.
Kostenführerschaft 187, 194 f., 197, 246

Kulturschock 152 ff.
Kunden
– ignorieren 88 ff.
– Kampf um die 31
– Wiederentdeckung der 125 ff.
Kundennähe/-partnerschaft 187, 190, 202, 246

L
LAN-Markt 61, 172, 228
Laptops 135
Laube, Sheldon 46
Lawson 198
LearningSmith 135
Levitt, Theodore 30
Lexmark 198, 207, 215
Liefern, liefern, liefern! 77
Lotus 45 ff., 59, 82, 101, 143, 172
Luft- und Raumfahrt und Militär 18

M
Machtstruktur
– Positionierung; siehe Positionierung
– strategische; siehe Strategische Allianzen, Macht und
Macintosh 105 ff., 198
Mainstreet 35, 109–140
– Ablehnung der 119
– als Marktforschungsinstrument 127 f.
– Anwender und 120 f.
– Ende des Tornados 113
– Grundlagen 118
– Kurzbeschreibung 35
– Marktentwicklung 117 ff.
– Massenmarkt auf der 117
– Übergang in die 111
– Unterminierung der 114 f.
– Vergleich mit Tornado 141
– vollständiges Produkt +1; siehe Vollständiges Produkt +1
– Wettbewerb auf der 118 ff., 132 f., 202 ff.
– Wiederentdeckung des Kunden 125 ff.
Management
– ereignisorientiertes 238
– im Hyperwachstum; siehe Betriebsführung

Management Information Systems (MIS) 83 ff.
Mantis 140
Marketingkommunikation 243
Marktführerschaft 40 ff.
– im Tornado 78 ff.
Materialbedarfsplanung 84
McNealy, Scott 52
Meerkatzen 78 ff.
– Positionierung 213 ff.
– Wettbewerbsvorteile 196 ff.
Mehrheit
– frühe 24, 26
– späte 23, 27
Meldeempfänger 33
Mentor Graphics 13, 144, 215
Merrin, Seymour 94
MicroPro 96, 102, 172
Microsoft 14, 61, 62 f., 83, 95 ff., 172
Midrangecomputer, Markt für 82
Minicomputer 82
Momenta 61
Motorola 145
Mundpropaganda 64, 87
Murphy, John 156

N
Nachahmung von Produkten 157 f.
Nachzügler 23, 27 f.
NEC 137
NexGen 42, 79, 194
NeXT 59
Nippon Steel 218
Nischenmarketing; siehe Bowlingbahn, Mainstreet
Notebooks 91, 147
Notes 45 ff., 60, 146, 150, 156, 217
Novell 39, 96 f., 117, 172
Nullsummenspiel 132
Nutzenkategorie 187

O
Offene Systeme 52, 165 ff.
Open Systems Foundation 225
Oracle 13, 31, 44, 83 ff., 157, 172, 198
Organizer 145

OS/2 79, 103 f., 137, 198
Ozzie, Ray 45, 217

P
Packard Bell 93, 218
Pagemaker 49
Palmtop 145
Paradigmaschocks 146 ff.
Paradigmenwandel 14
PC-Markt 82
Pentium Chip 42, 91
PeopleSoft 43 ff., 198
Personalentwicklung 244
Personalwesen, Anwendungen für 43
Persuasion 49
Phantasien, gemeinsame 205 f.
Pharmaindustrie 18, 32 ff.
Phoenix 100
Platt, Lew 94, 157, 250
Portable Digital Assistant (PDA) 34, 145
Positionierung 213 ff.
– Alte Garde 215 f.
– Barbaren 219 ff., 227 f.
– Bürgertum 219 ff., 228 ff.
– Eingeborene 226 f.
– Forscher 216 ff., 225
– Goldgräber 216 ff., 225
– Gorillas 223
– Imperialisten 226
– Meerkatzen 224 f.
– Schimpansen 223 f.
– unter marktbildenden Unternehmen 221 f.
Positionsbestimmung 21, 143 ff.
– Diskontinuität und Lebenszyklus 146 ff.
– Paradigmaschocks und 146 ff.
– Produktkategorie und 144 ff.
– psychischer Schock und 152 ff.
– Segmentierung und 143
– Tornados vorhersagen 159 f.
PostScript 100
PowerPoint 49, 97
Pragmatiker 26
– Abgrund und 28
– Kurzbeschreibung 26
– Marktführerschaft und 40 ff.
– Visionäre und 25, 28

Preisbildung   93 ff.
– wertorientierte   93 ff., 120
Presario   134
Pressemeldungen   155 ff.
Price Waterhouse   46
Produktführerschaft   187, 194, 246
Produktserien, Differenzierung von   134 ff.
Pyramid   52

Q
Quicken   122

R
Rechnersysteme, dezentralisierte   86
Referenzpreis   81
Replikation   46
RISC-Prozessoren   107, 194, 220
Road Warriors (Straßenkämpfer)   145
Rogers, Everett   19
Rundfunk   19

S
Samsung   107, 175
SAP   44, 172, 198
Savi   170
Schimpansen   78 ff.
– Positionierung   213 ff.
– Wettbewerbsvorteile   198 ff.
Seagate   96, 175
Segmentierung   143
Sematech   225
Sequent   52, 137
Sharp   145
Silicon Graphics   39, 190
Skeptiker   27 f.
Soft Letter   78
Solborne Computer   107
Sony   13, 99 ff., 145
Spracherkennungssysteme   147
SQL-Server   156 f.
Strategic Mapping   67
Strategische Allianzen   21, 165 ff.
– Allianzen ohne spezifisches vollständiges Produkt   168 f., 177 f.
– als Dienstleistungsunternehmen   181 ff.
– Eigenfertigung oder Kauf gegen Partnerschaften   166 f., 178 f.

– Einnahmen aus Allianzen   179 f.
– Ist eine Partnerschaft wirklich strategisch?   176 f.
– Macht und   169 ff.
– Macht und, Bowlingbahn   171 ff.
– Macht und, Einführungsmarkt   171 ff.
– Macht und, Mainstreet   173 ff.
– Macht und, Tornado   172 f.
– offene Systeme und   165
– Verhältnis zum Gorilla im Tornado   180 f.
Sun Microsystems   33, 52 ff., 80, 107, 117, 137, 166
Supra   140
Sybase   39, 46, 117, 156 f., 198, 201
Synoptics   172
Systemintegratoren   103, 140, 168 f.
SystemPro   135
System-Sachkenntnisse   240

T
Tandem Computers   39, 116
Tarter, Jeff   78
Technologieakzeptanz-Lebenszyklus
– Abgrund und   23, 27
– als S-Kurve   115 ff.
– Landkarte vom   19, 35
– Nutzenkategorien und   188
– Phasen   24
– Positionsbestimmung   146 ff.
– was danach kommt   23 ff.
Technologieenthusiasten   24
Telefondienste   146, 152
ThinkPad   91
Thomas, Dylan   139
Tintenstrahldrucker   70, 92, 122, 204
Tornado   36, 73 ff.
– Allianzen im   95 ff.
– Bedeutung   77 ff.
– Betriebsführung im   239 ff.
– der 80er Jahre   82 ff.
– Fehler im   99 ff.
– Diskontinuität einführen   101 f.
– kundendienstfreundliche Produkte anbieten   102 f.
– Kurzbeschreibung   35
– Lektionen von HP   90 ff.

– Lektionen von Intel und Microsoft 95 ff.
– Lektionen von Oracle 84 ff.
– leugnen 103 ff.
– Macintosh-Strategie von Apple 105 ff.
– Marketingstrategien für 84 ff.
– Prinzipien der Pragmatiker im 76
– Ursachen 74 ff.
– Vergleich mit Bowlingbahn 108 ff.
– Vergleich mit Mainstreet 141
– Versuch der Steuerung 99 ff.
– vorausplanen 115
– Wettbewerb im 193 ff.
Total 140
Treacy, Michael 187
Turbo Tax 91

U
Unisys 137, 165
Unix 82, 137, 144

V
Valid 213
VARs (Wiederverkäufer) 67, 183
VAX 38, 83
Verbrauchermärkte 69 ff.
Verlagswesen 19
Versicherungswesen 18
Vertrauen 250
Vertrieb 208
Vertriebsleitung 240
Videorecorder 99 ff.
Visionäre 25 ff.
– Abgrund und 28
– Gegensatz zu Pragmatikern 28
– Kurzbeschreibung 25
Visioneer 214
Visualisierung 190

Vollständiges Produkt 30 ff., 49, 95
– Definition 31
– Evolution 167 ff.
– Überwindung des Abgrunds 30 ff.
Vollständiges Produkt +1 122 ff.
– Differenzierung durch sekundäre Eigenschaften 122, 190
– Gelegenheit für 129 f.
– keine Angst vor +1-Marketing! 123 ff.
– Marktforschung und 130
– nischenspezifische Anwender und 125 ff.

W
Wall Street 113
Wang 38, 84, 116
Wellfleet 198
Werbung durch Faszination 129
Wettbewerb, übersteigerter 207 ff.
– bei Entwicklungsingenieuren 209 f.
– im Vertrieb 208 f.
– in der Marketing-Abteilung 210
Wettbewerbsvorteile 21, 187 ff.
– auf der Mainstreet 202 ff.
– im Tornado 191–200
– Überwindung des Abgrunds und Wettbewerb auf der Bowlingbahn 189 ff.
– Wettbewerbsdenken, übersteigertes 207 ff.
Wiersema, Fred 187
Windows 64, 96 f., 104
WinPad 155
Word 97
WordPerfect 97, 101, 103, 117
WordStar 96, 101 f.

Z
Zeos 132